사도가 사는 방식, 우리가 사는 방식

저자 약력

한양공대와 대학원에서 전자공학을 공부한 후, 도미하여 매사츄세츠대학(Amherst)에서 컴퓨터 공학 박사과정을 공부하던 중 오랫동안 거부하던 목회자로서의 소명을 더 이상 피할 수 없어 보스턴 북부의 고든콘웰신학대학원에 입학하여 본격적인 신학수련을 시작했고, 풀러신학교에서 목회신학으로 박사학위를 받았다. 미국과 한국의 개척교회부터 초대형교회까지 여러 형태의 교회에서 13년간 목회를 한 후 현재는 백석대학교 신학대학원에서 실천신학 교수로 2002년부터 계속 봉직하며, 설교학, 목회신학, 리더십, 소그룹 사역 등의 과목을 가르치고 있다. 이 강해집은 베이직교회(조정민 목사 시무) 주일 예배 중에 전해진 설교를 기반으로 하여 보완한 것이다.

저서로는 『성령 충만과 증인 공동체』(사도행전 강해 1), 『요한계시록에서 보는 새로운 시작』-요한계시록 귀납적 강해, 『조금 불편한 사랑- 갈라디아서 귀납적 강해』, 『삶의 변화를 일으키는 귀납적 강해설교』, 『삶의 변화를 일으키는 변혁적 기독교 리더십』, 『건강한 목회를 통해 세워가는 건강한 교회』, 그리고 『소그룹과 셀 사역 그리고 셀 교회로의 전환』 등이 있다.

사도가 사는 방식, 우리가 사는 방식—김덕수 목사의 사도행전 강해 2

초판 인쇄 2017년 10월 5일
초판 발행 2017년 10월 10일
지 은 이 김 덕 수
펴 낸 이 변 선 웅
펴 낸 곳 그물
출판등록 2012년 2월 8일 제312-2012-00006호
서울특별시 서대문구 통일로25길 30, 102동 1502호(홍제동 한양아파트)
http://wsun1940.blog.me
전화 070 8703 1363
팩스 02 725 1363
ISBN 979-11-86504-04-8 03230
값 18,000원

김덕수 목사의 사도행전 강해 2

사도가 사는 방식, 우리가 사는 방식

김덕수

그물

머리말: 성경이 말하는 교회의 모습

2017년 5월 간행한 사도행전 강해 1권(1-8장)은 성령이 임하시면(1: 8) 어떤 일이 벌어지는가를 우리에게 보여준 책이다. 성령이 임하시면 어떤 사람들이 생각하듯 단순히 방언을 하고 병을 고치고 귀신을 쫓아내는 것이 전부가 아니라, 평범한 사람 들이 복음의 증인이 되어 위험과 위협에도 불구하고 담대하게 복음을 증거하게 된다는 것이 첫 번째 결과다. 그 결과는 세상이 보여주지 못하던 하나님 나라의 가치로 사는 공동체가 형성된다. 그 공동체가 교회인데, 유대인(옛 이스라엘)만으로 구성된 것이 아니라 사마리아와 땅 끝의 이방인들까지 하나님의 백성이 되어 만들어진 새 이스라엘이란 점에서 중요하다. 그래서 1권의 제목을『성령 충만과 증인 공동체』라 했다.

옛 이스라엘의 12사도에서 시작한 하나님 백성 공동체가『사도행전』6장의 일곱 일꾼을 거쳐 '사도행전 강해 2권'이 다룰『사도행전』9-18장에서 바나바와 바울, 그리고 디모데와 아볼로 등을 통해 새 이스라엘이 어떻게 땅 끝을 향해 확장되는가를 우리는 함께 살펴보게 될 것이다. 물론 그 과정 가운데 야고보는 순교하고 베드로가 투옥되는 등 힘든 상황들을 거치게 되는데, 유대 지도자들의 역할과 자리가 어떻게 서서히 바울과 그의 이방인 동역자들에 의해 담당되는지도 보게 될 것이다.

하나님 나라의 확산은 모든 일이 그렇듯 쉬운 길이 아니었다. 이방 세계로 나가도, 이방인들뿐 아니라 그 땅에 거주하던 유대인들이 끊임없이 복음에 저항하고 복음의 증인들을 박해하는 일이 반복된다. 그러나 그 가운데에도 하나님 나라의 가치관에 사로잡힌 주의 종들은 세상과 전혀 다른 삶으로 예수 그리스도의 십자가 복음을 증거한다. 거기서 우리는 세상이 사는 방식과 하나님 백성이 사는 방식의 대조를 보게 되고, 오늘날에도 또 다른 옷을 입고 우리를 대적하는 세상 문화 속에서 그리스도의 사람들로서 어떻게 대응해야 할지에 대한 지혜를 얻게 된다. 그것이 『사도행전』 중반 이후로 가며 예수님의 십자가 복음을 '하나님 나라의 길'이라고 하며, 그 길[道]을 통해 하나님의 말씀이 어떻게 힘있게(세력을 얻어) 뻗어나가는가로 그려진다. 그래서 사도행전 강해 2권의 제목을 『사도가 사는 방식, 우리가 사는 방식』이라고 했다.

한 가지 짚고 넘어갈 것은 『사도행전』 강해 1권과 2권은 특정 주제나 사도행전의 신학적 의미 단락이나 사건 단락으로 나눈 것이 아니다. 사도행전 강해를 3권으로 만들며 1-28장까지를 대략 3권 분량으로 나눈 것뿐이다. 왜 8장에서 끊고 18장에서 끊었는지 신학적 이유를 찾으려고 하면 곤란하다. 『사도행전』은 28장까지 계속 이어지는 이야기라서 어느 곳에서 인위적으로 끊는 것도 이상하고 그 경우 3권의 강해집의 분량이 균등해지지 않기 때문에 이렇게 한 것일 뿐임을 이해해주시기 바란다.

『사도행전』 강해 1권에서도 밝혔듯이 이 책은 베이직교회(조정민 목사 시무)의 주일 예배 때 설교했던 것을 보완 정리한 것이다. 『사도행전』은 교회의 본질과 성경이 말하는 초기 교회의 원형에 관심이 뜨거워진 근래에 가장 많이 설교된 책 중의 하나다. 그러나 전통적인 교회관에 의거해 해석하는 경향이 여전히 남아 있어서, 그것을 극복하고 성경 자체가 말하는 교회의 모습과 성령께서 『사도행전』 가운데 어떻게 일하셨는지 당시 교회의 움직임을 있는 그대로 객관적으로 보여주려고 노력했다.

본서의 전개 방식은 먼저 문제가 제기되고 그에 대해 본문이 무엇을 말하는지 성경 말씀을 관찰하고, 그 본문의 의도를 파악(석의)한 후, 그것이 오늘의 우리에게 주는 의미를 찾아보고(해석) 그 결과를 요지(outline 혹은 point)로 제시하고 적용점을 찾는 방식으로 했다. 본문 관찰 후 오늘의 의미를 나중에 제시한다는 점에서 귀납적 강해라 할 수 있을 것이다. 그래서 각 요지 앞에, 지금까지 설명했던 앞부분의 작은 결론적 서술임을 보이기 위해 앞쪽 혹은 위쪽을 향한 화살표가 마크되어 있을 것이다.

이것은 먼저 내가 말하고 싶은 결론을 제시하고, 그것이 과연 그러한지를 증명해나가는 연역적 전개와 다른 방식이다. 물론 때에 따라 이런 연역적 전개가 필요할 때도 있고 귀납적 전개와 연역적 전개 두 가지를 필요에 따라 섞어 쓸 때도 있을 수 있지만, 대개의 경우는 이야기의 전개와 흐름을 위해 귀납적 강해 방식을 택했고 설교의 마지막 부분은 앞에서 제시한 각 요점들의 결론이요 이야기의 절정인 클라이맥스로 설교를 구성하려고 노력했다.

설교는 설교자의 입에서 나온 말(words)인데, 그것은 시간에 종속될 뿐 아니라 설교자의 입을 떠난 말은 청중의 귀를 스쳐 사라지지만, 설교는 예수 그리스도의 로고스인 생명의 말씀이 오늘 청중들 사이에서 재현되고 경험된다는 점에서 말씀의 사건화이며 또 하나의 기적이다.

그리고 모든 설교는 진공 속에 던져지는 것이 아니라 삶의 현장 속에 재현되는 하나님 말씀의 사건화다. 따라서 본서의 메시지들은 2017년이란 요동치는 대한민국 땅의 역사적 정황 속에서 교회에 주어진 말씀이란 점에서 어떤 사회 문화 역사성을 머금고 있다. 그러나 그 속에 담겨진 하나님 말씀의 진리의 영속성은 어제나 오늘이나 내일도 동일한 원리로 우리에게 다가올 수 있을 것이다. 그러므로 오랜 시간이 흐른 후에 이 강해집을 읽더라도 이런 점을 이해하고, 이 책을 읽을 때에 다시 새롭게 다가온 '오늘'에 적용하고 도움이 되기를 필자는 기대한다.

필자는 설교자로서 본문의 의미를 찾아내 이 시대를 힘겹게 살아내야 했던 청중을 향해 메시지를 전하려고 기도하며 최선을 다했지만, 여전히 부족할 수밖에 없었던 메시지를 들어준 베이직교회 성도들에게 감사한 마음을 전한다. 또한 국내 전국에서 들어주신 온라인 청중들은 물론, 멀리 티벳과 방글라데시와 베트남과 중국 내륙 깊은 곳에서 매주 이 말씀을 기다리며 차단된 설교 방송을 듣겠다고 여러 사이트를 우회해 힘겹게 들어왔다는 선교사님들과 성도들에게 감격과 함께 큰 고마움을 표하고 싶다. 그리고 미국, 캐나다, 유럽 등 곳곳에서 동영상으로 말씀의 자리에 함께 해줬던 분들에게도 이 자리를 빌어 감사를 드리고, 읽기 좋게 편집해 주신 '그물'의 변선웅 선생님과 항상 말없이 후원해주는 아내 이(김)명숙과 아버지의 설교 사역에 항상 힘이 되어준 하예 하영 하성이에게도 고마움을 전한다.

2017년 9월 7일

방배동 연구실에서

김 덕 수

목차

머리말: 성경이 말하는 교회의 모습 · 5

평범한 사람이 쓰임 받다 ······ 13
아무도 나를 믿어주지 않을 때 ······ 28
베드로가 사는 방식, 우리가 사는 방식 ······ 40
주께서 받으시는 경건한 사람 ······ 54
세상이 필요로 하는 사람 ······ 70
영적 지도자 베드로에게서 배우는 교훈 ······ 86
성도들의 선교와 교회 세우기 ······ 99
교회가 기도할 때 ······ 112
이 시대에 우리가 바라는 진정한 기적 ······ 124
하나님의 일은 어떻게 수행되는가? ······ 138
하나님의 뜻과 우리의 감사 ······ 151

영광스러운 일을 위해 즐거이 핍박을 감수하다 ······167
선동과 전도 사이에서 ······180
하나님 나라를 세우려면 ······195
우리는 정말 하나가 될 수 있을까? ······210
우리가 정말 함께 할 수 있을까? ······223
하나님의 일은 성령이 친히 이끄신다 ······236
단편적인 생각과 깊이 있는 생각 ······248
우리 가운데 참된 성경 강론이 있다면 ······259
꽤 지적인 사람들을 위한 복음 ······273
최고의 선물, 가장 큰 위로 ······289
교회를 세운다는 것은 ······302

찾아보기 · 319

평범한 사람이 쓰임 받다

(행 9:1-19a)

최근 젊은이들에게 인기 있던 드라마는 '도깨비'였지만, 그 전에는 '응답하라' 시리즈였다. 내 방 TV는 공영방송밖에 나오지 않아서 둘 다 보지 못했지만, 어떻게 종편방송 드라마가 공영방송 드라마보다 더 인기를 끌 수 있는지 신기했다. 열혈 팬들은 응답하라 1997을 '응칠', 응답하라 1994를 '응사', 응답하라 1988을 '응팔'이라고 부른다. 나는 그 시리즈 제목인 '응답하라'는 것이 뭘 응답하라는 건지 궁금해서 딸에게 물어봤다. 그랬더니 예를 들어 '응8'은 드라마에 나오는 88년 당시 옷과 음악과 배경을 보며 그 당시의 추억을 공유하고 있는 사람들은 모두 응답하라는 거라고 한다.

그렇다면 오늘 설교 제목은 '응삼'이라고 해야 할지도 모르겠다. 오늘 본문을 읽은 우리가 모두 30년대에 사도 바울이 예수님을 만났던 사건을 공유하고 있다면, 이 드라마의 제목은 응답하라 30년대가 될 것이니 응삼이 아니겠는가? 중요한 것은 하나님께서 응답하라고 하실 때 우리는 과연 그 감동을 가지고 응답할 수 있는가이다. 아니면 본문을 잘 살펴보자.

1사울이 주의 제자들에 대하여 여전히 위협과 살기가 등등하여 대제
사장에게 가서, 2다메섹 여러 회당에 가져갈 공문을 청하니, 이는 만일

그 도를 따르는 사람을 만나면 남녀를 막론하고 결박하여 예루살렘으로 잡아오려 함이라(행 9장).

『사도행전』 7장 마지막 부분에서 보았듯이, 스데반이 돌팔매로 순교 당할 때 사울은 그 자리에 있었지만 깨닫는 것이 없었고, 뉘우치기는커녕 "여전히" 위협과 살기가 등등했다고 한다. 『메시지 성경』은 이 부분을 "그동안 사울은 주님의 제자들을 죽이려고 바싹 추적하고 있었다"라고 번역했는데, 도대체 원문 어디에서 "바싹 추적하고 있었다"가 나왔는지 모르겠다. 이런 이유로 저는 『메시지 성경』을 성경 연구용으로는 추천하지 않는다. 성경을 전혀 모르는 사람들이 처음 읽을 때 성경 전체 그림을 이해하는 용도로는 도움이 되겠지만, 진지한 말씀의 사람들에게는 적합하지 않다. 1절의 "살기가 등등하다"를 거의 모든 영어 성경들은 원문의 의미를 살리기 위해 직역을 선택해서 "살해 위협의 숨을 내쉬었다"로 실감나게 번역했는데, 그런 번역이 있으면 좋겠다.

여기서 사울은 사도 바울이 구원받기 전에 불리던 히브리식 이름이다. 당시 그는 뼛속까지, 호흡까지 기독교인을 살해할 생각으로 가득한 사람이었다. 그런 사람이 어떻게 변하는지가 본문 이해의 관전 포인트다.

그리고 2절의 다메섹[1)]은 시리아의 주요 도시로 레바논 산기슭의 동부 평지와 시리아 광야에 있는 헤르몬 산기슭의 서쪽 끝자락까지 어어지는 커

1) 대상들이 지나다니는 길목에 있었기 때문이다. 『창세기』 14, 15장의 아브라함 이야기에도 나오는 고대도시로 나중에 이집트인들의 지배를 받는다. 그 후 알렉산더 대왕이 정복한 이래 마케도니아 왕국에 속하다가 아레타 왕에게 패한 후 나바테아 제국에 복속되었다. 그 후 BC 64에 잠시 로마제국의 속국이 되었다가 다시 나바테아 왕국의 지배를 받고 있을 때의 이야기다.

다란 상업도시였다. 요세푸스는 그의 『유다 전쟁사』란 책에 이 다마스커스에는 유대인들이 많이 거주하고 있었다고 기록했다.

그런데 사울은 그곳에서 예수 믿는 사람들을 만나면 남자 여자 할 것 없이 다 잡아 예루살렘으로 압송했다. 1절 하반절-2절에 의하면 그리스도인들을 체포하고 압송하고 박해하는 것은 최종적으로 대제사장의 권한이었다. 물론 로마 치하에서 헤롯왕의 권한은 유대인들의 종교적 문제에 관한한 대제사장에게 위임되었는데, 그 권한을 다시 위임받아서 수행한 것 같다. 『사도행전』 26장 12절이 증언한다. "그 일로 대제사장들의 권한과 위임을 받고 다메섹으로 갔나이다."

'예수 믿는 것'을 2절은 "그 도를 따르는 사람"이라 했다. 기독교 신앙은 그 도를 따른다, 즉 그 길을 걷는 것이다. 그 길은 예수님이 걸었던 십자가와 부활의 길이다. 그리스도인이란 세상의 많고 많은 길 중 바로 그 길을 선택한 사람들이다. 그런데 사울은 그 예수쟁이들을 정통 유대교의 변절자요, 유일신 하나님 종교의 이단들이며, 율법의 길과 다른 길을 걷는 악인들로 여겼으므로 잡아 없애야 할 사람이라고 생각했다. 인간의 종교적 확신이 얼마나 무서운 일을 저지를 수 있는지 보여주는 대목이다. 여러분도 자신의 종교적 정치적 확신으로 사람을 해하면 안 된다. IS(이슬람 극단주의 무장단체)와 십자군이나 나치뿐 아니라 요즘도 그런 사람들이 많다. 그런데 『사도행전』 9장 3-4절은 다음과 같이 말한다.

3사울이 길을 가다가 다메섹에 가까이 이르더니, 홀연히 하늘로부터
빛이 그를 둘러 비추는지라. 4땅에 엎드러져 들으매 소리가 있어 이르시
되, 사울아, 사울아. 네가 어찌하여 나를 박해하느냐 하시거늘.

이것은 어느 날 밤에 벌어진 사건이 아니다. 『사도행전』 26장 13절을 보면, "왕이여 정오가 되어 길에서 보니 하늘로부터 해보다 더 밝은 빛이 나와 내 동행들을 둘러 비추는지라"고 한다. 이 구절처럼, 이것은 바울 혼자만 겪은 일도 아니었다. 동료들이 모두 겪은 일인데, 대낮에 해보다 더 밝은 빛을 보았다는 것은 초월적인 하나님의 개입을 가리킨다.

그런데 간혹 "하나님을 보여주세요 그러면 믿겠습니다" 하는 사람들이 있다. 교만해서 뭘 모르는 소리다. 모세가 불타는 떨기나무 앞에서 하나님을 만날 때 보여 달라고 하자, 하나님은 모세가 죽지 않게 바위틈에 숨겨두고 지나가 주신다. 그 후 시내산에서 하나님을 만나고 나올 때 그 얼굴에 영광의 빛이 스며 있어, 사람들은 감당할 수 없고 두려워해서 모세는 그 얼굴을 가려야 했다. 예수님이 누구인지 그 정체가 드러날 때도 베드로는 그 앞에 엎드려, "나는 죄인이니 나를 떠나소서"라고 소리쳤다. 우리 죄인들이 거룩의 본체이신 하나님과 맞닥뜨리게 되면, 우리는 다 죽게 될 것이다. 유대인들은 그것을 알고 있었다. 그것을 모르는 우리 이방인들만 무모할 뿐이다. 보여 달라고 할 게 아니라, 보지 않고 믿는 자가 복되다. 살기등등했던 사울은 땅에 고꾸라졌는데, 8절 원문에 의하면 그는 자기 힘으로 일어난 게 아니라, 사람들에 의해서 땅에서 일으켜 세워졌다. 그는 더 이상 스스로 일어설 수도 없을 정도로 죽은 자같이 되어 버린 것이다.

그런데 사울은 엎드려져 있을 때 하나님의 음성을 들었다. "사울아, 사울아." 모세를 불러 소명을 주실 때도 하나님은 그 이름을 불렀다. 사무엘을 부를 때는 여호와의 말씀이 희귀하고 환상도 잘 나타나지 않던 때였고, 그는 어려서(삼상 3: 1), 하나님이 자신을 불러도 무슨 일인지 잘 알지 못했다. 그때 엘리 제사장은 『사무엘 상』 3장 9절에서, "그가 너를 부르시거든,

네가 말하기를, '여호와여 말씀하옵소서. 주의 종이 듣겠나이다' 하라"고 가르쳐줬고, 세 번째로 "사무엘아, 사무엘아" 부르시자, "말씀하옵소서. 주의 종이 듣겠나이다"라고 배운 대로 대답하는 장면을 우리는 기억한다. 이제 사울을 부르셔서 하나님은 "왜 나를 박해하느냐"고 물으신다. 그런데 놀란 사울은 그런 말하는 당신이 도대체 누구냐고 묻는다.

5 대답하되, 주여 누구시니이까? 이르시되, 나는 네가 박해하는 예수라.

누구냐고 묻자 하나님은 자신을 표현할 수 있는 하고 많은 표현 중에 "네가 박해하는 예수라" 대답하셨다.

하나님의 사람들, 그리스도의 사람들을 핍박하는 것은 누구를 해하는 것인가? 예수님은 우리 그리스도인들과 자신을 깊은 연대를 맺은 한 공동체로 보신다. 그래서 『마태복음』 25장 40절에서, "내가 진실로 너희에게 이르노니, 너희가 여기 내 형제 중에 지극히 작은 자 하나에게 한 것이 곧 내게 한 것이니라"고 하신다. 그리고 『요한복음』 15장 18절에서, "세상이 너희를 미워하면 너희보다 먼저 나를 미워한 줄을 알라" 하신 것은 누가 예수님의 제자들을 핍박하거나 섬기는 것을 자신을 핍박하거나 섬기는 것과 동일시하신다는 뜻이다.

우리는 하나님을 위해 간혹 사람들을 핍박하기도 하는데, 그 당시에는 그 사실을 자각하지 못한다. 그것은 우리의 종교성과 우리 자신의 만족을 위한 열심에서 나온 일이다. 그러나 하나님은 우리의 종교적 열심에도 불구하고 그것이 예수님을 박해하는 것이라고 할 수도 있다. 그 말을 듣는 당시에는 이해할 수 없겠지만, 하나님을 제대로 만나고 나면 그것을 깨닫고 주님 앞에서 부끄러울 수도 있음을 주의하라. 그것이 모든 성숙한 그리스도인들의 간증이다.

그런 핍박자가 예수님을 만나고 나면 어떻게 되는가?

> [15]주께서 이르시되, 가라. 이 사람은 내 이름을 이방인과 임금들과 이스라엘 자손들에게 전하기 위하여 택한 나의 그릇이라.

예수님을 만나고 나자, 그 살기가 등등하던 박해자 사울은 예수님의 이름을 이방인들과 고관들과 유대인들에게 전하기 위해 쓰임 받는 도구가 된다. 예수님의 종이 된 것이다!

그는 주님을 만난 후, 누가 시키지도 않았는데, 9절처럼 먹지도 마시지도 않는 금식을 하고, 11절에서 보듯 기도의 시간을 갖는다. 그것은 사울의 회심의 진정성을 보여주는 것이다. 이처럼 하나님은 자신의 백성과 교회를 보호하실 뿐 아니라 박해자를 통해서도 교회를 세워 가신다!

☞ 하나님은 살기등등한 박해자도 '주님의 이름'을 위한 도구로 바꾸신다(1-5, 15, 18-19).

필자 역시 중학생일 때, 우리 가족 중 처음 예수님을 만나 열심히 신앙생활하던 여동생을 못 살게 굴고 핍박하던 박해자였다. 그러던 죄인을 주의 종으로 삼으셨고, 나중에 그 여동생도 목사의 사모가 되게 하셨다. 하나님은 우리가 예상치 못하게 일하시기도 한다.

하나님은 자신이 사랑하는 자녀들을 핍박하는 사람을 사랑하고 구원함으로써 자신을 미워하고 자신을 핍박하는 박해자를 사랑하시는 분이다. 사울은 이 구원의 경험을 통해 『로마서』 5장 10절 말씀처럼, "우리가 원수되었을 때에 그의 아들의 죽으심으로 말미암아 하나님과 화목하게" 만드시는 분이심을 알았다.[2] 주님은 원수까지 사랑하고 구원하시는 정도가 아니라, 자신을 박해하던 사람도 변화시켜 자신의 종으로 쓰시는 분이시다.

사울은 예수님을 만나고 그의 종으로 쓰임 받게 되지만, 그 전에 잠시나마 힘든 시간을 겪었다. 너무나 강한 빛 가운데서 주님을 만났기 때문에 눈이 멀게 된 것이다.

> [8]사울이 땅에서 일어나 눈은 떴으나 아무 것도 보지 못하고, 사람의 손에 끌려 다메섹으로 들어가서, [9]사흘 동안 보지 못하고 먹지도 마시지도 아니하니라.

사울은 말 그대로 눈 뜬 장님이 되었다. 사울 일행에게 임한 거룩한 하나님의 강한 빛은, 그를 눈은 떴으나 아무 것도 보지 못하는 존재로 만들어 버렸다. 우리도 때로 플래시 불빛이나 밤에 자동차 헤드라이트 빛을 정면에서 보면 잠시 아무 것도 보이지 않는 멍한 상태를 겪게 되는데, 사울은 대낮이지만 너무나 강한 빛을 받아 눈이 멀어버린 것이다.

사실 그것이 그의 지난 삶이 아니었던가? 본다 하였으나 하나님의 일을 보지 못하고 자신의 열심만으로 살던 인생이다. 강한 빛이 임함으로 그 인

---

2) 그래서 나중에 복음을 전하며, "[21]전에 악한 행실로 멀리 떠나 마음으로 원수가 되었던 너희를 [22]이제는 그의 육체의 죽음으로 말미암아 화목하게 하사 너희를 거룩하고 흠 없고 책망할 것이 없는 자로 그 앞에 세우고자 하셨으니"(골 1: 21-22)라고 말할 수 있었던 것이다.

생이 얼마나 소경 같은 삶이었는지 물리적으로 경험시켜 버린 것이다.

그는 사람들의 손에 이끌려 다메섹 시내로 갔지만, 예수님의 음성과 갑작스런 소경됨의 충격이 얼마나 컸던지, 그는 사흘 동안 식음을 전폐하고 기도에 전념한다. 주님을 만나고 소명을 받을 때의 심리적 고뇌는 사람을 이런 상황으로 이끈다. 나도 하나님의 목회자 소명을 받았을 때 계속 거부했지만, 마지막 7년째, 마지막 한 주간에는 먹기도 물 마시기도 힘들어 오직 성경 읽고 기도만 했던 기억이 있다.

그런데 이 사건을 보며 이상하게 생각되는 게 하나 있다. 하나님께서는 자신을 핍박하던 사울을 찾아주셨고, 빛으로 보여주셨고, 음성으로 불러주셨다면, 이제 모든 게 다 된 것이 아닌가? 눈도 그냥 고쳐주시고, 앞길과 해야 할 일도 다 말씀해 주시고, 친히 모든 것을 다 끌어가시면 되지 않는가? 그런데 그렇지 않았다. 주님은 우리 생각과 다른 방식으로 일하신다.

> [6]너는 일어나 시내로 들어가라. 네가 행할 것을 네게 이를 자가 있느니라 하시니, [7]같이 가던 사람들은 소리만 듣고 아무도 보지 못하여 말을 못하고 서 있더라.

예수님께서 사울에게 직접 나타나셨는데,『사도행전』26장 13절에 의하면, 사울 일행 모두가 밝은 빛을 경험했지만, 그 중에 눈이 먼 사람도 사울이고, 다들 어떤 소리 같은 것은 들었지만 주님의 부르시는 소명의 음성을 들은 것은 사울 혼자였다.『사도행전』22장 9절은 "나와 함께 있는 사람들이 빛은 보면서도 나에게 말씀하시는 이의 소리는 듣지 못하더라"고 한다. 이처럼 기적을 함께 경험해도 그 가운데 오직 부름 받은 사람만 주님의 사명과 소명을 듣는다.

특이한 것은 사명과 소명 등 구원 이후의 길에 대해서는 하나님께서 직접 하지 않으시고, 다른 주의 종된 사람을 통해 이끄시고 가르치시기도 한다는 사실이다.

그 먼 예루살렘까지 순례를 가고, 예배를 드리고, 열심히 성경 통독을 하던 이디오피아 내시에게 어떻게 역사하셨는가? 빌립을 보내 그가 읽던 성경이 무슨 뜻인지 복음을 들려주셨다. 이제 하나님은 사울에게 어떻게 역사하시는가? 아나니아를 보내 돕게 하신다. 사도 바울의 사명은 먼저 주님을 만난 신앙의 선배, 영적 지도자를 통해 구체화되어 제시된다.

지금까지 사울은 자신의 계획에 따라 여러 나라를 다니며 기독교인을 잡아 압송하던 사람이다. 그런데 이제는 주님이 지시하는 대로 가고 말씀하시는 일을 해야 하는데, 그것도 네게 와서 행할 것을 이르는 사람의 말을 들으라고 순종의 훈련부터 시작하신다.

주님은 사울이 스스로 눈 뜨고 스스로 자신의 사명을 갖게 허락하지도 않으셨다. 먹지도 마시지도 않고 금식 기도를 해도, 하늘에서 비친 강한 빛과 목소리란 신비한 체험도 사울이 가야 할 길을 정해주지 못했을 때, 하나님은 아나니아란 인도자를 그에게 붙여 인도하시고 사명을 일깨워 주신다. 하나님은 먼저 주님을 만난 사람을 사용해 그리스도 공동체 속에서 사울이 일하게 인도하신다. 이처럼,

☞ 하나님의 기적을 경험한 사람도 인도자가 필요하다(6-9).

우리는 하나님께서 우리 인생에도 어떤 인도자를 보내주시고 가르쳐주

신다는 것을 믿어야 한다. 나 혼자 성경 읽고, 나 혼자 기도하고, 나 혼자 금식하고, 어떤 기적을 체험하는 것으로 되지 않는다. 하나님께서 보내주시는 종을 통해 우리를 향한 하나님의 뜻을 알리시고 이끄시고 사명을 일깨워주시고 우리를 인도하신다. 그것이 일반적인 하나님의 방식이다.

그런데 그것은 사울에게만 힘든 일이 아니라 주께서 보내시는 인도자에게도 받아들이기 어려운 일이었다.

> 10그때에 다메섹에 아나니아라 하는 제자가 있더니, 주께서 환상 중에 불러 이르시되, 아나니아야 하시거늘, 대답하되 주여 내가 여기 있나이다 하니.

사울만 기적을 경험한 게 아니었다. 다메섹에 있던 아나니아라는 제자에게도 주께서 환상 가운데 부르시고 사명을 주신 것이다. 그는 5장에서 하나님의 돈 떼먹다가 죽은 사람과 이름이 같지만, 아름답게 쓰임 받은 다른 인물이다. 그러니 이름이 운명을 결정한다든지, 자기 이름이 나쁘다는 등의 말을 하지 말자.

그런데, 사울아 사울아 하며 두 번을 불러도 누구냐고 묻는 사울과 달리, 그는 "아나니아야"라고 한 번 불렀건만, "주여 내가 여기 있나이다"라고 즉시 응답했다.

'응답하라' 모든 시리즈의 마지막 회가 끝날 무렵 나레이션 대사는 "모두 뜨겁고 순수했던, 그래서 시리도록 그리운 그 시절. 들리는가, 들린다면 응답하라. 나의 ○○이여"라고 한다. 저는 하나님이 부르시면 우리도 잘 응답하면 좋겠다. 그리고 왜 불렀는지 들어야 한다. 오늘 '하나님의 응답하라

2017'이 우리 인생의 가장 아름다운 시절, 아름다운 순간으로 기억되기 바란다. 아나니아는 주께서 부르실 때 즉시 응답했다. 그러자 주께서 사명을 주신다.

> [11]주께서 이르시되, 일어나 직가라 하는 거리로 가서 유다의 집에서 다소 사람 사울이라 하는 사람을 찾으라. 그가 기도하는 중이니라.

다마스커스의 구도심 동부 지역에는 지금도 직가라는 곳이 있다고 한다. 직가라는 말은 우리말로 하면 '곧게 뻗은 길(straight st.)'이란 뜻의 데르버엘 무스타킴이다. 아나니아는 그 거리에서 유다란 유대인 집을 찾아가라는 매우 구체적인 계시를 받는다. 이 구절에 의하면 사울은 다소 사람, 즉 디아스포라인 헬라파 유대인임을 알 수 있다.

이방인 선교는 다음 주에 보겠지만, 공적으로는 유대인 12사도 중 하나인 베드로에 의해 시작되지만, 실제 이방 선교의 중심으로 등장하게 될 바울 역시 헬라파 유대인 일곱처럼 다소 출신 헬라계 이민자 유대인이다.

'다소'는 『사도행전』 21장 39절에서 바울이 체포되었을 때, "나는 유대인이라. 소읍이 아닌 길리기아 다소 시의 시민"이라고 말하자, 천부장이 즉시 그에게 연설을 할 수 있는 권한을 줄 정도로, 다소는 면세 상업 자유도시이며, 로마 총독이 주재하던 풍요롭고 문화와 지식의 중심지로 알려진 유명 도시였고, 다소 사람들은 거의가 로마 시민권자였다. 거기 가면 아나니아라는 사람을 만나게 될 텐데, 내가 이미 그에게도 네가 올 것이라고 말해 놓았다는 것이다.

[12]그가 아나니아라 하는 사람이 들어와서 자기에게 안수하여 다시 보
게 하는 것을 보았느니라 하시거늘.

사울은 충격적인 사건 후 금식하며 기도하는 중에 아나니아라는 사람이 와서 안수해 자기 눈을 뜨게 해줄 것이라는 환상을 이미 보았을 것이라고 주님은 아나니아에게 귀띔해 주신다.

그런데 아무리 주께서 환상 가운데 이런 이야기를 해 주시고, 아나니아도 기도하는 경건한 그리스도인이지만 사울에게로 가서 기도해주라는 계시에는 우려와 거리낌이 있었다.

[13]아나니아가 대답하되, 주여, 이 사람에 대하여 내가 여러 사람에게
듣사온즉 그가 예루살렘에서 주의 성도에게 적지 않은 해를 끼쳤다 하더
니, [14]여기서도 주의 이름을 부르는 모든 사람을 결박할 권한을 대제사장
들에게서 받았나이다 하거늘.

어디 사는 어떤 그리스도인들도 사울의 악명은 다 많이 들어 잘 알고 있었다. 예루살렘에서만 아니라, 사울이 대제사장들에게서 기독교인 체포와 압송 권한을 받아 다메섹에서도 어떤 악행을 저질렀는지 모두 너무나 잘 알고 있는데, 그런 사람에게 가서 안수하고 도와주라니 받아들이기 쉽지 않았다. 당연히 그 거리낌을 토로하자, 주님이 설명해 주신다.

[15]주께서 이르시되, 가라. 이 사람은 내 이름을 이방인과 임금들과 이
스라엘 자손들에게 전하기 위하여 택한 나의 그릇이라. [16]그가 내 이름을

위하여 얼마나 고난을 받아야 할 것을 내가 그에게 보이리라 하시니, 17
아나니아가 떠나 그 집에 들어가서 그에게 안수하여 이르되, 형제 사울아, 주 곧 네가 오는 길에서 나타나셨던 예수께서 나를 보내어 너로 다시 보게 하시고, 성령으로 충만하게 하신다 하니.

이제 아나니아와 그리스도인들에게는 더욱 충격적인 내용이 밝혀진다. 동료 그리스도인들을 체포해 압송하려고 온 그 망나니요 마귀 같은 놈이라고 여겼던 사울이 주님의 이름을 전하기 위해 택한 나의 그릇이라니! 『메시지 성경』은 여기서 "이유를 묻지 말고 가라" 했지만, 주님은 이유를 자상하게 설명해 주셨다. 이 사람은 "내 이름을 가지고 나갈 도구이고, 예수 이름을 위해 고난 받아야 할 사람"[3]이라는 것이다. 내가 그를 종으로 쓰려고 한다는 것이다.

이런 놈에게 예수의 이름을 맡기다니! 여러분은 바울을 아니까 아무 문제를 못 느끼시겠지만, 그리스도인들을 로마 화재의 범인이라고 모함하는 등 수많은 기독교인들을 사자의 밥으로 던져 준 네로 황제를 혹시 예수 그리스도의 종으로 택하셨다는 말을 들으면 수긍이 되겠는가? 아나니아는 거의 그런 느낌을 받았을 것이다. 그러나 우리가 인정해야 할 것이 있다.

구원과 통치와 사역의 이니셔티브는 주님께 있다!

아나니아는 참으로 황당한 주님의 말씀에 토를 달지 않고 즉시 순종하는

3) 딤후 4: 5를 보라.

모습을 보인다. "'아나니아가 떠나 그 집에 들어가서 그에게 안수"한다. 그리고 "형제"라 부른다(17절). 그리고 주 예수께서 나를 보내어 너를 보게 하시는 것이고, 성령으로 충만케 하신다고 사울에게 친절하게 자세히 설명도 해준다. 우리는 여기서 자신의 감정을 뛰어넘는 아나니아의 순종에 감동을 받는다. 그리고 하나 더, 위대한 사도 바울을 세우는데, 사도도 아닌 아나니아처럼 별 볼일 없어 보이는 사람을 통해 일하신다는 사실 앞에 감사하게 된다. 이것이 오늘 본문이 우리에게 주는 마지막 교훈이다.

하나님은 순종하는 평범한 사람을 통해 위대한 종을 세우신다(10-17)

위대한 사도 바울로 크게 쓰일 하나님의 종이지만 평범한 한 사람 아나니아를 통해 사울은 하나님의 사명을 확인받게 된다. 그리고 18절에서 보듯 아나니아처럼 평범한 사람에게 사도 바울은 안수를 받고 성령 충만과 세례를 받는다.

> 18즉시 사울의 눈에서 비늘 같은 것이 벗어져 다시 보게 된지라. 일어나 세례를 받고, 19전반부음식을 먹으매 강건하여지니라. 사울이 다메섹에 있는 제자들과 함께 며칠 있을새.

아나니아가 안수하자 사울의 눈에서 비늘 같은 것이 떨어져 나가고 시력이 회복된다. 그제서야 다시 세상을 보고 그 전에는 보이지 않던 예수님의 십자가의 도가 보인다. 그는 세례를 받고 9절에서 말한 금식을 중단하고, 음식을 먹고 강건해지고 제자들과 함께 했다. 그런데 그리스도인들은 참 대단한 사람들이다. 자신과 일가친척과 교회 형제자매들의 박해자요 원수였던 그를 사랑으로 품고 음식을 주고 돌봐준다. 이것이 교회요 이것이 성령의 공동체다.

위대한 사도 바울을 낳고 세운 것은 위대한 사도 베드로가 아니었다. 다메섹에 살던 한 평범한, 그러나 경건하고 순종의 영을 가진 아나니아였다. 그리고 다메섹교회 교인들이었다.

그렇다면 우리도 하나님의 위대한 일에 쓰임 받을 수 있다는 것이다. 그것은 얼마나 놀라운 은혜인가? 그렇다면 우리같이 평범한 사람도 하나님의 크신 일에 쓰임 받고 싶은 소망이 있어야 하지 않겠는가? 그것이 오늘 본문을 통해 우리에게 도전하는 주님의 음성이다.

아무도 나를 믿어주지 않을 때

(행 9: 19b-31)

얼마 전 TV에서 우리 주변에서 교사, 한의사, 봉사자 등으로 탈북자들이 여러 곳에서 잘 어울려 살아가고 있다는 것을 보여주는 '새터민 우리는 하나'라는 공익광고를 보았다. 매년 2만 5천 명 정도의 탈북자들이 들어오고 있다고 한다. 그런데 당국은 종종 탈북자로 위장한 간첩들을 체포했다는 보도도 동시에 한다. 정말 탈북자로 위장한 고정간첩도 있을 것 같다. 그런 보도가 탈북자 사회 내부에서도 서로 믿을 수 없게 만들고 항상 서로를 의심의 눈초리로 보게 하며 분열을 시킨다는 기사도 보았다. 우리 국민들도 공익광고를 보며 함께 어울려 사는 사회를 만들어야겠다는 마음이 들다가도, 일자리를 구하러 온 새터민을 보고 혹시 이 사람은 위장간첩이 아닌가 하는 의심의 눈초리로 그들을 보게 된다고 한다. 국정원에서 오랜 심문과정을 거치고 하나원의 정착교육을 받고 나오지만, 전향한 탈북자들의 일종의 회심을 우리는 과연 얼마나 순수하게 받아들이고 있는지 궁금하다.

지금 보고 있는 『사도행전』 9장의 사울은 예수 믿는 사람을 쫓아다니며 잡아다가 넘겨주던 노예 사냥꾼 추노(推奴) 같은 존재로 악명 높던 사람이었다. 그러다가 지난주에 보았듯이 다메섹에서 대낮에 햇빛보다 더 밝은 빛으로 찾아와 그를 부르신 예수님을 만나고 회심을 했다. 그런데 그가 정말 회심한 것인지 어떻게 알 수 있으며, 과연 당시 기독교인들은 그 기독교인 사냥꾼을 어떻게 받아들일 수 있었을까? 그것이 오늘 우리의 첫번째 관심사다.

19후반부 사울이 다메섹에 있는 제자들과 함께 며칠 있을새(행 9장).

사실 본문 19절 전반부와 후반부 사이에는 약간의 시간 차가 있다. 『갈라디아서』 1장 17절에 의하면, 바울은 다메섹에서 예수님을 만나 거듭난 후 아라비아에 가 있다가 다시 다메섹으로 돌아왔다고 한다. 아라비아는 시리아와 이스라엘 우측 동부에서 남쪽까지, 즉 트랜스요르단의 나바테아 지역으로 다메섹에서 유다 남쪽을 지나 수에즈에 이르는 곳을 말하는 지명이다. 거기서 사울이 무엇을 했는지는 성경은 말해 주지 않아 알 수는 없고 추정만 할 뿐이다. 그리고 『갈라디아서』 1장 18절에 의하면, 아라비아에서 다메섹으로 돌아와 3년 있다가 베드로를 만나러 예루살렘에 가서 그와 15일을 함께 있었다고 한다. 그러나 『사도행전』은 그것을 생략하고, 누가는 사울이 그냥 다메섹에서 제자들과 며칠 함께 있었다고 간략히 기록한다.

『사도행전』 26장에 나오는 바울의 직접 간증을 보면, 주님께서 그를 직접 만나주시고 복음을 주셨다고 하고, 『갈라디아서』 1장에서도 그리스도의 계시를 통해 직접 복음을 받은 것으로 주장하지만, 19절을 보면 누가는 사울이 아나니아와 다메섹 제자들과 함께 있었으므로 그들로부터 분명히 신앙적 영향을 받았을 가능성을 열어둔다.

그리고 20절은 사울이 구원을 받자 즉시 복음 전파자로 살기 시작했다고 한다.

[20]즉시로 각 회당에서 예수가 하나님의 아들이심을 전파하니.

우리 중 어떤 사람들은 전도 훈련을 못 받아서 전도를 못한다고 하는데, 성경을 보면 사울은 구원받고 즉시 자신이 만난 예수님에 대해 증언한다. 그것이 전도다. 전도는 어떤 교리를 공부해서 깨달은 것을 가르치는 것이 아니라 자기가 만난 예수를 신이 나서 소개하는 것이기 때문이다. 거듭나서 열정이 뜨거운 사람을 전도 훈련시킨다고 데려다가 6개월~1년 정도 전도 훈련을 시키면 그 뜨거운 불길이 사그라지고 능력 없이 교리만 가르치고 있는 것을 많이 보게 된다. 그런데 사울은 즉시 전도를 하되, 대담하게도 사자굴과도 같은 유대인들이 모이는 회당으로 쳐들어가 복음을 전한다. 도대체 어떻게 그것이 가능한 것일까?

『사도행전』 4장 31절 후반부의 "무리가 다 성령이 충만하여 담대히 하나님의 말씀을 전하니라"는 말씀과, 본문 27절과 29절 등을 보면 『사도행전』은 성령 충만의 결과를 계속 복음 증거의 담대함으로 묘사한다.

이때 사울의 복음 증거를 본문 20절은 매우 독특하게 표현했는데, 그것은 예수가 하나님의 아들임을 전파하는 것이라 한다. 2장 21절에서, "누구든지 주의 이름을 부르는 자는 구원을 받으리라 하였느니라"고 한 이래, 『사도행전』은 지금까지 이미 17번 이상 예수의 이름을 전하는 것을 복음의 핵심으로 강조했다. 사울의 전도에 대한 사람들의 반응은 어떠했는가?

[21]듣는 사람이 다 놀라 말하되, 이 사람이 예루살렘에서 이 이름을 부르는 사람을 멸하려던 자가 아니냐? 여기 온 것도 그들을 결박하여 대제사장들에게 끌어가고자 함이 아니냐 하더라.

모두가 다 놀랐다. 여기서 기독교인을 '예수의 이름을 부르는 사람'이라 한다. 그리고 그들을 멸한다는 말은 '박멸한다', '없애버린다'는 매우 강한 뉘앙스의 단어다. 이렇게 기독교인들에게 최악의 위협이던 사람이 복음을 전한다니, 사람들은 충격을 받을 수밖에 없었다. 사람들의 이런 당혹감에 대하여 사울은 어떻게 반응하였는가?

> 22사울은 힘을 더 얻어 예수를 그리스도라 증언하여 다메섹에 사는 유대인들을 당혹하게 하니라.

더 뜨거운 전도로 응답했다. 그러자 다메섹에 사는 유대인들은 더 당혹스러웠다. 기독교인을 잡으러 다니던 추노를 기독교 전도자로 만든 대반전이 바로 하나님이 하시는 일이다.

우리는 자신이 구원받았다고 할 때, 그것을 어떻게 증명할 수 있을까? 사울은, 많은 사람들이 놀라고 의심했지만, 지속적으로 담대하게 예수님을 전하고 전도하는 것으로 자신의 회심의 진정성을 입증했다. 27절 후반부를 보라. "주께서 그에게 말씀하신 일과, 다메섹에서 그가 어떻게 예수의 이름으로 담대히 말하였는지를 전하니라."

20절에서 보듯, 사울은 유대인 회당에 들어가 예수가 하나님의 아들이라고 전도를 했는데, NIV판의 22절은 그러자 Saul grew more and more powerful(그는 점점 더 강력하게 자라갔다)고 말한다. 여러분도 영성이 깊고, 능력 있는 삶을 살고 싶은가? 그러면 "예수를 그리스도"라고 계속 전도해 보라. 그러면 그렇게 된다. 앉아서 설교만 듣고 있어 보라. 귀는 까다로워지지만, 영적으로 자라지도 않고 능력도 없다.

사울의 전도는 또한 예수가 하나님의 아들이라고 소리만 힘차게 지른 것이 아니었다. 22절을 보면, 예수가 유대인들이 기다리던 메시아임을 사울이 효과적으로 증명해 내자 유대인들이 당황스러워 했다고 한다. '개역성경'이 '증언'이라고 한, '*symbibazon*'이란 단어는 추리하여 증명한다는 'proving'이라고 많이 번역하는 단어다. 누가 진짜 거듭난 자인가? 어떤 위협과 곤란이 있어도,

✎ 담대하고 지혜롭게 복음을 전하는 자가 진짜 거듭난 자다(19-22, 27).

사울이 이렇게 열심히 복음을 전한 결과는 무엇이었을까? 어떤 축복을 받는 것일까?

> 23여러 날이 지나매 유대인들이 사울 죽이기를 공모하더니.

아니다. 사람들은 오히려 사울을 제거하려고 했다. 사울 제거 작전의 계략을 짜고 뒤에서 공모를 한다. 그것이 전도자의 운명이다. 어떤 사람이 너무 뛰어나서 자신들을 압도하거나 자신들의 힘으로 감당하기 힘들면, 사람들은 처음에는 그저 그를 미워하고 적대시하고 왕따도 시켜보겠지만, 결국은 제거해 버리고 싶어 한다. 그게 죄인의 속성이다. 내 생각과 다르면 모함을 해서라도 누구라도 다 없애버리고 싶어 한다. 게다가 그런 일은 또 혼자 하는 것보다 같은 생각을 가진 사람들끼리 모여 공모하는 게 제 맛이다. 그런 일을 다른 사람도 아니고 사랑과 공의의 하나님을 믿는다는 유대인들이 그랬고, 요즘에는 기독교인들도 그런 일에 앞장선다.

[24]그 계교가 사울에게 알려지니라. 그들이 그를 죽이려고 밤낮으로 성문까지 지키거늘, [25]그의 제자들이 밤에 사울을 광주리에 담아 성벽에서 달아 내리니라(9장).

사울에 대한 그들의 증오는 대단했다. 사울을 증오하는 사람들이 밤낮으로 성문을 지키는 바람에 그는 어디로 피할 수도 없었다. 그러자 제자들이 사울을 도와줬다. 밤에 큰 바구니[1]에 사울을 담아 성벽에서 달아내려 피신시켜준다.[2]

『사도행전』 9장 16절 말씀처럼, 사울이 회심한 후 복음의 증인이 되고, 또한 그 이름을 위하여 고난 받을 것이라는 예언 성취가 시작된다. 탈출 후 사울은 발걸음을 예루살렘으로 향했다.

[26]사울이 예루살렘에 가서 제자들을 사귀고자 하나 다 두려워하여 그가 제자 됨을 믿지 아니하니.

예루살렘에 가서 사울은 같은 믿음을 가진 신앙 안의 형제 제자들과 사귀고자 했다. 그런데 그들은 사울도 예수의 제자가 되었다는 사실을 믿어주지 않았다. 탈북자를 체포해 넘기던 보위부 사람이 새터민 모임에 와서 남한에 정착하러 탈북했다고 하면 쉽게 믿어 줄까?

---

1) 고후 11: 32-33에서는 바울이 광주리를 타고 벗어난 것이 맞지만, 여기서는 바구니다.

2) 이 탈출 사건을 행 23: 31 전후를 보면 글라우디오 루시아 같은 천부장과 백부장 둘 이상의 도움으로 밤에 안디바드리를 거쳐 가이사랴에 가서 당시 총독 벨릭스에게로 이첩시킨 것으로 되어 있다.

다메섹에서는 유대인들에게 쫓겼고, 이제 구원받고 예루살렘으로 왔더니 믿음의 형제들도 믿지 않고 의심하고 무서워할 뿐이다. 이걸 보면 구원받기 전의 삶도 잘 살았어야 했다.

사울은 그의 과거의 삶으로 인해 양측 모두에게 불신을 당하는 상황이었다. 이것처럼 괴로운 일이 있을까? 성도들은 사울을 선입관을 가지고 바라봤다. 그런 것이 그를 힘들게 했다. 그때였다.

> 27바나바가 데리고 사도들에게 가서, 그가 길에서 어떻게 주를 보았는지와 주께서 그에게 말씀하신 일과 다메섹에서 그가 어떻게 예수의 이름으로 담대히 말하였는지를 전하니라.

바나바가 사울을 도와준다. 바나바란 이름은 4장 36절에 보면, '격려와 위로의 아들'이란 뜻이다. 성령이 그리스어 파라클레시스(위로)의 영이듯, 성령 받은 바나바는 위로의 아들이었다. 그는 기독교 역사상 가장 위대한 일 중의 하나를 했다. 오직 바나바만 사울의 회심의 진정성을 발견하고 그를 알아봐 준다. 어느 누구도 믿어주지 않던 사람을 믿어주고, 사도들에게[3] 데리고 가서 추천해 준다. 사울을 사도에게 추천하며, 다메섹에서 예수의 이름으로 어떻게 담대히 설교를 했는지도 설명했다.[4] 그 결과 사울은 예루살렘의 사도와 형제들에게 받아들여졌다. 그렇다면 누가 진짜 우리의

3) 갈 1: 19을 보면 사울은 바나바의 도움으로 게바 즉 사도 베드로를 만났고, 그 외에 사도는 아니지만 예루살렘 교회의 일꾼이 된 주님의 형제 야고보만 만났다고 하나 2:9에서는 예루살렘 교회의 기둥으로 존경받던 3인 즉 야고보와 게바와 요한과의 교류를 언급한다.

4) '설명했다'는 동사의 주어가 바나바인지 혹은 사울인지 불분명하다.

형제인가?

☜ 아무도 믿어주지 않을 때 신뢰해주는 자가 진짜 형제다(23-27).

서로에 대한 믿음과 배려가 많아질수록 성숙하고 행복한 사회에 더 가까워지고, 적을수록 그 반대가 되기 쉽다.

2016년 9월 27일 오후 퇴근길, 4호선 지하철 안에서 임신 27주인 유 모 씨는 때 아닌 봉변을 당했다. 과천역 인근에서 70대 노인이 노약자 석에 앉아있던 유 씨 앞에 와 "자리를 양보하라"고 했고, 이에 유 씨가 임신부임을 알렸지만 노인은 이를 확인해야 한다며 유 씨의 임부복을 갑자기 걷어 올렸다. 노인은 임신한 게 아니면서 임신부인 척하고 노약자석에 앉아 있는 사람들이 많아 믿을 수 없었으므로 그랬다는 것이다.

유 씨는 임산부 배려 표식까지 지니고 있었지만 노인은 유 씨의 부른 배를 가격하기까지 했다. 전동차에 있던 탑승객들이 놀라서 경찰에 신고를 했고, 노인은 다음역인 인덕원역에서 미리 대기하고 있던 경찰에 인계됐다. 나이 들면 노약자석은 무조건 노인 것이지 약자의 것이 될 수도 있다는 생각은 없다. 무조건 내놔야 한다. 그리고 상대가 임산부임을 밝혀도 믿지 못하겠고, 보고 확인해도 못 믿겠다는 불신의 시대를 대표하는 사건이었다.

사울도 거듭나고 그리스도인이 되었지만 그를 믿어주는 사람은 아무도 없었다. 바나바의 신뢰와 위로와 배려와 추천이 없었다면 하나님 나라에 크게 쓰임 받는 이방인의 사도로 세워질 수 없었을지도 모른다. 바나바는 아무도 믿지 않는, 무시무시한 기독교인 사냥꾼인 사울을 추천하다가 함께 도매금으로 오해를 받을 수도 있다는 사실을 모르지 않았을 것이다. 그럼에도 이타심, 진실을 위해 자신을 걸 줄 아는 희생 정신, 억울한 한 사람을 위해 자신의 명예를 걸 수 있는 용기가 있었으므로 사도들에게 사울을 추천할 수 있었을 것이다. 모두가 서로를 의심하고 깎아내릴 때, 우리도 바나바처럼 믿어주고 세워준다면, 교회나 세상도 조금은 더 아름답고 살기 좋은 곳이 될 것이다. 바나바의 이러한 도움과 배려로 사울은 그리스도인 공동체에 정착하게 되었다.

> [28]사울이 제자들과 함께 있어 예루살렘에 출입하며, [29]또 주 예수의 이름으로 담대히 말하고, 헬라파 유대인들과 함께 말하며 변론하니, 그 사람들이 죽이려고 힘쓰거늘.

이제 사울은 예루살렘에서 제자들과 어울려 다니고, 또한 다메섹에서 그랬듯이 헬라파 유대인들에게 복음을 변론하고 다닌다. 예루살렘에 와 있던 해외 이민자 출신 헬라파 유대인들 전도에도 같은 헬라파 유대인인 사울이 적임자였다. 그러나 다메섹에서 그랬듯이, 이번에도 감당이 안 되자 유대인들은 또 다시 사울을 죽이려고 한다. 그러자

> [30]형제들이 알고 가이사랴로 데리고 내려가서 다소로 보내니라.

그리스도인들, 즉 그 사실을 안 믿음의 형제들은 사울을 피신시키기 위해 가이사랴로 데려가고 다시 사울의 고향 다소로 보내준다. 그게 형제다.

피를 나눈 가족들도 서로 버리는 세상에서 외롭고 고독한 사람들은 교회에 와서 참된 가족을 찾고 싶어 한다. 교회가 세상에 줄 수 있는 것이 무엇인가? 그리스도 안에서 참된 가족이 되어주는 것이다. 가족이라면, 힘든 일 당할 때 남의 일처럼 모른 체하지 않고 적극적으로 도와주고 위험에 처하면 보호해 줄 것이다. 힘들고 외로울 때, 위험에 빠졌을 때 돌보고 보호해 주는 것이 가족이고 형제자매다. 바나바뿐 아니라 이제 그리스도인 형제자매들은 사울이 곤경에 처하자 적극적으로 나서서 도와줬다. 그렇다면 누가 진짜 가족인가?

곤경에 처했을 때 돕는 사람이 진짜 형제요 가족이다(-30).

31 그리하여 온 유대와 갈릴리와 사마리아의 교회가 평안하여 든든히 서 가고, 주를 경외함과 성령의 위로로 진행하여 수가 더 많아지니라.

그럴 때에 교회가 평안하여 든든히 서가고 사람들이 주를 믿고 교회도 하나님 나라도 확장되어 갔다고 31절은 전한다.

기독교인들의 공적(公敵)이던 추노꾼 사울은 변화 후 그 뜨거움으로 좌충우돌하여 위험에 빠지고, 그 결과 교회도 안팎으로 갈등과 위협이 계속 있었다. 그러나 성경은 교회에 평화가 임했다고 한다. 참된 평화는 조용한 것이 아니라, 그리스도의 복음이 증언되는 곳에 임하는 것이기 때문이다.

미국 사회를 적나라하게 파헤친 『보보스』라는 책으로 유명한 데이비드 브룩스가 『인간의 품격』에서 지적한 것처럼, 지금은 더 부유해지고 더 커지고 더 유명해지고자 하는 '빅맥'이 아닌 '빅미(Big Me)'의 시대다. 다른 사람의 이목을 끌고 싶고, 나는 특별하기에 자랑하고 싶고, 누군가 내 일대기를 써야 한다는 등의 자아도취 현상이 미국에는 지난 20년 전보다 무려 30퍼센트가 증가했다고 한다. 인생의 목표가 명성이란 대답은 1976년에는 16개 항목 중 15위였는데, 2007년에는 51퍼센트가 유명해지는 것이 가장 큰 목표라고 대답했다.[5] 우린 더 해 보인다.

이런 세상에 대해 『뉴욕 타임스』 칼럼니스트였던 데이비드 브룩스는 자기를 내세우기보다 대의를 중시하고, 더 큰 목적을 위해 자신의 한계와 문제를 인정하며 욕망과 본성을 억누르고 절제하는 미덕을 가지고, 세상의 부름이 아니라 소명으로서의 천직에 헌신하며 사는 리틀 미(Little Me)를 회복하는 것이 중요함을 역설했다. 그는 어떻게 성공할 것이냐가 아니라, 어떻게 살 것인가로의 전환을 내적 성장이라고 말한다. 이것은 성경의 가르침과 일맥상통하다. 그가 말한 내적 성장은, 오늘 본문 22절에서 사울이 복음을 전하며 점점 더 강하게 자라갔다는 말씀과 같은 맥락이다.

사울은 그동안 '빅미'의 제물로 자기 의에 사로잡혀서 자신과 다른 신앙을 가진 자들을 잡아 죽이는 일에 앞장서다가, 예수님을 만나고 나자 자신의 안전보다 목숨을 걸고 복음 전파를 외치는 삶을 선택함으로 세상에 평화를 가져왔다.

바나바는 자신의 명예와 위험을 감수하고 헌신적 희생적 삶으로 변화된 청년 사울을 추천함으로, 자신의 이름처럼 위로의 아들로 살았다. 그 결과 이전에는 기독교인의 공적이던 사울이 이방의 사도로 세워지게 되고, 그

5) 미국 UCLA 대학에서는 매년 신입생들의 가치관을 조사하는데, 1966년에는 신입생의 42%가 부유해지는 게 삶의 목표라고 말했는데, 1990년에는 74%로 늘었다고 한다.

일로 인해 세상에 진정한 위로와 평화를 주었다.

그런데 평화가 온 유대뿐 아니라 갈릴리와 사마리아까지 임했다고 하는 것은, 『사도행전』 1장 8절의 예언이 이제 하나씩 성취되어 복음이 예루살렘과 온 유대뿐 아니라 사마리아까지 전파되었고, 이제는 땅 끝으로 나갈 차례라는 뜻이다.

재미있는 것은 그리스도인들이 구원받기 전의 사울 때문에 두려워했지만, 사울이 거듭나자 그를 통해 복음을 듣고 나서는 주님을 두려워하게 되었다(26절)는 점이다. 이것이 제대로 된 인생이다. 우리는 누구를 두려워해야 하는가? 사람을 두려워하는 것은 불행의 시작이고, 하나님을 두려워하는 것이 행복의 시작이다. 그래서 성경은 "주님을 경외함이 지혜의 시작"(잠 1: 7; 시 19: 9)이라고 한다.

그리고 31절은 그리스도인의 수가 늘어나는 것 역시, 주를 경외함과 성령의 도우심/파라클레시스에 의해서임을 분명히 한다. 성령은 우리들로 하여금 담대히 복음을 전하게 하고, 사람들을 권면하여 거듭나 교회가 되게 하시는 분이다.

그렇다. 전도와 교회의 자라감 없이 성령 충만을 논해서는 안 된다. 그것이 이 시대에 다시 필요한 성령 충만의 삶이다.

베드로가 사는 방식, 우리가 사는 방식

(행 9: 32-43)

예수님을 제대로 만난 감격이 있는 사람은 그 기쁨을 모르는 사람들에게 이야기해 주고 싶어 한다. 그래서 전도를 하게 되는 것이다.

그러나 전도는 누구에게나 다 똑같이 하는 것이 아니다. 인생살이 피곤하고 새벽부터 밤까지 시장에서 사람들과 복닥거리던 사람들은 설교도 복잡한 것은 딱 질색이고 그냥 웃기고 때로 감동적인 간증으로 버무린 부흥사식 설교를 좋아한다.

반면 논리적으로 분석하고 따지는 지성인들은 그런 부흥사나 어떤 목사님들이 하듯 무조건 믿으라는 식의 설교나 전도를 답답하고 한심하게 여긴다. 그들에게는 C. S. 루이스(Lewis)의 『단순한 기독교』라는 책에 나오는 방식을 좋아한다.

그러나 동남아나 아프리카의 오지 선교지에 가면 이런 저런 방식도 잘 안 통한다. 그들에게는 오랜 세월 믿어온 신과 자신들의 종교가 있기 때문이다. 그런 곳에서 사역하는 선교사들 이야기를 들어보면, 종종 토속 종교의 사제나 무당의 영적 능력을 뛰어넘어야 할 때가 있다고 한다. 특히 예수의 이름이 전혀 알려지지 않은 선교지에서는 언제나 마찬가지다. 어떤 논리적 설득도 필요없고, 병들고 귀신들린 사람들에게 신비한 능력으로 일하는 사제들과의 능력 대결이 있다는 것이다. 그럴 때는 오직 예수님이 그들이 믿는 신보다 더 큰 신임을 보여주는 수밖에 없다고 한다.

나는 대학원 시절에 거듭났다. 기독교에 대해 논리적으로 이의를 제기하고 깊이 회의적이던 때 같은 지도교수 밑에서 함께 연구하던 친구가 해 준 이야기가 내게는 큰 충격을 주고, 하나님에 대해 진지하게 생각해 볼 계기를 만들어 준 것 같다. 전에도 한 번 말씀드렸지만, 간단히 다시 말하자면, 제 친구가 어렸을 때 엄마랑 시장을 갔다가 오는데 무당이 굿을 하는 걸 보고 사람들 사이에 껴서 엄마랑 같이 구경을 했다는 것이다. 그런데 무당이 굿을 하다 말고 여기 내가 모시는 신보다 더 큰 신을 가진 사람이 있어서 굿이 안 된다며 화를 내더니, 둘러 선 구경꾼 쪽으로 와서 쭉 훑어보더니 친구 엄마한테 "당신 예수 믿지? 저리 가! 당신 때문에 굿이 안 된다"고 했다는 것이다. 그때 깨달은 것이 한 가지 있었다. 무당들이 어떤 신비로운 현상을 벌여도 예수님 앞에서는 아무 것도 아니라는 것, 예수님이 어떤 존재인가를 다 알지는 못해도 어떤 종교의 어떤 신과도 감히 비교할 수 없는 대단한 존재라는 것이 내 마음 속에 분명히 새겨졌었다.

사울은 예수님을 만나고 거듭난 후, 논리적이고 철학적인 헬라파 유대인들과 논쟁하고 복음을 논리적으로 증명해 이겼다. 그런데 결과는 많은 사람들이 그를 미워하고 죽이려고 한 것이다. 이성적인 논리와 변증은 필요한 것이지만, 이교도와 다투는 데에는 한계가 있다.

실제로 31절에서 보듯, 온 유대와 갈릴리와 사마리아 교회가 든든히 서간 것은 사울의 변증적 전도뿐 아니라 사실은 '**성령의 위로하심**'이 있었기 때문이었다.

그 일에 이어지는 오늘 본문 32절의 장소인 룻다와 샤론은 헬라계 유대인들의 고장이고, 36절의 욥바는 이방인들이 주로 살던 곳이다. 그곳에 예루살렘교회의 지도자인 사도 베드로가 나타났다. 그는 그런 사람들 사이에서 어떻게 복음을 전했는지에 관해서 함께 살펴보자.

32그때에 베드로가 사방으로 두루 다니다가 룻다에 사는 성도들[1)]에게도 내려갔더니, 33거기서 애니아라 하는 사람을 만나매, 그는 중풍병으로 침상 위에 누운 지 여덟 해라(9장).

베드로는 유대인의 사도이지만 예루살렘교회에만 갇혀 있지 않고 사방으로 두루 다녔다. 룻다는 예루살렘에서 욥바로 가기 17km 전에 있는 도시로, 이집트 사람들이 바빌론으로 갈 때 들르던 곳인데, 다양한 민족이 살았지만 특히 유대인이 몰려 살던 곳이다.

거기서(33절), 즉 룻다(의 성도들 가운데)에서(32절)[2)] 애니아[3)]를 만났다. 그는 8년째 중풍병으로 일어나지 못하던 남자였다. 그를 본 베드로는 예수의 이름으로 치유를 선언한다.

34베드로가 이르되, 애니아야, 예수 그리스도께서 너를 낫게 하시니 일어나 네 자리를 정돈하라 한 대, 곧 일어나니.

---

1) 룻다의 성도들에게 갔다는 것은 이전에 빌립이 복음을 전해 거듭난 그리스도인들이 있었다는 것인지, 70인역이 말하는 경건한 유대인을 뜻하는 것인지에 대해서는 학자들 사이에서도 의견이 분분하다.
2) "거기서"에 해당하는 *ekei*는 룻다라는 장소라기보다는 바로 앞 32절의 '룻다의 성도들'을 받는 것으로 보는 것이 적절하다고 Ernst Hanchen은 주장한다.
3) 애니아가 헬라계 유대인인지, 거듭난 그리스도인인지에 대해서도 이견이 있지만 34절로 보아 헬라계 기독교인일 확률이 높다.

일어나라고 하니 애니아가 일어났다. 즉각적 치유로 인해 그는 정상인들 처럼 이제 자기 침상을 정리할 수 있게 되었다. 중풍병자를 치유한 예수께서 네 침상을 들고 가라 한 것처럼. 그런데 오늘 본문은 애니아의 치유 기적과 함께 또 하나의 기적을 한 세트로 소개한다.

36전반부 욥바에 다비다라 하는 여제자가 있으니, 그 이름을 번역하면 도르가라.

욥바는 룻다보다 더 이방인이 중심인 도시였다. 그곳에 살던 도르가는 성경에서 유일하게 여제자란 명칭으로 불린 사람이다. 그 여제자의 아람어 이름인 타비이타는 '영양/사슴'이란 뜻이고, 도르카스는 히브리어 치브야의 그리스어 대응어인데, 역시 영양이란 뜻이다. 영양 혹은 사슴은 『아가서』에서는 사랑하는 자의 애칭[4]이다. 도르가는 39절에 보듯 실제로 많은 사람의 사랑을 받았던 것 같다. 그 도르가가 죽었다.

37 그때에 병들어 죽으매 시체를 씻어 다락에 누이니라. 38 룻다가 욥바에서 가까운지라. 제자들이 베드로가 거기 있음을 듣고 두 사람을 보내어 지체 말고 와 달라고 간청하여.

시신을 씻는 것은 장례를 준비하는 의식이다. 그들은 장례식 진행을 위해서 사도에게 속히 와달라고 했을 것이다. 베드로에게 어서 와서 다비다

4) 아가 2: 9; 8: 14.

를 다시 살려달라고 요청한 것은 아니라고 여겨진다. 죽은 자를 다시 살려야 한다는 생각은 당시 일반적인 생각이 아니다.

그런데 도르가는 어떤 사람이었길래 그토록 사람들이 안타까워하고 슬퍼했는가?

> 36후반부(도르가는) 선행과 구제하는 일이 심히 많더니.

이 헬라파 유대인 여자 제자는, 직역하면 선행과 자선으로 꽉 차 있던 사람, 즉 선행과 구제를 열심히 하던 사람이었다. 어느 정도였는지를 39절은 보여준다.

> 39베드로가 일어나 그들과 함께 가서 이르매, 그들이 데리고 다락방에 올라가니 모든 과부가 베드로 곁에 서서 울며, 도르가가 그들과 함께 있을 때에 지은 속옷과 겉옷을 다 내보이거늘.

도르가가 도와준 사람들은 과부들이었다. 고아, 과부, 외국인 등 하나님의 마음이 가 있는 약자들에게 도르가도 마음을 주고 물질로 표현했다. 도르가는 외투와 그 속에 입을 옷을 지어 줌으로 자신의 사랑을 증명했다. 말과 혀로만 사랑하지 말고 오직 행함과 진실함으로 하라는 『요한일서』 3장 18절 말씀대로 산 사람이었다.

그 사랑과 진심은 그들에게 통했을 것이고, 베드로가 오자 어떤 사랑을 받았는지 자신들에게 지어준 옷들을 보여준다. 과부들의 눈물과 도르가의 희생적인 삶에 대한 간증으로 인한 감동이 베드로로 하여금 불가능해 보이는 기적의 간구를 하게 만들었다고 생각된다.

그것을 보면 우리 그리스도인의 삶과 복음 전도는 교리만이 아니라 사랑으로 해야 한다. 그러나 나 자신을 돌아보면 나부터 사랑이 부족함을 많이 느낀다.

지난번에 개강한 텐트메이커 훈련의 소그룹 모임에서, 그들이 직장에서 어떻게 전도하며 어떻게 그리스도인으로 살았는지 이야기를 들어보았다. 전도가 된 공통 이유는 자신이 직장 동료들을 마음을 다해 돌봐주고 있다는 것을 그들이 느꼈기 때문이고, 그들의 진실한 사랑에 감동받았을 때 변화되기 시작했다는 것이다. 마찬가지로 도르가의 큰 사랑을 받던 욥바의 과부들은 그녀가 죽자 너무 슬퍼하며 베드로를 청한 것이고, 그들의 이야기에 감동을 받은 베드로는 안타까운 심정으로 도르가를 살려내는 놀라운 기적을 시도하게 된 것 같다.

> 41베드로가 손을 내밀어 일으키고, 성도들과 과부들을 불러 들여 그가 살아난 것을 보이니.

다비다가 살아나자, 「마가복음」 5장 41에서 "달리다쿰" 하시던 예수님처럼 베드로는 손을 잡아 다비다를 일으켜 세우고, 곧 과부들과 성도들을 불러들여 그녀가 살아난 것을 보여주었다.

이때 베드로의 기적 자리에 있었던 사람들을 표현한 41절의 '성도들'이란 단어는 남성형이다. 과부 외에 다른 남자들도 많이 와 있었다는 이야기다. 40절에서도 사람들을 다 내보냈다고 했을 때도 남성 복수형으로 쓴 것을 보면 누가는 공적(公的)으로 분명한 증인을 내세우는 것 같다. 여자들은 아무리 많아도 당시 문화에서는 증인이 되지 못하므로 누가는 이 기적 사건의 공증(公證)을 위해 남자들을 언급한 것 같다.

복음을 증언하고 전도를 잘하기 위해 우리는 종종 조금 더 성경 공부를 해야 하고, 신학을 알아야 한다는 생각을 많이 하는데, 이미 앞에서 본 것처럼, 사울의 변증 결과 그를 죽이려고 달려드는 사람들만 많았지 효과는 그리 크지 않았다. 교회가 든든히 서 가는 데는 오히려 성령의 역사와 위로하심이 컸다는 것을 31절에서 보지 않았던가?

중풍병자 애니아를 일으킨 사건에서 사람들이 주께로 돌아온 직접적 이유를 35절은 무엇이라고 하는가? "사람들이 다 그를 '보고'"였다. 애니아가 중풍에서 나은 것을 보았기 때문이다.

다비다 사건에서 사람들이 주를 믿게 된 직접적 이유는 무엇인가? 41절 "그가 살아난 것을 '보이니'"였다. 그렇다. 사람들은 보여주니, 보고 믿었다. 우리 그리스도인들은 보지 않고 믿는 것이 복되다는 것을 잘 안다. 그러나 불신자들에게는 보는 것이 중요하다. 그들에게는 하나님의 살아계심을 보여주는 것이 매우 중요하다.

그렇다고 우리 모두가 무조건 기적을 일으켜야 한다는 말이 아니다. 우리가 모두 어떤 의사도 고치지 못하는 치명적인 병들을 다 고치고 죽은 자를 살려야 한다는 말도 아니다. 애니아와 도르가 사건은 이방세계에 하나님께서 살아계심을 보여주기 위해서 주께서 이 세상 역사 속에 개입하신 표적의 사건들인 것이다.

여기서 베드로가 보여준 삶의 방식은 무엇이었는가? 예루살렘교회도 좋지만, 주의 성령이 이끄시는 대로 룻다든, 샤론이든, 욥바든, 어디든 그는 복음을 위해 돌아다녔다. 그리고 어떤 기회가 주어지든 주의 일을 행한 것이다.

도르가는 도르가대로 자신의 사랑을 구제와 봉사로 보여줬다. 베드로는 베드로대로 단지 머리와 논리로 증명하고 말과 혀로만 전한 것이 아니라, 행동으로 주님의 살아계심을 보여 준 것이다. 베드로가 도르가를 살린 것은 『사도행전』 3장 15절 말씀처럼 **예수님은 생명의 주, 생명의 창시자이기** 때문이다. 이것은 사람들이 주님 앞으로 돌아오게 하기 위해 우리에게 필요한 것이 무엇인가를 보여주는 것이 아닌가?

우리도 삶과 권능으로 주께서 살아계심을 보여줘야 한다(35, 41).

하나님을 알지 못하는 사람들은 우리가 말하는 교리를 듣고 구원받는 것이 아니다. 영적인 것을 이해하고 깨달을 수 없다. 그들에게 필요한 것은 지금도 주께서 우리 주변에서 어떻게 일하시는지를 간증하고 보여주는 것이다. 우리의 삶을 통해 역사하시는 살아계신 주님의 권능을! 그것은 여러분과 저의 영원한 과제다. 꼭 어떤 기적을 일으키라는 것이 아니라, 누가 봐도 안될 일이 기도하기 때문에, 우리의 믿음 때문에 이루어지는 것을 보여줘야 한다.

그런데 34절 애니아의 치유는 누구의 능력으로 행해진 것인가? "예수 그리스도께서 너를 낫게 하시니." 기적을 행하며 사도 베드로는 이 일이 예수 그리스도의 이름으로 행해진 것임을 분명히 밝혔다. 사실 사도 베드로는 이미 4장에서 성전 미문의 앉은뱅이를 일으켜 세운 적이 있다. 그때도 그랬지만, 사도 베드로는 항상 어떤 기적을 일으켜도 그것이 자신의 능력이 아니라 예수님이 낫게 하심임을 분명히 선언한다. 그 결과는 무엇인가?

[35]룻다와 사론에 사는 사람들이 다 그를 보고 주께로 돌아오니라.

룻다에서 베드로가 중풍병자 애니아를 치유한 사건으로 인해 인근 지역의 많은 사람들이 주님께 돌아섰다. "다" 돌아왔다는 것은 100%를 말하는 것이 아닌 '누가의 과장법'이다. 그것은 『이사야서』 49장 18절의 성취임을 보여주는 것이다. "네 눈을 들어 사방을 보라. 그들이 다 모여 네게로 오느니라." 예수의 이름으로 행해 주께 돌아오게 했다.

사도 베드로가 죽은 다비다를 살릴 때도 어떻게 했는지도 다시 보자.

[40]베드로가 사람을 다 내보내고 무릎을 꿇고 기도하고, 돌이켜 시체를 향하여 이르되, 다비다야, 일어나라 하니, 그가 눈을 떠 베드로를 보고 일어나 앉는지라.

이 구절에서도 베드로는 사람들이 죽은 자를 살리는 기적에 관심을 갖고 그 장면을 떠벌리고 다니지 않게 그 역사적 장면에서 다 내보낸다. 이상하다. 어떻게 안수하고 어떻게 일으키는지 보여줘야 따를 것이 아닌가? 그리고 성경은 다비다를 일으킨 것은 사도 베드로의 힘과 능력이 아니라 하나님의 능력이었음을 밝히기 위해 그가 무릎을 꿇고 하나님께 기도했음을 적시한다. 그런 태도로 행했으므로 베드로의 이 두 번째 기적의 결과는 무엇인가?

[42]온 욥바 사람이 알고 많은 사람이 주를 믿더라.

사람들이 베드로를 믿고 따른 게 아니라, 주님을 믿게 된 것이다. 베드로의 기적의 목적은 언제나 철저하게 사람들이 그 자신을 따르게 하는 것이 아니라 예수님을 믿게 하는 것이다. 기적 자체가 목표가 아니다. 사도의 기적은 다만 부활하신 그리스도를 믿게 하기 위한 결과다.

사람들은 인생의 성공을 말한다. 그런데 우리 인생의 참된 성공은 무엇일까? 잘살게 되는 것이 성공인가? 전보다 잘살게 되어 행복한가? 더 부족하고 더 목마르지 않은가? 부자가 되게 해 준다는 사람들을 계속 지도자로 뽑아서 우리는 얼마나 더 행복해졌는가? 우리가 얼마나 더 힘을 갖고, 얼마나 더 유명해지고, 얼마나 많은 사람들이 우리를 따르는가에 성공이 달려 있는가? 아니다. 베드로의 두 기적은 모두 사람들이 사도 자신을 따르게 한 것이 아니라 주님을 따르게 한 데 있는 것이다. 내 사람 만드는 것이 목적이 아니었다. 그렇다면 무엇이 우리 성공의 기준이 될 수 있는 것인가? 베드로의 삶에서 보듯이,

☞ 우리 성공 기준은 얼마나 많은 사람들이 주님을 따르게 하느냐에 있다 (35, 42).

베드로의 이러한 삶의 방식이 오늘 우리의 삶에서도 동일하게 이루어지기를 기도한다.

그런데 40절에서 베드로가 도르가를 살린 사건은 구약을 조금 아는 사람들에게는 『열왕기 상』 17장 17-24절과, 『열왕기 하』 4장 33의 엘리야와 엘리사의 기적 사건을 떠오르게 한다. 37절에서 도르가의 시신을 다락에 누인 것도 특이한데, 그것은 엘리야와 엘리사가 죽은 자를 살린 사건도 다락

에서 일어났기 때문이다. 게다가 사람들을 다 내보내고 기도로 일으킨 것까지 동일 패턴으로 묘사된다. 그것은 베드로를 이스라엘의 가장 위대한 선지자 엘리야나 엘리사와 같은 반열에 올려놓으려는 시도로 보인다.

예수님도 『누가복음』 7장 14절에서 나인성 과부의 아들에게 일어나라고 했었고, 『누가복음』 8장 54절과 『마가복음』 5장 41절에서 회당장의 딸아이에게도 "아이야/소녀여 일어나라" 하심으로 죽은 아이를 살렸는데, 베드로도 본문의 사건에서는 "다비다야 일어나라"고 한다. 즉 예수님께서 죽은 자를 일으키셨듯, 베드로는 예수의 이름으로 죽은 자를 일으켰다는 것이다. 본문의 두 기적 사건을 통해 『사도행전』은 엘리야를 통해 역사하셨고, 또한 예수님을 통해 역사하셨던 생명을 주는 영이 베드로와도 함께 하시며 지금도 역사하고 계시다는 것을 말하고 싶었던 것 같다.

9장에 들어서며 우리는 두 주에 거쳐 사울 이야기를 계속했었다. 사울은 『사도행전』의 주요한 두 인물인 바울과 베드로 중 한 사람이다. 사울 이야기를 한동안 하다가 우리는 다시 베드로 이야기로 돌아왔었다. 오늘 본문은 시작할 때 지적한 것처럼 룻다와 샤론 같은 헬라파 유대인들과 이방인들의 지역, 그리고 욥바처럼 이방인들의 본고장에서 예루살렘교회의 지도자 베드로가 어떻게 복음을 전하게 됐는가 하는 이야기였다.

이제 이어질 10장에서 본격적인 이방 선교라는 역사적 사건을 베드로가 펼칠 텐데, 그 사건을 앞두고 베드로는 한 발자국 뒤로 물러나 쉬고 대기하고 있어야 한다.

43베드로가 욥바에 여러 날 있어 시몬이라 하는 무두장이의 집에서 머무니라.

베드로가 머문 시몬의 직업은 무두장이, 곧 가죽을 처리하는 사람인데, 그 하는 일이 냄새가 심해 매우 괄시를 받던 직업이었다. 베드로는 그래도 기독교회의 지도자인 사도인데, 부정한 사람 취급받던 사람 집에 머무는 것이 마음에 걸리지 않았을까? 베드로도 사람인데, 이왕이면 깨끗하고 좋은 집에 머물며 대접도 잘 받고 싶지 않았을까? 그런데 베드로는 냄새나는 무두장이 시몬의 집에 머물렀다. 그것도 하루가 아닌 여러 날을. 이러한 사실을 통해 우리는 마지막으로 무엇을 배우게 되는가?

우리의 삶은 주님을 위해서라면 어떤 불편도 감수할 수 있어야 한다 (43).

이것이 베드로의 삶의 방식이었다. 사람마다 삶의 방식이란 것이 있다. 지난 금요일에는 우리나라 역사상 매우 중요한 사건이 있었다. 여러분이 그 일을 어떤 시각에서 받아들이든지 이 사건은 대한민국 헌법 질서에 있어서 한 획을 긋는 대통령 탄핵이란 역사적 사건이었다. 그 중차대한 사명을 위해 헌법 재판관들은 90여 일간 휴일을 반납하고 거의 주7일을 근무하면서 구내식당을 이용하거나 배달음식으로 식사를 하며 수도사들의 묵언수행처럼 일했다고 신문들은 보도했다. 그것은 사명을 받은 사람들의 삶의 방식이었다.

특히 마지막 날 결정문을 낭독한 이정미 헌재 소장대행은 평소보다 세 시간 이른 시각에 출근을 하며, 농성 중인 인파로 인해 놀라서 깜박했는지

뒤통수에 핑크색 헤어롤러 2개를 매달고 차에서 내려 들어가는 장면이 카메라에 포착됐다. 포털사이트 검색어 순위 1위에도 올라간 그 장면은 전세계로 송출되었는데, AP통신은 "sign of hardworking women", 즉 치열하게 일하는 한국 여성의 단면을 반영한 것이며, 스타일리스트를 부르거나 미용실에 들르지 않고 스스로 머리를 손질하는 소박한 모습을 보였다고 논평했다. 국내는 물론 전세계의 이목이 집중된 중요한 날에 여러분이라면 어떻게 하겠는가? 이정미 재판관의 행동은 그 영화 「곡성」에 나왔다는 그 유명한 질문, "뭣이 중헌디?"에 대한 답을 보여준 것이다. 이것은 지금 이 순간 무엇이 더 중요한 것인가라는 가치관이 그녀의 삶에서 어떤 차이를 만드는지를 극명하게 보여준 또 하나의 사건이었다.

사울도 그리고 베드로도 예수님을 만난 감격을 소리 높여 찬양하며 기도하며 편한 집에서 그 감격을 즐기며 살 수 있었다. 그럼에도 사울은 목숨의 위협을 받아가며 회당을 찾아다니며 복음을 전했고, 베드로는 예루살렘교회란 안전한 일터를 떠나 룻다와 샤론과 욥바 같은 이방 지역을 두루 돌아다니며 사명을 다했다. 예수 이름의 권능으로 하나님의 살아계심을 증거했다. 그들은 모두 자신의 이름을 내고, 유명해지고, 사람들을 자신의 추종자로 만드는 데 기쁨을 느끼지 않고, 많은 사람들이 오직 주님을 믿고 따르게 하는 삶을 살아낸 것이다. 그것이 세 사도의 삶의 방식이었다.

게다가 그것을 위해 사도는 어떤 불편한 삶도 기쁨으로 즐거이 감수해냈다. 냄새나는 무두장이 시몬의 누추한 집에도 기꺼이 머물렀다. 그것이 사도 베드로의 삶의 방식이었다. 교회의 영적 지도자가 되었지만, 무두장이 시몬의 누추한 집이 시몬 베드로가 잊지 말아야 할 주님 만나기 전 자신의 모습 아닌가? 주님의 복음의 사도이기 전에 자신을 돌아보는 겸허함, 그리고 복음을 위해 어떤 희생도 불편도 기꺼이 감수하려는 삶의 자세. 그것을 배우고 싶다. 이제 이러한 하나님의 사람들의 삶의 방식이, 오늘 우리의 삶의 방식이 되면 좋겠다.

주께서 받으시는 경건한 사람

(행 10: 1-23)

기독교인이라고 할 때 우리는 어떤 이미지가 먼저 떠오르는가? 성경책을 옆에 끼고 근엄한 표정을 짓는 장로나 목사를 많이 떠올리는 것 같다. 경건한 기독교인의 모습도 아마 거의 같은 이미지를 떠올리는 것 같다.

전에 어떤 집회에서 한 분이 자신의 전 재산을 주님께 바쳤더니 더 큰 부자가 되게 해주셨다며 할렐루야 외치는 간증을 들었는데, 사람들은 참 독실한 신앙인이라고 하고, 목사님은 믿음 좋고 경건한 분이라 한다. 그러나 사실 그것은 숨겨진 탐욕을 자극하는 행동일 수도 있다. 헌금 더 많이 바치고 교회에 더 자주 나와 매일 교회에서 예배드리면 경건하고 드린 것보다 더 많은 것을 축복으로 받는 것인가? 교회 문 밖에 나가 세상에 가면 불신자들과 세상에 아무 영향도 주지 못하며 매일 새벽기도와 모든 예배에 빠짐없이 출석하고 헌금만 잘하면 경건한 것인가?

오늘 본문은 하나님께서 어떤 사람을 경건하다고 하시는지, 성경이 말하는 경건은 어떤 것인지를 우리에게 분명히 알려준다. 오늘은 재미나고 감동적인 설교 찾기 전에, 성경은 무엇을 경건하다고 하는지, 믿음과 선행은 무슨 관계인지를 한 번 제대로 함께 알아보자.

[1]가이사랴에 고넬료라 하는 사람이 있으니, 이달리야 부대라 하는 군대의 백부장이라(행 10장).

'가이사랴'는 헤롯왕이 로마의 가이사(카에사르) 황제의 영광을 위해 건설한 해안가 항구 도시로 로마 총독관저와 로마 수비대가 있었다. '고넬료'란 흔한 이름으로, 이달리야 부대란 천 명 규모의 로마 시민 의용군인 제2 보병대를 구성하는 백 명 단위의 부대 지휘관이었다.

[2]그가 경건하여 온 집안과 더불어 하나님을 경외하며 백성을 많이 구제하고 하나님께 항상 기도하더니(10장).

『사도행전』을 읽으며 자주 마주치는 표현 중 하나가 "하나님을 경외하는(*phobumenos*) 사람들"이란 말이다. 『사도행전』 10장 35절에서는 "각 나라 중 하나님을 경외하며 의를 행하는 사람은 다 받으시는 줄 깨달았도다", 13장 16절에서는 "바울이 일어나 손짓하며 말하되, 이스라엘 사람들과 및 하나님을 경외하는 사람들아 들으라" 등에서 보듯, 유대인이 아니라 할례나 율법 준수 같은 의무는 없지만 유대교에 호의적이고 유일신 하나님을 믿으며 회당 예배에 참여하는 이방인들을 통칭하는 *theosebeis*란 단어와 유사한 표현이다.

그런데 2절에서 고넬료를 묘사하는 핵심 용어는 "그가 경건하여" 즉 경건한 사람이란 표현이다. 그 경건은 어떤 경건인가? 혼자 신앙생활 잘 한 것으로만 묘사하지 않는다. 본문 후반에 고넬료가 보낸 사람들이 베드로를 찾아갔는데, 베드로가 무슨 일로 왔느냐고 묻자, 자초지종을 설명하며 자신들을 보낸 고넬료가 어떤 사람인지를 22절은 이렇게 묘사한다.

> [22]그들이 대답하되, 백부장 고넬료는 의인이요 하나님을 경외하는 사람이라. 유대 온 족속이 칭찬하더니, 그가 거룩한 천사의 지시를 받아 당신을 그 집으로 청하여 말을 들으려 하느니라 한대.

고넬료는 다른 사람들의 입을 통해서도 하나님을 경외하는 사람이고 유대 온 족속으로부터 칭찬받는 자로, 의인으로 소개된다. 이때 의인이란 모세율법을 따라 유대인처럼 사는 사람을 의미하지만, 분명한 것은 고넬료의 경건은 타 종족인 유대인까지 포함해 주변 사람들에게 인정받는 삶을 살았다는 점이다. 그렇다면 2절과 22절이 주는 교훈은 무엇인가? 그것은,

☞ 우리의 경건은 주위 사람들에게 인정받는 것이어야 한다(2, 22).

성경이 말하는 경건한 사람이란 또한 어떤 사람인가? 2절은 고넬료를 하나님을 경외하고 백성들을 많이 구제하고 하나님께 항상 기도하는 사람이라고 한다. 이 세 가지, 즉 하나님 경외, 구제, 기도의 사람이 바로 경건한 사람을 특징짓는 것이다. 그러니까 경건이란 성경책을 옆에 끼고, 느릿느릿 말하며, 말끝마다 '주여 ~' 하며, 거룩한 체하는 어떤 종교적인 모습이 아니다.

마리아와 요셉이 아기 예수님을 데리고 성전에 처음 나왔을 때 아기를 안고 예언을 했던 사람을, 『누가복음』 2장 25절은 "예루살렘에 시므온이라 하는 사람이 있으니 이 사람은 의롭고 경건하여 이스라엘의 위로를 기다리

는 자라. 성령이 그 위에 계시더라"고 한다. 의롭고 성령이 충만하여 믿음과 소망으로 평생을 살아낸 사람이 경건한 사람이다. 또한『요한복음』9장 31절, "하나님이 죄인의 말을 듣지 아니하시고, 경건하여 그의 뜻대로 행하는 자의 말은 들으시는 줄을 우리가 아나이다"에서처럼 하나님의 뜻대로 행하는 자가 경건한 사람이다.

2절에서 고넬료는 "경건한 사람"이라는 평을 받았는데, 그의 경건성은 어떻게 증명되느냐 하면, 그는 혼자만이 아니라 온 집안과 더불어 하나님을 경외하였다. 아무리 가부장 문화라도 주변 사람 모두가 이방신을 섬기는 문화인데, 자기 혼자가 아니라 가족이 모두 하나님을 경외하도록 영향을 미친 것이 경건이다. 이방인으로서 가족들 모두 하나님을 경외하게 만드는 것은 가족들로부터 크게 존경받는 삶의 영향력 없이는 힘든 일이다.

그리고 3-4절에서도 고넬료가 어떤 사람인지를 또 보여주고 있다.

> 3하루는 제 구 시쯤 되어 환상 중에 밝히 보매, 하나님의 사자가 들어
> 와 이르되, 고넬료야 하니, 4고넬료가 주목하여 보고 두려워 이르되, 주
> 여 무슨 일이니이까? 천사가 이르되, 네 기도와 구제가 하나님 앞에 상
> 달되어 기억하신 바가 되었으니.

제 구 시는 오후 3시로 베드로와 요한이 성전에 기도하러 가다가 앉은뱅이를 고쳤던 시간과 같은 시간이다. 이 환상이 구 시에 있었다는 말은 밝은 대낮에 벌어진 일이며 사실이란 뜻이다.

하나님의 사자가 고넬료를 불렀다. 고넬료가 하나님의 사자인지 알고 두려워했다. 두려워하는 자에게는 보통 '두려워 말라'고 하기 마련인데, 이상

하게도 네 기도와 구제가 하나님 앞에 상달되고 기억하신 바 되었다고 말한다. 이처럼 경건한 사람이란 사람뿐 아니라, 하나님에게도 기억되는 사람이다. 무엇으로 왜 기억되었는가? 기도 생활뿐 아니라, 그의 구제가 상달되어 기억하신 바 된 사람이다. 그것은 앞의 2절에서도 항상 기도할 뿐 아니라, 백성을 많이 구제한 사람이라고 한 것의 반복이 아닌가? 이것이 본문의 강조점이다.

이 대목에서 기억나는 사람이 한 사람 있다. 9장에서 베드로에 의해 죽음에서 살아나는 기적의 은혜를 경험한 사람, 다비다다. 그런데 9장 36절에 의하면 여제자라 불릴 정도로 믿음 좋았던 다비다는 어떤 사람이었는가?

> 욥바에 다비다라 하는 여제자가 있으니, 그 이름을 번역하면 도르가라. 선행과 구제하는 일이 심히 많더니.

그녀의 삶도 선행과 구제로 가득했다. 하나님의 크신 구원, 죽음에서 살아나는 은총을 입은 도르가와, 하나님께 기억하신 바 된 고넬료의 공통점은 "선행과 구제의 사람"(4절)이라는 점이다. 기도로 표현된 믿음과 구제로 표현된 선행의 사람이라는 것이다. 믿음뿐 아니라 선행도 하나님 앞에 중요하다. 본문이 의미하는 것은 그의 구제와 선행이 구원받기에 합당한 사람으로 만들었다는 것이 아니다. 도르가와 고넬료의 구제와 선행은 하나님의 은혜와 믿음에서 나온 것이므로 하나님께서 받아주셨다는 것을 강조한 것이다.

우리는 믿음으로 구원받는다는 교리를 잘 안다. 그런데 선행에 대한 우리 한국 개신교인들의 인식은 어떠한가? 매우 부정적이다. 선행을 말하면 율법주의나 공덕주의가 아닌가 하는 의심의 눈초리로 바라본다. 그러니까 신앙은 좋다며 삶은 엉망이고 베풀 줄도 모르는 얌체가 교회 안에 많아진 것이다. 그러나 성경에 의하면 선행은 나쁜 것이 아니다.

4절뿐 아니라 22절을 보면, 선행과 의로운 삶은 이웃에게도 큰 영향을 주고, 31절과 35절에서 보듯, 하나님께는 의로 여겨진다. 유대교에서 경건도 그렇지만, 성경이 말한 선행이란 이처럼 하나님을 경외하고, 기도와 자선을 행하는 것이다. 물론『로마서』4장 5절에 의하면, 하나님은 경건치 아니한 사람을 의롭다 하실 수 있는 분이다. 그러나 하나님은 경건한 사람, 믿음과 선행의 사람을 찾으신다. 하나님은 그런 사람들을 기억하시고 천사도 찾아간다.

복음서를 보면 예수님도 그런 사람을 찾아가신다.『누가복음』7장 5절을 보면, 백부장이 사랑하는 종이 병들어 죽게 되자 예수님께 사람을 보내서 오셔서 그 종을 구해달라고 요청하자, 주변 사람들이 예수님께 그 백부장은 유대인들을 사랑할 뿐 아니라 선한 일을 행했음을 지적하며, 그렇게 해주시는 것이 합당하다고 하자, 주께서 가서 고쳐주신다. 율법의 궁극적 요구요 하나님의 뜻인 하나님을 사랑하고 이웃을 사랑하는 것은, 이처럼 선을 행함으로 표현되는 것이다. 예수님은 선행을 하는 사람들을 '이신칭의(以信稱義)' 교리도 모르느냐고 혼내시기는커녕 오히려 더 찾아가 도우신다. 그런 점에서 우리는 경건과 선행과 의를 재조명해볼 필요가 있다.

성경은 하나님께서 우리를 창조하신 목적이 무엇이라 말하는가?『에베소서』2장 10절은 "우리는 그가 만드신 바라. 그리스도 예수 안에서 선한 일을 위하여 지으심을 받은 자니……"라고 말한다.[1)]

---

1) 딤전 2: 10: "오직 선행으로 하기를 원하노라. 이것이 하나님을 경외한다 하는 자들에게 마땅한 것이니라." 딛 2: 7: "범사에 네 자신이 선한 일의 본을 보이며 교

그렇다면 하나님의 백성은 어떤 사람이 되어야 하는가? 『디도서』 2장 14절은 말한다. "그가 우리를 대신하여 자신을 주심은 모든 불법에서 우리를 속량하시고 우리를 깨끗하게 하사 선한 일을 열심히 하는 자기 백성이 되게 하려 하심이라."[2)]

주의 종들[3)]은 무엇을 가르치고 무엇을 설교할 것인가? 『디모데전서』 6장 18절은 이렇게 말한다. "선을 행하고, 선한 사업을 많이 하고, 나누어 주기를 좋아하며, 너그러운 자가 되게 하라"[4)]고 한다.

우리는 왜 훈련을 받고 준비하여야 하는가? 『디모데후서』 2장 21절은 말한다. "그러므로 누구든지 이런 것에서 자기를 깨끗하게 하면, 귀히 쓰는 그릇이 되어, 거룩하고 주인의 쓰심에 합당하며, 모든 선한 일에 준비함이 되리라"고. 이처럼 선행은 거듭난 그리스도인들을 특징짓는 중요한 요소로 성경은 반복해 강조한다.

반대로 가짜 그리스도인은 어떤 사람인가? 『디도서』 1장 16절은 말한다.

훈에 부패하지 아니함과 단정함과."

2) 그 외에도 다음과 같은 구절을 참조하라. "너는 그들로 하여금 통치자들과 권세 잡은 자들에게 복종하며 순종하며 모든 선한 일 행하기를 준비하게 하며"(딛 3: 1). "이 말이 미쁘도다. 원하건대, 너는 이 여러 것에 대하여 굳세게 말하라. 이는 하나님을 믿는 자들로 하여금 조심하여 선한 일을 힘쓰게 하려 함이라. 이것은 아름다우며 사람들에게 유익하니라"(딛 3: 8). "11너희가 어떠한 사람이 되어야 마땅하냐. 거룩한 행실과 경건함으로, 12하나님의 날이 임하기를 바라보고 간절히 사모하라"(벧후 3: 11-12). "또 우리 사람들도 열매 없는 자가 되지 않게 하기 위하여 필요한 것을 준비하는 좋은 일에 힘쓰기를 배우게 하라"(딛 3: 14).

3) 우리는 왜 주님의 종이 되려고 하는 것인지 그 목적도 선행과 관련이 있다. "미쁘다 이 말이여, 곧 사람이 감독의 직분을 얻으려 함은 선한 일을 사모하는 것이라 함이로다"(딤전 3: 1).

4) 왜 그래야 하는가? 다음 구절을 보자. "이것이 장래에 자기를 위하여 좋은 터를 쌓아 참된 생명을 취하는 것이니라"(딤후 6: 19).

"그들이 하나님을 시인하나 행위로는 부인하니, 가증한 자요, 복종하지 아니하는 자요, 모든 선한 일을 버리는 자니라"고.

그렇다면 성경은 어떠한 역할을 하는가? 『디모데후서』 3장 17절은, "이는 하나님의 사람으로 온전하게 하며, 모든 선한 일을 행할 능력을 갖추게 하려 함이라"라고 한다.

종말론적으로도 선행이 중요한 이유는 『요한계시록』에서도 봤지만, 심판과 상급도 우리의 선한 행위에 따라 이루어지기 때문이다. 『로마서』 2장에서,

> 6하나님께서 각 사람에게 그 행한 대로 보응하시되, 7참고 선을 행하여 영광과 존귀와 썩지 아니함을 구하는 자에게는 영생으로 하시고[5]

라고 말한다.

하나님께서 우리에게 성령을 주시고 은혜를 주신 이유는 무엇 때문일까? 『고린도후서』 9장 8절은, "하나님이 능히 모든 은혜를 너희에게 넘치게 하시나니, 이는 너희로 모든 일에 항상 모든 것이 넉넉하여 모든 착한 일을 넘치게 하게 하려 하심이라"고 한다. "착한 일을 넘치게 하게 하려고"라는 것은 '선행을 하게 하려고' 하는 것이다. 그렇다면 선행은 구원의 조건은 아니지만, 성경이 계속 강조하는, 하나님의 사람들이 사는 삶의 방식이다.[6]

예수님의 삶은 어떠하셨는지 하나만 더 찾아보자. 『사도행전』 10장 38절은 "하나님이 나사렛 예수에게 성령과 능력을 기름 붓듯 하셨으매, 그가

5) 고전 3: 14: "만일 누구든지 그 위에 세운 공적이 그대로 있으면 상을 받고."

6) 따라서 주님께 합당한 삶이 무엇인가? 골 1: 10: "주께 합당하게 행하여 범사에 기쁘시게 하고 모든 선한 일에 열매를 맺게 하시며 하나님을 아는 것에 자라게 하시고." 하나님을 아는 지식뿐 아니라, 모든 선한 일을 행하는 것이다.

두루 다니시며 선한 일을 행하시고, 마귀에게 눌린 모든 사람을 고치셨으니, 이는 하나님이 함께 하셨음이라"고 하셨다. 예수님도 두루 다니시며 선한 일을 행하셨다고 성경이 말하는 것을 보면, 선행은 신앙생활에서 매우 중요한 것이다. 이 구절에서 성령 충만의 결과와 능력 주심의 결과는 무엇인가? 예수님처럼 두루 다니며 마귀에게 눌린 사람을 고치고 선한 일을 행하시는 것이다. 두루 다니며 선한 일을 행하는 것이 하나님께서 함께 하시는 일이라고 한다. 이러한 예수님을 은혜, 구원, 이신칭의 교리를 모르는 공덕주의자라고 할 수 있는가? 말도 안 된다. 선행은 믿음이란 동전의 뒷면이다.

지금까지 본 바에 의하면, 고넬료의 선행은 그를 하나님께서 기억하게 한 이유 중 하나다.

> 4고넬료가 주목하여 보고 두려워 이르되, 주여 무슨 일이니이까. 천사가 이르되, 네 기도와 구제가 하나님 앞에 상달되어 기억하신 바가 되었으니.

다시 한 번 지적하고 싶은 것은, 고넬료의 선행이 하나님께 받아들여진 것은 단순 공덕주의 자선사업 때문이 아니라, 기도와 하나님을 믿은 데서 우러나온 선행이기 때문이다. 그래서 31절에서도 "하나님이 네 기도를 들으시고 네 구제를 기억하셨다"고 하신 것이다.

참고로 성경에서 은혜의 복음과 대조하는 율법의 행위는, 선한 행위를 하지 말라는 것이 아니라 유대인들이 가졌던 잘못된 종교적 확신들을 지적하는 것이다. 성경은 4절, 31절이 말하는 구제 같은 선한 행위를 매우 귀중

한 것으로 계속 장려하고 있다. 그것을 35절은 의를 행하는 것으로 표현한다. 의는 칭해지는 것만이 아니라 행하는 것이기도 하다. “각 나라 중 하나님을 경외하며 의를 행하는 사람은 다 받으시는 줄 깨달았도다.”

고넬료는 하나님께서 받아주신 의인인데, 그 이유는 그가 하나님을 두려워하고, 기도를 열심히 하고, 구제를 많이 하는 사람이었기 때문이다. 그게 의를 행하는 사람이다.

이제 정리를 하자면, 9장 36절에서, 도르가도 선행과 구제하는 일이 많았다고 하고, 10장에 와서는 4, 21, 31, 35절에서 고넬료의 경건과 구제, 즉 선행은 하나님께서 기뻐하시는 귀한 것임을 보았다. 결국 오늘날 한국 개신교회에서 종종 오해되듯 선행은 절대로 부정적인 톤으로 쓰이지 않는다. 이신칭의 교리가 중요한 것이지만, 선행을 말하면 행위구원론자인 것처럼 질색을 하는 것은 기독교를 잘못 이해한 것이다. 오히려 4, 31, 35절처럼 성경은 경건한 삶의 중요성을 강조하며, 무엇을 가르치는가?

우리의 경건은 사람들과 하나님께 기억되는 선행과 연결된 것이다(4, 31, 35).

그렇다면 하나님께 기억하신 바 된 ‘경건한 삶’이란 무엇이며, 그 기준은 무엇인지가 궁금하다. 그것이 우리의 다음 질문이다. 우리는 10장 5-16절 사이에서 그 기준을 알 수가 있다.

> 5네가 지금 사람들을 욥바에 보내어 베드로라 하는 시몬을 청하라. 6그
> 는 무두장이 시몬의 집에 유숙하니 그 집은 해변에 있다 하더라.

욥바는 가이사랴에서 50km 떨어져 있다. 시몬의 집에 사는 시몬을 모셔오라 한다. 둘 다 시몬인데 하나는 교회에서 반석이라 불리는 일꾼이고 다른 하나는 무두장이다.

[7]마침 말하던 천사가 떠나매 고넬료가 집안 하인 둘과 부하 가운데 경
건한 사람 하나를 불러 [8]이 일을 다 이르고 욥바로 보내니라.

오후 3시경에 천사의 명을 듣고 고넬료는 느즈막히 심부름꾼 셋을 보냈으므로 날이 저물자 중간에 자고 그 다음 날 계속 걸어 정오쯤에 욥바에 도착했을 것이다.

[9]이튿날 그들이 길을 가다가 그 성에 가까이 갔을 그때에 베드로가 기
도하려고 지붕에 올라가니 그 시각은 제 육 시더라.

『사도행전』은 고넬료 이야기를 베드로의 환상과 치밀하게 중첩시키고 연결한다. 기도 시간도 아닌 육시 정오에 베드로는 기도를 하러 바람이 잘 통하는 옥상으로 올라갔다.

[10]그가 시장하여 먹고자 하매 사람들이 준비할 때에 황홀한 중에,

정오에 기도하러 올라갔는데 점심때라 배가 고팠다. 그래서 베드로는 사람들에게 먹을 것을 부탁하고 기도를 하다가, 먹는 것에 대한 환상을 보았다는 것이다. 재미있는 성경의 유머다. 그런데 어떤 환상을 보았는가?

[11]하늘이 열리며 한 그릇이 내려오는 것을 보니, 큰 보자기 같고 네 귀를 매어 땅에 드리웠더라. [12]그 안에는 땅에 있는 각종 네 발 가진 짐승과 기는 것과 공중에 나는 것들이 있더라.

그릇 안에 있던 음식물은 『창세기』 1장 24절의 목록들로, 피조세계의 대표들인데, 물고기만 없다. 베드로가 머물고 있는 시몬의 집은 바닷가에 있는데도 시 푸드가 빠진 것은 희한하다. 아무튼,

[13]또 소리가 있으되, 베드로야 일어나 잡아먹어라 하거늘, [14]베드로가 이르되, 주여, 그럴 수 없나이다. 속되고 깨끗하지 아니한 것을 내가 결코 먹지 아니하였나이다 한대.

하늘에서 먹으라는 소리가 났지만, 베드로는 유대인으로서 익숙한 율법의 음식 정결 규례에 따라 부정한 음식이므로 먹지 못한다고 말씀드렸다. 『레위기』 11장과 『신명기』 14장에는 유대인이 먹어서는 안될 동물들의 목록이 있는데, 하늘에서 내려온 그릇 안에 담긴 음식물이 무엇인지 자세히 나오지 않지만 베드로의 반응에 의하면 부정한 것들로 보인다.

사실 "잡아먹어라"는 명령의 원어는 제사장의 다분히 제의적 용어인데, 그것은 아마도 그가 이 사건으로 이방인을 하나님께 올려드리는 제사장적 역할을 하기 때문인 것 같다.

이 환상의 의미는 다음 주에 볼 10장 후반부와 11장, 그리고 15장에서 계속 반복되는 중요한 것이다. 오늘은 문맥 속에서 그 의의를 중심으로만 살펴보자.

[15]또 두 번째 소리가 있으되, 하나님께서 깨끗하게 하신 것을 네가 속되다 하지 말라 하더라. [16]이런 일이 세 번 있은 후 그 그릇이 곧 하늘로 올려져 가니라.

베드로가 구약 율법의 정결 규례에 따라 부정해서 못 먹겠다는 대답을 하자, "네가 속되다고 하지 말라"고 하늘에서 소리가 난다. 그 말씀 앞을 보면 그 이유가 있다. 하나님께서 이제 깨끗하다고 정결 선언하셨다는 것이다. 28절에서도 이 말씀은 반복된다.

내게 지시하사 아무도 속되다 하거나 깨끗하지 않다 하지 말라.

그런데 어떤 것을 정결하거나 부정하다고 하는 기준은 누가 정하는 것인가? 각자가? 제사장이? 이곳 욥바나 가이사랴 같은 이방 땅에는 모세오경도 토라도 제사장도 없다. 주님이 정하시는 것이다. 주님이 말씀하시면 그것으로 끝이다. 더 이상 율법 규정에 갇힌 베드로 네 생각 네 확신, 네 기준으로 왈가왈부하면 안 된다는 것이다. 하나님이 받으시면 받는 것이다. 이것은 이제 이곳 욥바나 가이사랴 같은 이방 땅의 이방인들은 모세율법 준수 의무 없이 하나님의 백성으로 받아들여진다는 매우 중요한 전기를 마련하는 환상이다. 이제 주께서 이방인도 정결하다고 하시고 받아들이시면 받아들여야 하는 것이다. 이 결정은 15장 예루살렘공회에서 교회의 공식적 가르침으로 확정될 것이다. 그러나 그 전에 예루살렘교회의 핵심 사도인 베드로가 먼저 이 환상을 통해 하나님의 총체적 구원 계획 속에서 이방인에 대한 관점을 올바로 이해할 수 있도록 주께서 친히 가르치시는 장면이다. 그런데 이 일이 세 번 있었다고 한다. 그것은 이런 하나님의 뜻이 준엄함을 분명히 하는 것이다. 그런데도 사도 베드로는 유대인으로 잘 이해가 안 가서 계속 고집을 부리며 거절한 것 같다.

우리가 알아야 할 것은 하나님께서 창조하신 것은 음식이나 사람이나 어떤 것도 부정하다, 더럽다고 할 것이 없다는 사실이다. 율법의 음식 규례 이전에 주어진 창조의 규례로는 모든 것은 선한 것이기 때문이다. 『디모데전서』 4장 4절도 "하나님께서 지으신 모든 것이 선하매 감사함으로 받으면 버릴 것이 없나니"라고 했다.

그런데도 14절에서 베드로가 먹지 않겠다고 하며 깨끗하지 않은 것뿐 아니라 속되다 했는데, 성경의 정결과 부정 개념을 그리스 사람들의 이원론적인 성(聖)과 속(俗)으로 나누는 것은 잘못된 것이다. 하나님은 자신이 창조한 피조물을 속되다고 하지 않으신다. 우리의 죄로 부정하게 된 것뿐이다. 그래서 15절은 하나님께서 이제 깨끗하게, 정결하게 하시며 네가 속되다 하지 말라고 하신 것이다. 다시 정리하자면 경건함, 정결함의 기준은 누가 정하는 것인가? 우리도, 어떤 목사도, 어떤 공의회도 아니다. 하나님이 정하시고, 말씀하시면 끝이다!

우리 경건의 기준은 하나님께서 정하신 것이어야 한다(15).

그렇다면 '경건한 사람들의 삶'은 어떤 특징을 보일까?

[17]베드로가 본 바 환상이 무슨 뜻인지 속으로 의아해 하더니, 마침 고
넬료가 보낸 사람들이 시몬의 집을 찾아 문 밖에 서서 [18]불러 묻되, 베드

로라 하는 시몬이 여기 유숙하느냐 하거늘.

먹기를 거부를 했지만 베드로는 속으로 당황하여 이 환상이 무슨 의미인지 궁금해 하고 있는데, 그 순간 고넬료가 보낸 사람들이 와서 베드로를 찾는다.

[19]베드로가 그 환상에 대하여 생각할 때에 성령께서 그에게 말씀하시
되, 두 사람이 너를 찾으니, [20]일어나 내려가 의심하지 말고 함께 가라.
내가 그들을 보내었느니라 하시니.

베드로는 그 환상이 무슨 일인지 집 옥상에서 고민하고 있는데 성령께서 두 사람이 와서 찾고 있으니 같이 가라고 하신다. 내가 보냈다고도 자상히 설명해 주신다. 그러나 정작 궁금해 하는 환상에 대해서는 알려주지 않으신다. 그것은 베드로가 스스로 깨달아야 할 문제다.

그리고 성령님의 명령은 의심하지 말고, 따지지 말고 순종하라고 한다. 그것이 우리의 태도여야 한다. 베드로는 지붕에서 내려와 그 사람들에게 성령이 시키는 대로 말한다.

[21]베드로가 내려가 그 사람들을 보고 이르되, 내가 곧 너희가 찾는 사
람인데 너희가 무슨 일로 왔느냐. [22]그들이 대답하되, 백부장 고넬료는
의인이요 하나님을 경외하는 사람이라. 유대 온 족속이 칭찬하더니 그가
거룩한 천사의 지시를 받아 당신을 그 집으로 청하여 말을 들으려 하느
니라 한 대, [23]베드로가 불러 들여 유숙하게 하니라. 이튿날 일어나 그들

과 함께 갈새 욥바에서 온 어떤 형제들도 함께 가니라.

베드로는 그 집이 자기 집도 아니고 피장 시몬의 집인데도 주인처럼 행동한다. 그들을 집에 들여 하룻밤 쉬게 하고, 그 다음 날 가이사랴를 향해 함께 길을 떠난다. 28절에서 보듯 유대인에게는 이방인과 교제하고 가까이 하는 것이 위법이다. 그러나 이제 베드로는 개의치 않는다. 왜 그랬을까? 왜 한 집에 같이 머물고 함께 식사하고 함께 여행을 하였는가? 그 사이에 환상의 의미를 깨달은 것 같다. 이처럼,

우리의 경건은 순종과 삶의 변화로 증명된다(20, 23).

2015년 12년 추운 겨울. 뉴욕 지하철에서 맨발로 지하철에 오른 노숙자에게 케이 브라운이라는 26세 여자가 자신의 신발을 벗어주었다. 그 노숙자는 신발을 신고 한참 눈물을 흘리다가 내렸다. 그런데 아뿔싸. 그녀는 아침에 짝이 맞지 않은 양말을 신고 나온 것이 드러나는 부끄러운 상황이 되어 버린 것이다. 곁에서 보던 남자가 가방에서 흰 새 양말을 꺼내 케이에게 건네주었으므로 양말 두 켤레를 겹쳐 신고 집에 갈 수 있었다. 케이 양은 남을 도우면 행복해진다는 것을 알리고 싶어 양말신은 자기 발 사진을 페이스북에 올렸는데, 나중에 인터뷰에서 자신의 작은 행동이 다른 선행을 낳아 기뻤다고 수줍게 말했다.

성경이 말하는 바른 믿음은 이처럼 삶으로 증명되는 믿음이다. 도르가도, 고넬료도, 베드로도, 그런 경건한 삶으로 믿음을 증명했다. 우리도 모두 그런 믿음 갖는 사람 되기를 축원한다.

세상이 필요로 하는 사람

(행 10: 23b-48)

제가 초등학교 때인지 중학교 때인지도 기억이 안 나지만, 조회 시간에 교장 선생님 훈시 때 들은 이야기다. 세상에는 세 종류의 인간이 있다고 하셨다. 차라리 없는 게 나은 사람, 있으나 마나 한 사람, 그리고 꼭 필요한 사람이다(이우라 야스유끼의 책 제목이기도 하다). 당연히 우리는 이 중 마지막 부류인 꼭 필요한 사람이 되어야겠다. 성경도 우리에게 그런 사람이 되기를 요구한다. 오늘 본문에서도 그런 사람 이야기를 볼 수 있다.

우리는 지금 두 주째 고넬료와 베드로 이야기를 보고 있는데, 다음 주 한 주 더 상고할 것이다. 물론 몇 주 후 15장에서도 다시 이 이야기가 등장하겠지만, 이 사건이 하나님의 구원사에서 어떤 의미를 갖는지는 다음 주에 살펴보기로 하고, 오늘은 이 사건이 오늘을 사는 우리에게 주는 교훈을 중심으로 읽어보려고 한다.

23후반부이튿날 일어나 그들과 함께 갈새, 욥바에서 온 어떤 형제들도
함께 가니라. 24이튿날 가이사랴에 들어가니, 고넬료가 그의 친척과 가까
운 친구들을 모아 기다리더니.

베드로가 가이사랴에 가보니, 고넬료가 친척과 친구들을 모아 기다리고 있었다. 좋은 것은 사랑하는 사람들과 나누고 싶기 마련이라 가까운 사람들을 부른 것 같다. 이렇게 모인 사람들이 가이사랴 공동체, 즉 가이사랴교회의 기초가 되었을 것이다.

> [25]마침 베드로가 들어올 때에 고넬료가 맞아 발 앞에 엎드리어 절하니, [26]베드로가 일으켜 이르되, 일어서라. 나도 사람이라 하고.

천사가 지명한 사도 베드로가 들어오자, 고넬료는 그의 발 앞에 엎드려 절한다. 그러자 베드로는 나도 당신과 같은 사람이니 그렇게 해서는 안 된다며 그를 일으켜 세운다. 이것은 겸손이 아니다. 나 외에 다른 신을 두지 말라는 십계명의 1계명과, 어떤 우상이나 형상에게도 절하지 말라는 2계명 위반이기 때문이다. 이런 베드로의 모습이야말로 오늘날 하나님의 종이 취해야 할 바른 자세다. 하나님 외에 누구도 경배의 대상이 되어서는 안 된다.

그러나 존경을 넘어 숭배를 받고 싶어 하는 사람들이 많다. 대놓고는 못해도 은근히 자기 이름을 딴 강당이나 수양관이라도 세우고 싶어 하는 사람도 있다. 사람들이 자기만 따르고 높여주기를 바라는 숨겨진 악함이 우리 인간에게는 있다. 대놓고 환호와 박수와 할렐루야를 받고 싶어 안달이 난 사람들도 있지만, 은근히 추앙받고 싶어 하는 사람이 더 많다.

그런 사람들만 있는 게 아니라, 숭배 받고 싶어 하는 사람을 부추기는 사람들도 있다. 욕망에 사로잡힌 목사들을 타락시키는 것은 교인들이다. 그들은 베드로나 주의 종들을 신처럼 떠받들고 목회자들은 은근히 그 경배를 즐긴다. 그래서 같이 망하는 것이다. 그러나 많은 사람이 경배를 해도 사양하는 정도가 아니라 그 잘못됨을 지적하는 사람이 진짜 하나님의 사람이다. 베드로는 그런 사람이었다. 이런 베드로의 모습에서 우리가 배워야 할 것은 무엇일까?

사람들이 오직 하나님만 경배하게 돕는 사람이 되어야 한다(25-26).

우리는 사람들이 사라질 것, 허망한 데 마음을 두지 않고 영원한 것에 마음을 두도록 도와야 한다. 또한 아무리 대단한 사람처럼 보여도 사람을 따르지 않고, 영원한 분이신 주님만 찾게, 창조주요 구원자만 섬기게 도와야 한다. 이처럼 우리 그리스도인들이 어떤 의미로는 이 세상 사람들을 바로 도울 책임이 있는 리더라면, 다른 사람들을 이끌기 전에 우리는 먼저 어떤 사람이 되어야 할까? 27절 이하에서 그 내용을 알 수 있다.

> [27]더불어 말하며 들어가 여러 사람이 모인 것을 보고, [28]이르되, 유대인으로서 이방인과 교제하며 가까이 하는 것이 위법인 줄은 너희도 알거니와, 하나님께서 내게 지시하사 아무도 속되다 하거나 깨끗하지 않다 하지 말라 하시기로, [29]부름을 사양하지 아니하고 왔노라. 묻노니, 무슨 일로 나를 불렀느냐?

그 자리에 모인 많은 사람들 앞에서 베드로는 『사도행전』에서의 마지막 설교를 시작한다. 먼저 유대인 법의 엄중함부터 소개한다. 본래 친밀감의 대표적 표현은 같이 밥 먹고 교제하는 것이다. 그런데 유대인들에게는 이방인과 가까이하는 것이 위법이었다. 여기서 원문에는 이방인이라는 단어가 아니라 다른 나라 사람들 즉 외국인이라고 되어 있다. 하나님은 자신이 창조한 인간을 유대인과 이방인으로 나누지 않는다. 그러나 선민의식이 강한 유대인들은 그런 분리를 좋아했다. 문제는 한글, 영어 성경 번역자들인 그리스도인들까지도 28절에서 외국인을 '이방인'이라고 분리적, 차별적 표현으로 해 놓은 것이다. 베드로가 이방인이라는 말 대신에 외국인이라는 표현을 쓴 것은, 지난주에 14절에서 설명했듯이 베드로가 깨끗함과 부정함이란 유대적 표현뿐 아니라 성(聖)과 속(俗)의 헬라 이원론적 사상에 근거해 하늘이 내려 준 음식을 안 먹겠다고 했다가, 15절에서 하나님께서 내가 '깨끗하다(*katharizo*)' 정결선언한 것을 네가 '속되다(*koinos*)'고 하지 말라고 환상 가운데 반복하시자 자신의 잘못된 관점을 바로잡은 것 같다. 성스러운 것과 속된 것, 거룩한 백성 유대인과 속된 이방인이란 이원론적 표현 대신 베드로는 외국인, 다른 민족이란 중성적 말을 쓴 것이다. 베드로는 비록 좌충우돌 잘하는 사람이지만 귀한 종으로 쓰임 받은 것은, 이처럼 일단 하나님께서 지적해 주시면 배우고 받아들였기 때문인 것 같다.

먼저 베드로는 왜 자신을 불렀는지가 궁금해서 물었다. 그러자 고넬료가 자초지종을 설명했다.

> 30고넬료가 이르되, 내가 나흘 전 이맘때까지 내 집에서 제 구 시 기도를 하는데, 갑자기 한 사람이 빛난 옷을 입고 내 앞에 서서.

고넬료는 정한 시간에 기도하는 경건 훈련이 된 사람이었다. 4일 전 제9시 기도 시간에 정한 대로 기도를 하는데, 빛난 옷을 입은 한 천사가 나타났다는 것이다. 1장 10절에서 예수님이 부활 승천하실 때 제자들 옆에 서서 주님은 가신 그대로 오실 것이라고 말씀하셨던 그 "흰 옷 입은 존재"였을 것이다. 그 천사가 이렇게 말했다.

[32]사람을 욥바에 보내어 베드로라 하는 시몬을 청하라. 그가 바닷가 무두장이 시몬의 집에 유숙하느니라 하시기로, [33]내가 곧 당신에게 사람을 보내었는데, 오셨으니 잘 하였나이다. 이제 우리는 주께서 당신에게 명하신 모든 것을 듣고자 하여 다 하나님 앞에 있나이다.

고넬료는 "자신도 환상 가운데 욥바 시몬의 집에 있는 시몬 베드로를 청하라는 계시를 받아 청한 겁니다"라고 상황 설명을 한 후 "잘 오셨습니다. 와주셔서 감사합니다. 이제 주께서 목사님을 통해 명하신 모든 것을 듣고자 합니다"라고 순종의 자세를 표한다.

그러며 고넬료는 그 태도를, "우리가 하나님 말씀을 들으려 '당신 앞에'[1] 서 있습니다"라 하지 않고, "우리가 하나님 앞에 서 있다"라고 그 겸허하게 표현한다. 그러고 보면 25절에, "고넬료가 베드로를 맞이하며 그 발 앞에 엎드려 절한" 것도 그를 우상숭배하려고 한 것이 아니라, 하나님께서 명하시는 말씀을 들으려 할 때 그 말씀의 종을 하나님 대하듯 존중히 여기는 자세였던 것 아닌가 하는 생각을 하게도 된다.

전에 제가 호남 지역의 한 대형 교회에서 설교하고 예배당을 빠져 나가는데, 중앙 복도에서 한 남자분이 엎드려 큰 절을 해서, 당황한 나머지 놀라서 옆으로 피해 나온 적이 있었다. 지금 생각해보니 그 분도 아마 그런

1) 베자, 시리아, 라틴 등 일부 사본은 '당신 앞에' 라고 하기도 한다.

자세였던 것 같다.

아무튼 이런 간절하고 겸허한 자세로 귀를 기울이는 사람들에게 베드로가 설교를 한다.

> 34베드로가 입을 열어 말하되, 내가 참으로 하나님은 사람의 외모를 보지 아니하시고, 35각 나라 중 하나님을 경외하며 의를 행하는 사람은 다 받으시는 줄 깨달았도다.

베드로가 "입을 열어 말하되"란 표현은 이제 매우 중요한 선언을 시작한다는 것이다. 베드로는 앞에서 겪었던 환상이 무엇인지 깨달은 것 같다. 35절에서 "이방인 중"이란 차별적 멸시하는 표현 대신 "각 나라 중"이라 하며, 어느 민족 사람이든지 하나님을 경외하며 의를 행하는 사람은 하나님께서 다 받아주신다는 사실을 최근에 깨달았음을 밝힌다.

이때 34절에서 하나님은 사람의 "외모"를 보지 않는다는 '외모'는 예쁘고 못 생김을 말하는 것이 아니다. 하나님은 민족에 따라 유대인과 이방인을 차별하시는 분이 아니라는 뜻이다. 모든 족속의 왕이신 하나님은 이제 유대인 아닌 사람들에게도 네 얼굴을 들라고 해주시는 '참으로' 은혜로운 왕이라는 것이다. 유대인 아닌 다른 민족의 사람들도 하나님을 경외하고 의를 행하기만 하면, 율법 규정, 할례 규정, 음식 규정, 안식일 규정들과 같은 이런 종교적 규례와 관계없이 하나님이 받아주시고 구원하시기로 했음을 베드로가 깨달은 것이다. 그런데 골수 유대인인 베드로가 이것을 어떻게 감지했을까? 고넬료가 천사에게 들은 말씀이 힌트가 된 것 같다.

[31]말하되, 고넬료야, 하나님이 네 기도를 들으시고 네 구제를 기억하셨으니.

하나님께서 고넬료처럼 유대인이 아닌 사람의 기도와 구제를 받고 기억하신다는 선언, 즉 하나님을 경외하고 의를 행하면 '기억해 주신다', '받아주신다'고 했다는 말을 들은 것이다. 그러면 주님은 어떤 사람을 구원하시는 분인가? '하나님을 두려워하며 의를 행하는'(35절), 즉 올바르게 사는 사람이면 유대인이 아니라도 모두 다 받아주시는 분이라는 것이다.

여기서 '**의를 행하는 사람**'이란 앞의 31절에서 구제를 기억하신다는 부분과 연결된다. 네 자선, 네 선행이 하나님 앞에 기억된다는 것이다. 하나님이 기억한다는 말은 하나님이 받아주신다는 뜻이다. 가인과 아벨 이야기에서. 자신의 제사가 하나님께 받아들여지지 않자 화가 난 가인에게 하나님께서 "네가 선을 행하면 어찌 낯을 들지 못하겠느냐? 선을 행하지 아니하면 죄가 문에 엎드려 있느니라. 죄가 너를 원하나 너는 죄를 다스릴지니라"(창 4: 7)라고 하신 말씀에서 두 번 반복되는 "선을 행하면"이 바로 이런 의를 행하는 바른 삶인 것이다.

『히브리서』는 이 개념을 이렇게 설명한다. "오직 선을 행함과 서로 나누어 주기"(히 13: 16)를 잊지 말라. 하나님은 이 같은 제사를 기뻐하시느니라. 무엇이 참된 예배인가? 선행과 구제가 하나님께 드리는 제사요 진정한 예배라는 것이다. 그것이 본문『사도행전』10장 35절의 표현으로는 하나님을 경외하며 의를 행하는 것이고, 앞 단원에서 이미 설명했듯이 이것이 바로 성경이 말하는 경건이다.

바울 서신에서는 그래서 우리에게 "망령되고 허탄한 신화를 버리고 경건에 이르도록 네 자신을 연단하라. 육체의 연단은 약간의 유익이 있으나 경건은 범사에 유익하니, 금생과 내생에 약속이 있느니라"(딤전 4: 7-8)라며, 경건의 연습이 있는 삶, 본문 35절 표현으로는 의를 행하는 삶을 살라고 명하는 것이다. 믿음으로 구제를 행하는 것은 공덕주의가 아니라, 의의 삶으로 바르게 사는 것이므로 주님께서 기뻐 받으신다.

요즘 세상을 보면 안 똑똑한 사람 없고 잘나지 않은 사람이 없다. 모두가 잘난 체하고 우리 인생에 훈수를 두려고 한다. 그래서 피곤한 세상에서, 참으로 가치 있고 의미 있는 진리의 교훈을 줄 수 있는 사람이 되려면 어떻게 해야 할까? 그러려면 베드로처럼,

내가 먼저 깨닫고 새로운 시각을 갖는 사람이 되어야 한다(35).

여행 가이드나 리더는 모두 다른 사람들을 앞서가는 사람이다. 남보다 먼저 그곳을 가보지 않고는 다른 사람들을 인도할 수는 없다. 아직 가보지 못한 곳이 있다면 먼저 가보고, 그곳이 익숙하지 않으면 더 익히고 공부해야 한다. 매일 옛날 무용담만 이야기하는 사람들은 다른 사람들을 새로운 세계로 이끌지 못한다.

리더의 삶은 항상 마음을 열고 새로운 세상에 오픈되어야 하고, 베드로처럼 고집만 부리지 않고 배워야 하고, 자신을 그곳에 던져 넣어 먼저 경험해 봐야 한다. 그런데 그런 삶은 안전을 추구하는 인간의 본성에 어긋나는, 힘들고 불편한 삶이다. 그러나 그것을 극복해내야 한다. 새로운 것을 배우지 못하는 사람, 알지 못하고, 앞서가지 못하는 사람이 어떻게 남을 이끌 수는 없다. 자신을 이기고 극복하지 않고 어떻게 남에게 장애물을 극복하

고 일어나라고 할 수 있겠는가?

그런 면에서 리더는 남을 이끌기 전에 자신을 이끌 수 있어야 한다. 자기 리더십(self-leadership)이 있어야 한다! 나이만 먹는다고 지혜로워지지 않는다. 고집만 세진다. 베드로도 새로운 일이 처음에는 이해가 되지 않아서 계속 거부하며 고집을 부렸지만, 결국 그것을 받아들였다. 그리고 새로운 시각을 가지게 되었으므로 교회를 이끌고 세상을 바꿀 수 있는 사람이 된 것이다.

설교 시작할 때 조회 시간에 교장 선생님의 훈시 얘기를 했듯이, 세상에는 없는 것이 나은 사람이 있는가 하면, 있으나 마나 한 사람도 있다고 한다. 그러나 우리는 다른 사람들에게 꼭 필요한 사람이 되고 싶다. 그럼 모든 사람에게 필요한 사람은 어떤 사람인가?

모든 사람이 가지고 있는 공통적이고 근원적인 문제를 풀어줄 사람이다. 그것은 세상 모든 문제의 근원이요 모든 인간 관계의 기저에 깔려 있는 죄 문제의 해결, 그리고 모두가 죽게 되는데, 마지막 심판 때 가장 심각한 문제가 되는 죄 사함과 용서, 그리고 영생의 길에 대한 답을 주는 것이다. 그리고 이 땅에서 어떻게 사는 것이 가장 의미 있는 삶인가를 제시해 줄 수 있는 사람이다. 우리는 베드로에게서 그런 사람의 모습을 보게 된다. 어떤 모습일까?

36만유의 주 되신 예수 그리스도로 말미암아 화평의 복음을 전하사 이
스라엘 자손들에게 보내신 말씀, 37곧 요한이 그 세례를 반포한 후에 갈
릴리에서 시작하여 온 유대에 두루 전파된 그것을 너희도 알거니와.

36절을 다시 번역하면 이런 뜻이다: 하나님은 이스라엘 자손들에게 말씀

을 보내주셨다(시 107: 20). 그렇게 예수 그리스도에 의해 성립된 평화의 기쁜 소식(복음)을 전하셨다는 것이다. 이 예수가 바로 만민의 주님이시다! 그렇다. 예수는 만유의 주님이다. 유대인뿐 아니라 하나님을 경외하는 이방인들도 포함한 모두의 주인이시다. 이 사실을 베드로는 깨달았다는 것이다. 그리고 복음이 무엇인지를 37절에서 설명해준다.

요한의 세례와 갈릴리에서 시작해 온 유대에 두루 전파되어 여러분도 다 이미 들어 알고 있었던 예수의 십자가 죽음과 부활 이야기가 복음인데, 그 사건이 우리에게 보여준 것이 무엇인가? 하나님이 예수님과 함께 하셨다는 사실이다. 그것이 38절이다.

> [38]하나님이 나사렛 예수에게 성령과 능력을 기름 붓듯 하셨으매, 그가 두루 다니시며 선한 일을 행하시고, 마귀에게 눌린 모든 사람을 고치셨으니, 이는 하나님이 함께 하셨음이라.

예수님에게도 하나님이 함께 하심이 중요했듯이, 주님은 우리에게도 "내가 너희와 항상 함께 있으리라"(마 28: 20)고 약속해 주신 것이다. 그런데 하나님의 함께 하심의 결과는 무엇인가? "성령과 능력을 기름 붓듯"(38절전반부) 부어주신 것이다. 그 결과가 무엇인가? 예수님께서 "선한 일을 행하신 것"이고, "마귀에게 눌린 사람을 해방시켜준 것"(38후반부)이다. 주님은 이런 선행, 즉 좋은 일을 행해 주시는 분이니, 헬레니즘 문화로 보아도 은혜로운 군주다. 이 일에 우리가 증인이라 단언하며 복음의 핵심인 부활의 '케리그마(자기에게 맡겨진 메시지를 선포하는 것)'를 선언한다.

39우리는 유대인의 땅과 예루살렘에서 그가 행하신 모든 일에 증인이
라. 그를 그들이 나무에 달아 죽였으나, 40하나님이 사흘 만에 다시 살리
사 나타내시되, 41모든 백성에게 하신 것이 아니요 오직 미리 택하신 증
인, 곧 죽은 자 가운데서 부활하신 후 그를 모시고 음식을 먹은 우리에
게 하신 것이라.

베드로는 이런 복음의 정수를 가장 정확하게 지적하고 제대로 전한 사람이다. 그리고 거기에서 멈추지 않고, 그 일을 위해 우리가 많은 사람들 가운데서 선택된 증인이라고 말한다. 그렇다면 우리의 사명은 무엇이란 말인가? 42-43절이다.

42우리에게 명하사, 백성에게 전도하되 하나님이 살아 있는 자와 죽은
자의 재판장으로 정하신 자가 곧 이 사람인 것을 증언하게 하셨고, 43그
에 대하여 모든 선지자도 증언하되, 그를 믿는 사람들이 다 그의 이름을
힘입어 죄 사함을 받는다 하였느니라.

'우리' 모두는, 예수님은 구원자일 뿐 아니라, 죽은 자와 산 자의 재판장임을 증언하는 사명을 받은 것이다. 42-43절은 우리 그리스도인들의 증인 사명을 지적하는 것이다. 이때 42절에서 하나님께서 사도들에게 명하여 백성들에게 전도하라고 한 말은, 에반젤리즘(evangelism)이 아니라 사도들의 성도들을 향한 '선포하다(kerysso)' 즉 복음 선포, 설교를 말한다. 그 선포할 케리그마의 내용은 예수님이 바로 최후의 심판대의 재판장이란 것이다.

그런데 우리가 이 사실을 증언하면 무슨 일이 벌어지는가? '그를 믿는 사

람들은 다' 예수 이름을 힘입어 죄 사함을 받고 구원을 받는 일이 벌어지게 된다.

이처럼 베드로는 복음의 에센스를 효과적으로 전하고, 우리가 그 복음의 증인으로 부름 받았다는 사명의 삶을 분명히 해 준다. 그리고 우리 주변에 새로 벌어지는 현상을 정의하고, 정리하고, 완성시키는 능력을 보인다. 44-46절을 보자.

> [44]베드로가 이 말을 할 때에, 성령이 말씀 듣는 모든 사람에게 내려오시니, [45]베드로와 함께 온 할례 받은 신자들이 이방인들에게도 성령 부어 주심으로 말미암아 놀라니, [46]이는 방언을 말하며 하나님 높임을 들음이러라.

베드로가 예수를 믿고 기도와 선행을 하는 사람들은 유대인이 아니라도 받아들여진다는 사실을 선포할 때, 하나님은 그 말이 진리임을 입증하기 위해 성령을 그 말씀 듣는 사람들에게 내려 주셨다.

그 광경을 보고 놀란 것은 유대인들이었다. 이미 앞에서 하나님이 이방인을 속(俗)되다 하지 않으신 것은 알았으나, 이방인들에게도 거룩한 하나님의 영이 임할 줄은 몰랐다. 그래서 그들은 더욱 더 놀란 것이다. 아무리 그래도 그렇지. 이방인들에게도 성령을 부어주시기까지 할 줄이야! 이것은 자신들만이 선민(選民)이라 생각했던 유대인들에게는 참으로 큰 충격이었다. 하나님이 이방인도 받으셨다는 증거로 유대인도 아닌 사람들이 하나님의 거룩한 영을 받고, 방언을 하고, 하나님을 찬양하기 시작한 것이다. 이것은 "하나님은 다만 유대인의 하나님이시냐? 또한 이방인의 하나님은 아니시냐? 진실로 이방인의 하나님도 되시느니라"(롬 3: 29)고 한 말씀을 증언한 것이었다.

유대인들은 이 사건으로 충격에 빠졌지만, 베드로는 역시 리더답게 담대하게 선언한다.

> [47]이에 베드로가 이르되, 이 사람들이 우리와 같이 성령을 받았으니 누가 능히 물로 세례 베풂을 금하리요 하고, [48]명하여, 예수 그리스도의 이름으로 세례를 베풀라 하니라. 그들이 베드로에게 며칠 더 머물기를 청하니라.

베드로는 현상을 정의하고 어떻게 이 일을 마무리해야 하는지를 알고, 리더로서 그것을 해냈다. 이렇게 예수를 믿고 성령으로 거듭난 사람은 세례를 받아야 함을 지적하고, 즉시 세례를 받도록 상황을 정리했다. 이미 성령으로 세례 받아 거듭난 사람에게 어떻게 인간이 세례주기를 거부할 수 있겠느냐는 말이다.

그런데 48절을 보면 베드로가 직접 줬다는 말은 아닌 것 같다. 다른 사람에게 명하여 세례를 베풀게 했다. 우리는 누구한테 세례를 받고 누구에게 안수를 받느냐를 중요하게 생각하는데, 세례나 안수는 목사가 권능을 부어주는 시간이 아니다. 세례는 예수의 이름으로 행해지는 것이다. 세례나 안수는 본질적으로 이들을 예수님 곧 하나님께서 받으시고 인정했다는 것을 사람들 앞에 공시하는 것뿐이다. 그래서 예수님도 직접 세례를 별로 안 주었고, 지금 베드로도 그렇고, 나중에 바울도 "나는 그리스보와 가이오 외에는 너희 중 아무에게도 내가 세례를 베풀지 아니한 것을 감사하노니"(고

전 1: 14)라고 한다. 그 이유는 "이는 아무도 나의 이름으로 세례를 받았다 말하지 못하게 하려 함이라"(고전 1: 15)고 하였다. 그런데도 여전히 내가 누구에게 세례 받고 누구에게 안수 받았다고 자랑하고 싶은 사람, 유명 목사에게 안수 받고 싶어 하는 사람들은 성경과 하나님의 일을 잘 알지 못하는 사람들이다.

그런데 세례 받은 그리스도인들은 형제와 함께 교제하고 싶기 마련이다. 그래서,

48후반부 그들이 베드로에게 며칠 더 머물기를 청하니라

고 하였고, 베드로와 그 일행은 그렇게 하였다. 우리가 누구인가는, 우리가 누구와 밥 먹고, 누구와 시간을 보내고, 누구와 교제하느냐로 규명된다. 그런데 유대인들에게는 이방인과 밥을 먹고 교제하는 것이 위법이었다. 그들은 이방인들의 부정에 자신들이 오염된다고 생각했기 때문이다. 이것은 매우 수동적이고 자기 보호적 태도다. 한 마디로, 하나님으로부터 부여받은 우리의 거룩함이 세상과 접촉하면 뺏기고 더러워진다는 무력감에서 나온 태도다.

반면, 예수님은 어떻게 사셨는가? 유대인들로부터, 당신은 랍비이고 율법의 선생이라면서 어떻게 창녀와 지내고, 포도주를 즐겨 마시고, 세리 같은 나쁜 놈들이랑 밥을 먹고, 어울리느냐는 비난을 받았다. 예수님은 오해와 핍박을 받을 줄 알면서도 왜 그런 삶을 살았을까? 예수님은 소위 더러운 사람, 부정한 사람과 어울릴 때 자신의 거룩이 그들에게 옮겨가 그들이 달라질 것을 확신했지, 그들의 더러움으로 인해 자신이 오염될 거라고 두려

워 떨지 않으셨기 때문이다. 그 예수의 영을 받은 사람이라면 우리도 그렇게 살아야 한다. 그러므로 예수님처럼 베드로처럼 세상을 변화시키고, 사람들이 함께 있고 싶은 사람이 되어야 한다.

✎ 세상이 필요로 하는 사람이 됩시다(48).

세상이 와서 도와달라고 청하고, 함께하고 싶어 하는 사람이 되자. 직장에서도, 인생에서도, 그런 도움을 줄 수 있는 지혜자가 되자. 그런데 그런 정도의 사람은 세상에 없지 않다.

그렇지만 참된 진리의 길로 인도할 사람은 드물다. 그러므로 특히 복음의 일꾼이 되라. 세상 사람들이 도울 수 없는 죄 사함과 구원의 복음, 영생의 길로 인도할 수 있는 사람이 되라. 그가 없으면 내 인생이 고달파진다면 그 사람이 내게 꼭 필요한 사람이다. 그런 사람이 되려면 먼저 실력을 갖춰라. 직장에서도 먼저 당신의 일에 탁월하고 존경받는 사람이 되라. 말할 것, 보여줄 것이 있는 삶을 살라.

종영한 낭만 닥터 김사부란 드라마를 보면 초짜 의사 유연석이 김사부 한석규에게 "선생님은 좋은 의사입니까? 최고의 의사입니까?"라고 묻는 장면이 있다. 그러자 김사부가 역으로 다시 묻는다.

"지금 여기 누워 있는 환자한테 물어보면 어떤 쪽 의사를 원한다고 할 거 같으냐?"

"최고의 의사요"

"아니, 필요한 의사야. 지금 이 환자한테 절실히 필요한 것은, 골절을 치료해줄 의사야"

사람들은 성격 좋고 재미있는 의사를 원하는 것이 아니고, 잘나고 똑똑한 최고의 의사를 원하는 것이 아니라, 자신의 병을 고쳐줄 의사를 필요로 한다. 함께 있어 달라고 청함 받은 베드로처럼, 우리도 멸망해 가는 세상이 필요로 하는 사람이 되기를 축복한다.

영적 지도자 베드로에게서 배우는 교훈

(행 11: 1-18)

지난 주 목요일(17. 03. 30) 마이크 펜스 미국 부통령이 아내 외의 여자와는 둘이서 식사하지 않는다는 보도가 나와 논란이 있었다. 이것은 사실 15년 전인 2002년 "절대 아내가 아닌 여성과 둘이서 밥을 먹지 않고, 아내를 동반하지 않은 술자리 행사는 참석하지 않는다"고 한 말을 누가 끄집어 낸 것이었다. 그 말은 펜스가 자신의 결혼생활을 보호하기 위한 기독교적 신념을 설명한 것이라 한다. 일종의 빌리 그래엄 룰이다. 그런데 펜스 부통령에게 비난이 쏟아진 이유는 "그의 시각은 남성은 성적 자제력이 없는 존재고, 여성은 요부라고 보는" 편견 때문이라고 한다. 마더 존스 매거진 편집장인 클라라 제프리의 말처럼, "아내 외 여자와 둘이 밥을 먹지 않는다는 건, 그가 요직에는 여성을 기용하지 않을 것을 의미한다"는 우려를 낳는데, 이는 그가 현재 미국 행정부 2인자이기 때문이다. 그 위치에 있는 사람이 그래도 되느냐는 것이 비난을 받은 핵심 이유였다.

그리스도인들이 직장 생활하며 술 담배를 안 한다든가, 주일에 사업장을 닫고 교회를 가는 일로 인해 세상 사람들로부터 종종 조롱과 비난을 받기도 하지만, 제일 억울한 것은 아마도 성경적 신념으로 인해 같은 기독교 신자들에게 목사가 받는 오해와 비난일 것이다.

오늘 본문에는 예루살렘교회의 지도자였던 사도 베드로가 교인들에게 호된 비난을 받는 것이 나온다.

[1]유대에 있는 사도들과 형제들이 이방인들도 하나님의 말씀을 받았다
함을 들었더니, [2]베드로가 예루살렘에 올라갔을 때에 할례자들이 비난하
여 [3]이르되, 네가 무할례자의 집에 들어가 함께 먹었다 하니.

베드로가 가이사랴에서 행한 일이 드디어 예루살렘교회에도 알려졌다. 그것은 10장 34-35절에서 보듯, 하나님께서 사람들의 출신이나 민족을 보지 않고, 하나님을 경외하며 의를 행하는 사람은 다 받으시고, 10장 43절처럼 예수의 이름으로 이제 누구나 죄 사함을 받고 구원받는다는 놀라운 사실이었다. 그런데 유다계 그리스도인들은 이 놀라운 사실 때문이 아니라 자기네 유대인들 교회의 지도자인 베드로가 이방인과 한집에 기거하고 같이 지냈다는 사실로 인해 당혹스러워 했다. 지난 10장의 사건은 11장 1절의 표현처럼 이방인들도 하나님의 말씀을 받았다는 것이 하나님의 구원 계획과 교회 역사 속에서 중요한 의미를 갖는 것인데, 예루살렘 교인들은 거기에는 별 관심이 없을 뿐 아니라, 그게 무슨 의미를 갖는 것인지도 모르는 것이다. 그들이 베드로에게 제기한 문제는 유대인인 당신이 어떻게 이방인과 어울리고 함께 지냈느냐는 것뿐이었다. 나도 가끔 열심 있다는 기독교인들을 볼 때 이 분들이 정말 말씀을 사랑하는 건지, 그저 자기 열심에 겨워 저러는 것인지 궁금할 때가 있었다. 베드로도 그런 사람들을 만나게 된 것이다.

그들의 표현에 의하면, 먼저 3절의 정말 "무할례자" 즉 이방인의 집에 들

어갔느냐는 것이다. "무할례자"란 단어의 본래 의미는 포피가 있는 자란 뜻이다. 자기네들처럼 할례를 받아 포피를 베어내지 않아서 그대로 있는 사람들이다. 그들을 무할례자라고 비난한 것은 자신들은 할례자라는 자부심에서 나온 것이다. 할례의 사람들, 이들은 예루살렘에 사는 유대인 기독교인들이다. 그들은 예수를 믿기는 해도, 자신들이 지금까지 해온 종교적 관습이 자랑스러운 새로워지지 못한 사람들이다.

그들이 제기한 또 다른 문제는 우리 사도께서 정말 그들과 함께 식사를 했는가였다. 그들의 관심은 이방인들이 하나님의 말씀을 듣고 구원받고 세례를 받았느냐 안 받았느냐가 전혀 아니었다. 그들은 우리 유대 기독교도들의 사도인 베드로가 정말 그런 사람들과 같이 밥을 먹고 교제했느냐는 것에 화가 나 있었다. 여자들이 남편에게 바가지를 긁는 것은, 어떤 업무 혹은 어떤 사역 때문에 그랬는지에는 관심이 없고, 대개 "아니 그 여자랑 둘이 밥 먹었다고"고 아닌가? 마찬가지였다. 그들에게 같이 밥 먹는다는 것은 식사 이상의 식구 됨의 의미를 가진다. 성경이 말하는 교제란 그래서 같이 지내고 같이 밥 먹는 것이다. 그러니까 역으로 말해 소그룹 모임을 하면서 소그룹 멤버들과 한 번도 같이 밥을 안 먹었다거나, 한 교회 식구라며 함께 밥 먹는 일이 없다는 것은 교제를 안 하겠다는 것이라 문제가 있는 것이다. 베드로는 교회의 지도자였지만, 이런 이방인과 하나 됨에 관련한 편견과 오해로 수난을 겪었다.

우리 주 예수님이 당했던 비난이 무엇이었는가? 유대인의 선생이 어찌 세리와, 창녀와, 술주정뱅이와 같이 지내고, 같이 밥 먹고, 그들과 포도주를 마시느냐는 것이었다. 우리 주님이 그렇게 당하다가 돌아가셨는데도 제자들은 다시 그런 편견으로 자신들의 교회 지도자를 판단하고 비난한 것이다. 10장

41절에서 보듯, 부활하신 후에도 예수님은 왜 자신을 배신한 제자들과 같이 음식을 먹은 것인지, 그들은 그 이유를 잊어버렸다. 그래서 사도 베드로에게 어떻게 이방인과 밥을 먹고 교제하는 것이냐고 비난하는 것이다.

오늘날 우리도 혹시 자신도 모르는 사이에 다른 성도들이나 목사의 행동을 비난하고 편견을 가지고 바라보는 일은 없는가 생각해 봐야 한다.

사도 베드로는 지도자로서 이런 편견과 오해와 비난 앞에서 의연히 대처한다. 베드로도 10장 사건 이전 같으면, 그 유대인들과 같은 태도를 보였을 텐데, 지금은 다른 행동을 하게 된 이유는 도대체 무엇 때문일까? 그 이유를 4절 이하에서 가르쳐 준다. 먼저,

[4]베드로가 그들에게 이 일을 차례로 설명하여,

베드로는 여기서 구차하게 변명하지 않는다. 이하의 말을 보면 베드로는 진지하게 이 사건이 가지고 있는 의미가 무엇인지를 가르쳐 주려고 한다. 이런 모습에서 보듯 우리도,

☞ 세상의 오해와 비난을 극복하는 지도자가 되자(2-4).

베드로가 어떤 확신을 가지고, 자신의 행동 근거에 대해 말하려는 것은 다음 두 가지 사건 때문이다. 그것을 차례로 설명한다. 먼저 자신이 욥바에서 본 환상이다.

[5]이르되, 내가 욥바 시에서 기도할 때에 황홀한 중에 환상을 보니 큰

보자기 같은 그릇이 네 귀에 매어 하늘로부터 내리어 내 앞에까지 드리
워지거늘, [6]이것을 주목하여 보니, 땅에 네 발 가진 것과 들짐승과 기는
것과 공중에 나는 것들이 보이더라. [7]또 들으니, 소리 있어 내게 이르되,
베드로야, 일어나 잡아 먹으라 하거늘, [8]내가 이르되, 주님 그럴 수 없나
이다. 속되거나 깨끗하지 아니한 것은 결코 내 입에 들어간 일이 없나이
다 하니, [9]또 하늘로부터 두 번째 소리 있어 내게 이르되, 하나님이 깨끗
하게 하신 것을 네가 속되다고 하지 말라 하더라. [10]이런 일이 세 번 있
은 후에 모든 것이 다시 하늘로 끌려 올라가더라.

『사도행전』의 저자 누가는 베드로의 환상과 고넬료 사건을 10장에서 이미 충분히 다룬 것 같은데, 11장에 와서도 계속 반복하는 것은 이 사건의 의미가 그만큼 중요하기 때문이다. 이 사건이 교회의 공식적인 첫 이방인 선교 사건이기 때문이다. 베드로의 환상에 대해서는 이미 두 번이나 살펴봤기 때문에 상세한 설명은 하지 않고 핵심만 복습해보자면 이렇다.

점심 때 기도하는데, 하늘에서 내려온 그릇 속의 음식을 먹으라는 환상을 본 것이다. 베드로가 안 먹겠다고 한 것은 네 발 달린 육지 짐승과, 기는 것들, 그리고 새고기도 있었지만, 바닷가 욥바까지 왔는데 씨 푸드를 안 주셔서 삐쳐서 그런 것이 아니었다. 정통 유대인으로 살면서 지금까지 배우고 행해온 것처럼 그릇에 담긴 것들이 부정한 것이기 때문이었다. 그래서 안 먹겠다는데, 하나님은 계속 먹으라고 하시는 일이 세 번 반복되더니 다시 하늘로 끌려 올라갔다는 것이다. 이 환상의 핵심은 지난번에 설명했듯이, 하나님께서 이미 깨끗하게 하셨다는 데에 있다. 이전의 규정과 달리 새롭게, 하나님께서 지은 모든 것을 다 정결하다고 선언하셨다. 그게 율법

이전의 창조의 규례였다. 그런데도 네가 헬라적 이원론적 사고로 속되다고 하면 안 된다는 것이다. 이제 성과 속으로 나누지 말라는 것이다. 하나님이 깨끗하다고 선언하시면, 즉 정결 선언을 하시면 하나님께서 정한 것이니 네 기준으로 부정하니 속되니 하지 말라는 것이다. 이스라엘에게 음식규례 등 거룩한 것과 부정한 것의 구별됨을 강조했던 것은 연약한 이스라엘이 충분히 힘을 가지고 모든 족속의 구원을 위해 이방의 빛으로 나가도록 보호하고 자라게 하시기 위함이었다. 그런데 이제 이방의 빛으로 모든 족속을 향해 나가야 할 때가 왔기에, 더 이상 성속의 구별과 거룩한 음식과 부정한 음식으로 구분하거나, 하나님의 백성을 거룩한 선민 유대인과 부정한 이방인으로 구분하지 않을 것임을 보여주는 사건이 이 환상의 의미인 것이다.

베드로가 이전과 다른 행동을 하게 된 두 번째 결정적 이유가 11-15절에 설명된다.

> 11마침 세 사람이 내가 유숙한 집 앞에 서 있으니 가이사랴에서 내게로 보낸 사람이라. 12성령이 내게 명하사 아무 의심 말고 함께 가라 하시매, 이 여섯 형제도 나와 함께 가서 그 사람의 집에 들어가니.

지난번에도 말씀드렸지만, 베드로가 환상을 경험했을 때는 사실 그 환상이 무슨 의미인지 잘 몰랐다. 그런데 베드로가 환상의 의미를 깨닫게 된 것은 고넬료의 말을 듣고서였다. 자신이 경험한 환상과 거의 비슷한 시기에 욥바에서 멀리 떨어진 가이사랴에 있던 고넬료가 겪은 일과 연관 지어 볼 때, 중요한 의미를 갖는다는 점을 베드로는 깨달은 것이다. 그가 여섯 명의 그리스도인 형제와 함께 고넬료의 집에 갔을 때, 이런 말을 들었다.

[13]그가 우리에게 말하기를, 천사가 내 집에 서서 말하되 네가 사람을 욥바에 보내어 베드로라 하는 시몬을 청하라. [14]그가 너와 네 온 집이 구원 받을 말씀을 네게 이르리라 함을 보았다 하거늘.

누가는 이미 10장에서 한 이야기를 지금 다시 단순 반복하는 것이 아니다. 여기서는 그 사건의 의의를 명확하게 보완 설명한다. 10장에서 없었던 중요한 표현이 14절에 등장한다. "너와 네 온 집이 구원받을 말씀"이다. 이것은 단순히 같이 밥 먹고 교제하는 문제가 아니라는 것이다. 이것은 말씀에 의한 이방인의 구원 문제라는 것이다! 우리는 이것을 당연하게 여기겠지만, 당시에는 있을 수 없던 개념이었다. 유태인 역사나 교회 역사 상 처음으로 이제 이방인도 말씀을 듣고 구원을 받게 되었다는 이야기가 시작된 것이다. 선택받은 사람 유태인들, 선민 이스라엘에게만 구원이 있다는 전통적인 선택 교리와 성별 신학이 깨진 충격적인 사건이었다. 지옥의 불쏘시개라고 생각했던 이방인도 구원을 받고 하나님의 백성, 이스라엘이 될 수 있다고? 확장된 이스라엘, 즉 새이스라엘에 대한 이런 개념은 그들에게는 있을 수 없는 이야기였다.

베드로가 유대인들이 상상할 수 없는 신학을 갖고, 베드로 자신도 이전과 달리 이방인들의 집에 들어가 같이 밥 먹는 행동을 하게 된 것은 이런 엄청난 '**신학적 혁신**' 때문이었다. 그런데 우리도 자신의 신비 체험을 근거로 이런 신학적 혁신을 막 주장해도 되는가? 안 된다. 그래서 이단들이 생긴 것이다. 그럼 우리는 신앙생활에서 새로운 신학적 혁신을 일으키고 하나님의 새 일을 주장할 때 어떤 근거에 의해야 하는가?

무엇보다도 하나님께서 일하시는 증거를 제시할 수 있어야 한다. 베드로와 고넬료 사건에서는 하나님께서 두 사람에게 동시에 환상을 통해 개입하여 적극적으로 일하셨다. 조심해야 할 것은 그것이 주관적인 것일 수도 있다는 것이다. 그러나 베드로의 경우 12절에서 보듯 6명의 형제가 함께 함으로 개인적이고 주관적인 것이 아님을 보여주었다. 우리는 각자의 주관적 경험으로 하나님 일에 대한 새로운 주장을 펴서는 안 된다. 그 밖에도 신학적 혁신은 세 가지 객관적 근거가 있어야 한다. 먼저 16절부터 보자.

> [16]내가 주의 말씀에 요한은 물로 세례를 베풀었으나 너희는 성령으로 세례를 받으리라 하신 것이 생각났노라.

첫째 기록된 하나님 말씀, 성경의 선례, 근거다. 16절은 『누가복음』 3장 16 등 복음서에 반복되는 말씀이다. 그리스도인의 모든 판단, 결정의 근거는 오직 성경이다. 누가, 어느 목사님이 뭐라고 하셨다가 중요하지 않다. 하나님 말씀이 무엇이라고 했는지가 최종 권위가 되어야 한다.

둘째로 중요한 것은 무엇인가? 성령의 역사하심과 이끄심이다.

> [3]하나님의 사자가……. [7]천사가……. [12]성령이 내게 명하사…….

12절의 "성령이 내게 명하사"란 구절에서 보듯, 베드로가 이방인과 교제하게 된 것은 성령의 명령이었다. 아무 의심하지 말고 가서 함께 하라는 것도 성령님의 구체적 지시였다. 이미 10장 19절에서도 베드로가 그 환상에 대하여 생각하게 된 것도 성령께서 그에게 말씀하셨을 때였다.

이방인들이 하나님께 받아들여졌고 구원받았다는 것을 증명한 일은 무엇에 의해서였나?

[15]내가 말을 시작할 때에 성령이 그들에게 임하시기를, 처음 우리에게 하신 것과 같이 하는지라.

오순절에 이제 예수의 이름을 믿는 모든 유대인들을 구원한다는 의미로 제사장이든 아니든, 남종이든 여종이든 할 것 없이 모두에게 성령을 내려 주셨던 것처럼, 이방인들에게도 예기치 못하게 성령이 임하셨음을 통해 확인된 것이다. 이처럼 신학적 혁신은 성경의 선례와 함께, 성령의 역사하심이 있어야 한다.

과연 이 원리가 맞는지 『사도행전』 밖에서도 확인해보자. 사도 바울이 이방인들은 유대인들의 절기를 지키거나 할례 받지 않아도 성경적 믿음만 가지면 구원받는다는 것을 『갈라디아서』 4장 10-11절; 5장 11절에서 가르칠 때, "너희가 성령을 받은 것이 율법의 행위로냐 혹은 듣고 믿음이냐"(갈 3: 2)라며 성령의 역사를 지적하고, 그 믿음의 원리는 3장 6절에서 율법이 오기 전 아브라함이 믿음으로 의롭다 함을 받은 성경적 선례에서 가져온다. 그것이 하나님께서 미리 정하신 언약을 430년 후에 생긴 율법이 폐기하지 못한다는 주장(갈 3: 17)이다. 또 다른 근거로 "그러나 성경이 무엇을 말하느냐. 여종과 그 아들을 내쫓으라"(갈 4: 30)는 『창세기』 기사에서 우리는 종 하갈과 이스마엘로 대표되는 율법의 종이 아니라 자유인 사라와 약속의 아들 이삭 계열이라는 것이다.

이처럼 성경의 선례와 성령의 역사 두 가지에 근거해 신학적 혁신은 이루어진다. 앞에서 신학적 혁신을 일으킬 수 있는 객관적 근거가 세 가지가 있다고 했는데, 두 가지만 말했다. 세 번째(215쪽 참조)는 『사도행전』 15장에서 알아볼 것이다. 오늘 본문의 사건이 15장에서 한 번 더 다루어지는데, 세 번째 근거는 그때 신학적 혁신의 세 요소를 완결 짓는 것으로 살펴볼 것이다.

아무튼 이 두 가지 객관적 근거에 의해, 베드로는 하나님의 새 일이 무엇을 의미하는지 깨닫고 행동을 바꾸었다. 그리고 그는 이렇게 고백했다.

> "내가 참으로 하나님은 사람의 외모를 취하지 아니하심을 깨달았도다"(10: 34).

이것이 신학적 혁신이다. 여기서 외모는 유대인이냐 이방인이냐 하는 민족적 차이를 의미한다고 앞에서 설명했다. 즉 하나님은 이방인도 이제 유대인과 똑같이 말씀으로 구원하고, 성령을 증거로 주시며, 하나님의 백성 삼으시는 새 일을 행하신다는 것이다.

그 깨달음을 가진 사람은 하나님의 새 일에 동참할 수 있지만, 그러나 하나님의 새 일을 감지하지 못하면, 여전히 전통과 과거에 매여 살게 된다. 어떤 영적 근거가 있어도 하나님의 새 일을 감지하지 못하는 사람은 하나님의 일에 쓰임 받을 수 없다. 그러므로 우리는 베드로처럼,

✎ 하나님의 새 일을 감지하는 지도자가 되자(15-17a).

하나님의 새 일을 보는 안목은 성숙이다. 성숙한 그리스도인만이 세상을 이끌 수 있다. 이러한 베드로의 신학적 혁신과 그에 따른 행동이 정당하다는 것을 무엇으로 입증할 수 있을까?

> [17전반부]그런즉 하나님이 우리가 주 예수 그리스도를 믿을 때에 주신 것

과 같은 선물을 그들에게도 주셨으니.

베드로가 복음을 전할 때에 그들이 성령을 선물로 받았다는 것이 하나님의 새 일이 시작되었음을 증명하는 것이다. 이것을 보면, 엄밀히 말해서 구원은 우리가 전한 복음을 듣고 다 이해를 하고 깨달아서가 아니라, 우리가 복음을 전할 때에 성령께서 임하신 것을 통해 우리를 구원하신 하나님의 일임을 알게 하신 것이다.

이제 사도 베드로는 위대한 선언으로 이 일을 마무리짓는다.

> [17후반부]내가 누구이기에 하나님을 능히 막겠느냐 하더라. [18]그들이 이 말을 듣고 잠잠하여 하나님께 영광을 돌려 이르되, 그러면 하나님께서 이방인에게도 생명 얻는 회개를 주셨도다 하니라.

당시 유태인 기독교인들은 이방인들이 하나님 백성, 교회 즉 가족이 되는 것에 거부감을 느꼈다. 그런데 유대인들이 불편하게 생각했던 이방인 구원이란 새 일은 누가 시작한 것인가? 하나님이시라는 것이다. 그렇다면 이러한 새 일, 즉 유대인만 하나님 백성이 아니라 이방인도 하나님 백성, 즉 새 이스라엘이 될 수 있다는 하나님이 시작한 신학적 혁신을 누가 감히 막을 수 있느냐는 것이 사도 베드로의 주장이다.

베드로가 이방인들에게 문을 열어주고, 들어와 거하게 하고, 함께 지내고, 함께 먹고, 함께 여행을 떠났던 것처럼, 하나님께서 이방인에게 하나님 나라의 문을 열어주고 교회로 끌어들였다면 우리는 어떻게 해야 하는가? 우리는 잠잠하고, 아멘 해야 한다. 이미 베드로는 "이 사람들이 우리와 같이 성령을 받았으니 누가 능히 물로 세례 베풂을 금하리요?"(10: 47)라고 선언함으로써 하나님이 성령으로 세례를 베푸셨는데 인간이 어떻게 물세례를 금할 수 있겠냐고 했었다. 똑 같은 원리다. 이방인 선교의 시작과 주체는 누구인가? 나도 아니고 베드로도 아닌 하나님이시다. 따라서 하나님께서 이처럼 이방 민족들도 구원하시겠다는데, 누가 막을 수 있느냐는 것으로 사도 베드로는 하나님의 위대한 새 일을 재확인하고 신학적 혁신을 이룬 것이다.

신앙생활하며 우리는 '잠잠해야 할 때'가 있음을 알아야 한다. 하나님께서 명하시면 우리는 자신의 생각으로 떠들던 입을 다물어야 한다. 우리가 잠잠해야 할 때를 아는 것이 지혜다.

목청 높이던 우리 생각, 우리 주장을 내려놓고 잠잠해야 한다. 하나님께 맞서면 안 된다. 하나님의 일을 가로 막으면 안 된다. 성령 훼방죄가 무엇인가? 따로 어떤 죄목이 있는 것이 아니다. 하나님의 일을 가로 막고, 성령의 일을 방해하는 것이다.

그러므로 주의 일 앞에 우리는 잠잠하고, 다만 우리의 생각을 넘어 일하시는 하나님께 영광을 돌려야 한다. 하나님의 새 일을 인식할 줄 아는 지도자가 될 뿐 아니라, 마지막으로,

하나님의 새 일에 앞장설 때와 잠잠할 때를 분별하는 지도자가 되자 (17-18).

베드로처럼 우리도 자신의 생각을 바꾸고, 자신의 행동이 바뀌고, 그 후 다른 사람들의 삶을 변화시키는 능력을 가진 그리스도인과 지도자가 다들

되면 좋겠다.

사도 베드로를 통해 공식적 첫 이방인 회심자가 된 고넬료는 로마 시민이요 로마 군대 중 100인 규모의 작은 부대의 장교였다. 그러나 주님은 이제 그 변화된 한 사람으로부터 시작해 그리스도의 평화의 복음이 힘으로 세상을 정복한 로마를 평정하여 기독교 국가를 만들 것이고, 그 복음은 로마를 넘어 당시 세계의 땅 끝 즉 스페인까지 이르게 될 것이다.

이렇게 일하시는 주님을 찬양하고 그 위대한 일에 우리도 쓰임 받게 해 달라고 기도하자. 그리고 이제 유대인이란 민족적 한계를 넘어 세상 모든 민족을 구원하시고 하나님 나라의 백성 삼아주시는 하나님의 구원 계획이 펼쳐진 것을 찬양하고 감사하자. 우리 한국인 같은 이방인들에게도 생명을 얻게 하신 주님께 영광 돌리자.

성도들의 선교와 교회 세우기

(행 11: 19-30)

「동물의 왕국」에 나오는 짐승들이나 사람이나 모두 자식을 돌보고 천적으로부터 보호하기 위해 몸을 아끼지 않는다. 희생적으로 자식을 돌본다. 힘들다고 하지 않고 원하는 것은 무엇이든 해주려고 한다. 그런데 인간처럼 둥지를 떠나 자립해 스스로 살아가는 데 그렇게 오래 걸리는 피조물은 없다. 심지어 인간은 30년을 묵어도 부모가 물어다 주는 모이를 먹고 지내며 부모의 둥지 안에 머문다. 그래도 부모가 내몰지 않고 품고 돌봐준다.

그러나 늦장가 들었거나 늦게 아이를 낳은 엄마는 아이를 대하는 자세가 사뭇 다르다. 내 나이가 벌써 환갑인데 이제 초등학생이니 늦게 얻은 이 아이가 대학가고 결혼할 때까지 내가 살아 있을 수 있으려나 하는 생각이 든 아빠는 자식이 자립하기 전에 자신이 죽을 수도 있음을 알기에 험한 세상에서 혼자 살아갈 수 있게 가혹해 보이지만 눈물을 머금고 준비를 시킨다. 그게 많은 유산을 물려주는 것보다 더 지혜로운 것이다. 유산이야 한 번에 날릴 수 있으니까.

어떻게 보면 목사와 교인 간의 관계도 비슷한 면이 있다. 많은 교인들이 무슨 일만 생기면 목사님을 부른다. "제 마음이 아파요. 머리가 아파요. 허리가 아파요. 배가 고파요 우유병 물려주세요. 얼른 심방 와서 기저귀 갈아

주세요. 애들이 때려요 얼른 와서 때찌 해주세요. 손가락에 가시 박혔어요. 얼른 와서 호~ 해 주세요." 이제 복음도 전해야 한다고 목사가 강조하면, "목사님 얼른 와서 우리 엄마 전도 좀 해주세요. 우리 회사 사람 전도 좀 해주세요" 한다.

그러면 대부분의 목사님들은 시간이 없고 몸이 아파도 부모된 심정으로 열심히 쫓아다니면서 심방 가서 기도해주고 예배드려주고 전도해 준다. 그러면서 "역시 내가 없으면 얘네들은 아무 것도 못해"라고 중얼거리며 늦은 밤에 들어가 쓰러져 자고 새벽에 일어나 또 그 일과를 반복한다. 목사는 이 일 저 일 바빠질수록 자신의 위치와 중요성을 확인하며 뿌듯해 한다.

그런데 오늘 『사도행전』 본문을 보면 이것과 조금 다른 모습들이 보인다. 무엇일까?

> 19그때에 스데반의 일로 일어난 환난으로 말미암아 흩어진 자들이 베니게와 구브로와 안디옥까지 이르러 유대인에게만 말씀을 전하는데,

환난과 핍박은 우리를 힘들게 하고, 가족들이 뿔뿔이 흩어지면 자신이 고아와 같이 버려진 느낌을 받고, 험한 세상에서 금방이라도 죽을 것만 같은 좌절감에 빠지게 된다. 그런데 생명이 그렇게 약해 보이지만, 험한 세상과 핍박 속에서는 그 생명력이라는 것이 참으로 질기다는 것을 확인하게 될 것이다. 1940년대 말 70만 명에 달하던 중국의 교회가 핍박 받아 깨지고 흩어졌을 때 사람들은 중국 기독교가 끝났다고 생각했지만, 정부 등록 삼자교회만 5백만 명이 넘는다는 중국정부의 통계가 있고, 소위 지하교회, 가정교회 성도들이 적게는 5천만 명, 많게는 현재 1억 3천만 명으로 알려

져 있다. 하나님의 섭리는 참으로 묘하다. 박해로 교회가 파괴되는 것처럼 보이지만 그것을 기회로 교회는 다른 방식으로 그 지경을 넓혀간다. 이것은 『사도행전』에서 교회가 생긴 이래 계속 반복되는 일 가운데 하나다. 『사도행전』 8장 1, 4절을 보면, 박해로 인해 예루살렘 교인들이 유다와 사마리아 지방으로 흩어진다. 그 일로 헬라계 기독교인들이 사마리아를 넘어 이방 땅 페니키아와 키프로스와 안디옥까지 가서 복음을 전파하게 되었다.

베니게 혹은 페니키아는 이스라엘 북쪽의 두로와 시돈 같은 도시를 포함한 지중해 해안 시리아 지역으로, 당시에는 로마 식민지였고, 그 시리아 남부를 구약에서는 가나안이라 불렀다.

구부로(키프로스)는 소아시아 남쪽의 지중해에 동서로 뻗어 있는 큰 섬인데, 4장 36절에 의하면 바나바의 고향이다. 대규모 유태인 촌이 있었고, 로마제국의 원로원과 집정관이 있던 바보(파포스)를 포함한 지역이다.

안디옥은 시리아 북부 수도로 당시 로마와 알렉산드리아에 이어 로마제국에서 세 번째로 중요한 대도시였다. 큰 도서관이 있어서 철학과 수사학과 의학이 발전했고, 극장, 체육관, 공중목욕탕 등이 있었는데, 하나님을 경외하는 자라고 불리던 사람들과 커다란 유태인 거주지가 있었다.

그런데 19절 본문은 유태인 기독교인들이 예루살렘에서 환난으로 흩어져 이 먼 곳까지 와서도 같은 유태인들에게만 말씀을 전했음을 지적한다. 지난주에 본 것처럼 유태인들의 선택 교리와 선민사상은, 그들로 이방인들을 하나님 백성에 진입시키는 복음 전파를 가당치 않게 여겼을 테니 이방인들에게 복음을 전할 리가 없었다. 그런데 20절을 보면,

20그 중에 구브로와 구레네 몇 사람이 안디옥에 이르러 헬라인에게도 말

하여 주 예수를 전파하니

라고 하였다. 이처럼 예루살렘에서 온 헬라계 기독교인들 가운데는 키프러스/싸이프러스(구브로) 섬 출신과 북아프리카의 구레네에서 온 사람들도 있었는데, 그들은 안디옥까지 가서 복음을 전했다. 그것도 헬라인들에게!

사실 앞에서 본 것처럼 성령의 명령에 순종해 고넬료는 사도 베드로를 모셔서 하나님 나라의 복음을 듣고 구원받았기 때문에 우리는 사도 베드로에게 이방인 공식 선교 1호란 명예를 돌렸지만, 실제적 이방인 선교는 이름도 알려지지 않은 키프러스 섬 출신과 북아프리카 구레네 출신 기독교인들에 의한 안디옥 복음 전파였다. 그들이 가서 예수를 전파하자,

21주의 손이 그들과 함께 하시매 수많은 사람들이 믿고 주께 돌아오더라

고 하였다. 복음을 전할 때에 주님의 손이 함께 하여, 즉 하나님의 도우심으로 많은 사람들이 믿고 주님께 돌아왔다고 한다. 이처럼 구원받는 믿음을 갖는 것은 전적으로 주의 손이 도우셔야 가능한 일이다. 그리고 믿는다는 것은 세상을 향해 가던 발걸음을 돌려 주님을 향해 가는 것이라고 성경은 말한다.

그런데 20-21절이 보여주는 것은, 이방인 선교 사역이 유태인인 12사도에 의한 것이 아니라, 이방인 평신도들에 의해 주도되기 시작했다는 사실이다! 즉 수제자로 알려진 베드로의 명성에 의지한 것도 아니고, 사도직에 의한 것도 아니고, 오직 주의 손, 하나님의 도우심이 함께 한 구브로와 구레네 성도들에 의한 것이다! 중국 가정교회도 목사 없이 자생하고 있는 교

회가 많다.

오늘날 우리가 『사도행전』을 통해 회복해야 할 교회의 모습이 무엇인가? "하루에 삼천이나 더하더라"는 『사도행전』 2장 41절 말씀만이 아니라, 바로 이 모습이어야 한다. 사도가 아니라, 이름도 알려지지 않은 성도들에 의한 광범위한 선교와 그들에 의해서만 그리스도 공동체 즉 교회가 시작되는 것이다. 우리 교회가 텐트메이커 훈련에 관심을 보이는 것도 바로 이것 때문이다. 사도와 목사들에 의해 전도되고 교회가 개척되는 것이 아니라 『사도행전』처럼 성도들에 의해 교회가 세워지는 역사를 우리도 보고 싶은 것이다. 본문의 첫 교훈은 이처럼,

사도만이 아닌 평신도에 의해 이방 선교와 교회 개척이 시작되어야 한다(20-21).

수많은 이방인들이 예수의 이름을 믿고 주님께 돌아왔다는 이 소식 역시 예루살렘교회에 보고되었다. 11장 1절에서는 가이사랴 지역의 이방인들도 베드로가 전한 하나님 말씀을 듣고 성령을 받고 구원받았다는 소식이 유대의 사도들과 형제들에게 보고된 후, 베드로가 예루살렘에 돌아오자 유태인들이 정말 이방인들과 함께 교제했느냐고 베드로를 비난했던 적이 있었다(2절). 그런데 이제 한 술 더 떠서 지중해 키프러스 섬 출신과 북아프리카 구레네 출신 교인들, 소위 평신도들에 의해 안디옥의 이방인들이 무더기로 구원받고 주님께 돌아왔다는 소문까지 예루살렘교회에 파다하게 퍼진 것이다. 이처럼 복음 확장에 관련된 것은 모두 예루살렘교회에 보고되었던 것 같다.

그들은 사도 없이 이름도 알려지지 않은 이방인 교인들을 중심으로 다른 이방인들에게 복음이 전해지고, 그럼에도 불구하고 많은 사람들이 예수님께로 돌아와 구원받았다는 사실이 믿어지지 않았을 것이다. 그래서 그 소문이 사실인지 확인하기 위해 바나바를 안디옥으로 파견했다.

22예루살렘교회가 이 사람들의 소문을 듣고 바나바를 안디옥까지 보내니.

하나님께서 절대 그렇게 하실 리가 없다고 여기지 않고, 가능성을 염두에 두고 사람을 보내 사실 여부를 확인한 것만 해도 이방인 구원에 대한 유태인들의 신학 관점이 크게 달라진 것을 알 수 있다.

이는 앞에서 베드로가 하나님께서 이방인들에게도 생명 얻는 회개와 구원의 복음과 성령을 선물로 주시고 하나님께서 이방인들도 하나님 백성으로 받아들이기로 했음을 교회가 공인했기 때문에 달라진 인식이라고 여겨진다.

이런 목회적 혁신 여부 확인도 유태인 12사도나 일곱(The Seven)이 아니라, 비록 레위족의 후예라고는 하지만 구브로 출신 바나바 같은 사람을 파송해 확인하고 처리하는 것 역시 유태인 교회 안에서의 엄청난 변화다. 그러면 교회에 의해 파송된 바나바는 어떻게 했는가?

23그가 이르러, 하나님의 은혜를 보고 기뻐하여 모든 사람에게 굳건한 마음으로 주와 함께 머물러 있으라 권하니.

바나바는 안디옥에 도착하여 이런 저런 교리 심사와 율법 준수 현황을 검토하여 한 사람 한 사람의 신앙의 합격 불합격을 판단한 것이 아니라, 거듭난 사람들의 삶 속에 임한 하나님의 은혜의 증거를 보고 기뻐했다고 성경은 말한다. 이것은 엄청난 관점의 혁신이다. 얼마나 율법과 유대 규정을 잘 준수했느냐가 아니라, 삶 속에 하나님 은총의 증거가 어떻게 열매 맺고 있느냐를 봤다는 말이다. 이 일에는 위로의 아들이라 불리는 바나바가 적임자였다.

바나바는 그들이 이방인들이지만 회개의 말씀을 듣고 회개하고, 거듭나 성령을 받음으로써 회심의 증거가 분명하자, 주께서 주신 말씀을 굳건히 붙잡고 주님께 머물라고 도닥거려 주었다. 사람은 거듭나도 유혹과 핍박 속에서 믿음이 흔들릴 수 있으므로 단호한 마음으로 주님과 동행하는 삶의 훈련이 중요함을 강조한 것이다. 바나바가 이런 목양적 사역을 할 수 있었던 것은, 24절 말씀에 의하면, 단지 그가 예루살렘교회에 의해 파송 받았다는 어떤 외적 권위 때문이 아니었다. 그렇다면 무엇 때문이었을까?

> 24바나바는 착한 사람이요 성령과 믿음이 충만한 사람이라. 이에 큰 무리가 주께 더하여지더라.

이는 전적으로 바나바의 권면의 은사에 내면적 인격과 영성이 더해진 때문이었다. 24절에서 바나바는 "착한 사람"이라고 했는데, 그 단어는 『누가복음』 23장 50절에서 예수님께 자기 묘 자리를 제공한 공회원 아리마대 요셉을 "선한 사람"이라고 했던 바로 그 표현이다. 바나바는 또한 "성령과 믿음이 충만한 사람"이라 했는데, 그것은 『사도행전』 6장 5절에서 스데반이 "믿음과 성령이 충만한 사람"이고, 6장 8절에서 "은혜와 권능이 충만하다"

고 한 것과 같은 말이다.

성경이 말하는 성경적 지도자의 모습은, 이처럼 성령과 믿음이 충만하고 아리마대 요셉처럼 선하고, 10장 35절의 고넬료처럼 하나님을 경외하며 의를 행하는 사람이고, 10장 38절에서 예수님을 묘사한 것처럼, 하나님이 함께 하셔서 두루 다니며 선한 일을 행하는 사람이다. 거기에 영적 리더로서 필요한 은사까지 있어야 하는 것이다.

그런데 성경은 그런 귀한 일꾼에게 주님이 많은 사람을 붙여 주신다고 하지 않고, 반대로 하나님의 일꾼이 많은 사람들을 주님께로 인도해 더한다고 한다. 성경이 말하는 하나님의 사람은 자신의 추종자를 많이 모으는 사람이 아니라, 이처럼 많은 사람들이 주님을 따르게 만드는 사람이다. 그렇다면 교회는 어떤 사람에 의해 바로 자라게 되는 것일까?

사도만이 아닌 바나바 같은 일꾼들에 의해 교회는 성장해 간다(21-24).

그처럼 귀한 하나님의 사람들에게 나타나는 매우 중요한 특징이 또 하나 있다. 25-26절이다.

> 25바나바가 사울을 찾으러 다소에 가서, 26만나매 안디옥에 데리고 와서, 둘이 교회에 일 년 간 모여 있어 큰 무리를 가르쳤고, 제자들이 안디옥에서 비로소 그리스도인이라 일컬음을 받게 되었더라.

그것은 차기 리더를 찾아 세우고 함께 동역하는 것이다. 권면의 은사와 성령이 충만하고 선한 바나바의 사역으로 인해 많은 사람이 모이자, 바나바는 요즘 대형교회 목사들처럼 어중이떠중이 사람만 많이 모이는 것으로 만족하지 않았다. 함께 동역할 사람을 찾아 제대로 말씀으로 양육하는 사역을 하려고 했다. 그때 떠오른 사람이 사울이었던 것 같다. 9장 27절에서 바나바는 사울을 사도들에게 데려가 추천했던 적이 있다. 그런데 막 회심한 사울은 9장 29에서 보듯 예루살렘에서 뜨겁게 복음을 외치다가 헬라파 유대인들과 논쟁을 하며 부딪쳤고 화가 난 그들이 죽이려고 하자, 형제들이 그를 보호하기 위해 가이사랴로 데리고 갔다가 다소로 보냈다. 이제 바나바는 그런 열혈 사울을 데리러 다소로 간 것이다. 제대로 훈련되고 누구와 붙어서도 지지 않고 복음을 변증했던 사울이 교회를 말씀으로 양육하는 데 적임자였다. 잠시 실수해도 그 은사를 알아보고 끝까지 신뢰하고 책임지는 모습이 바로 바나바의 리더십이었다.

바나바는 성령충만하여 권면과 위로는 했지만, 말씀으로 양육하여 교회를 든든히 세우는 것은 논리와 학문으로 무장된 사울이 적임자임을 알았으므로 찾아 나선 것이다.

바나바는 사울을 데리고 안디옥으로 돌아와, 26절에서 보듯 그와 함께 그 교회에서 일 년 간 말씀으로 교인들을 양육했다. 바울은 보통 한 곳에 그렇게 오래 머물지 않고 교회가 세워지면 금방 떠났지만 안디옥과 두란노에서는 날마다 강론하며 제자들을 양육했던 것이다. 그 결과 이방 선교의 근거지로 안디옥교회가 든든히 세워졌다. 바나바와 사울의 이런 모습이 이 시대에 우리가 다시 회복해야 할 아름다운 사도행전 교회의 모습이다. 사람을 많이 모아 멋진 예배 중심으로 대형교회를 하는 것이 아니라, 당회장이 되어 혼자 다 해보겠다는 것이 아니라, 자기보다 훌륭한 일꾼을 발굴해 세우고 함께 동역하며 사람들을 꾸준히 말씀으로 양육하는 목회가 바로 '사도행전적 사역'이다.

그 결과는 어떻게 나타났는가? 성도들과 제자들이 세상 사람들에게 처음으로 '그리스도인'이라 일컬음을 받게 된 것이다. 구원받은 성도, 예수 믿는 사람에 대한 복음서에서 가장 중요한 호칭이 예수를 따르는 사람이란 뜻의 제자인데, 1년간 양육되자 그 삶이 얼마나 그리스도를 보는 듯했으면 사람들이 '크리스티아노스', 그리스도의 사람이라고 불렀겠는가? 예수의 발자취를 따르는 사람이란 관념적 평가 정도가 아니라, 실제 그리스도를 보는 듯한 삶의 증거가 있는 사람들이 되었다는 말이다. 이렇게 해서 안디옥에 최초의 이방인 기독교 공동체가 세워졌다. 결국 사도행전 교회가 세상을 바꾼 비결은 무엇이라 할 수 있는가?

'팀 사역'에 의한 말씀 사역이 교회를 든든히 하고 그리스도인들을 만들어간다(25-26).

바나바와 사울은 함께 교회에 머물며 1년간 성도들이 교회의 사명을 제대로 감당할 수 있는 일꾼이 되고 그리스도의 사람이라 칭해질 정도로 양육하였다. 그 결과 27-30절과 같이 다른 사람들을 기꺼이 도울 정도로 성숙한 성도들이 되었다.

27그때에 선지자들이 예루살렘에서 안디옥에 이르니, 28그 중에 아가보
라 하는 한 사람이 일어나 성령으로 말하되, 천하에 큰 흉년이 들리라
하더니, 글라우디오 때에 그렇게 되니라. 29제자들이 각각 그 힘대로 유
대에 사는 형제들에게 부조를 보내기로 작정하고, 30이를 실행하여 바나

바와 사울의 손으로 장로들에게 보내니라.

예루살렘교회에서 선지자들이 안디옥에 왔는데, 그 중 아가보는, "천하에 큰 흉년이 들 것"이라고 성령이 말씀하신다고 전했다. 이 아가보 선지자는 나중에 21장 10절을 보면, 바울의 띠를 가져다가 자기 손발을 매면서 예루살렘에서 유대인들이 바울을 이렇게 결박해 이방인에게 넘겨줄 것이라고 성령이 말씀하신다고 했고, 21장 12절을 보면, 모두가 그 예언을 믿고 바울에게 예루살렘에 가지 말라고 호소하게 만든 장본인이었다.

그 선지자의 말대로 글라우디오 황제 때에 실제로 큰 흉년이 든 기록이 있다. 글라우디오는 AD 41-54년까지 재위했었는데, 요세푸스의 기록에 의하면, 45-46년 사이에 당시 세계의 곡창이었던 이집트에 극심한 기근이 있었다고 한다. 당시에 기근이 얼마나 심했던지 한 비문에 의하면 인육을 먹는 일까지 있었다고 한다. 그러자 제자들은 최선을 다해 헌금을 해서 유대 지역의 형제들에게 구제금을 보내기로 결의했다. 교회는 천당 티켓만 파는 박스오피스가 아니다. 세상일에 눈 감고 기도만 하는 곳이 아니다. 그런데 이 구제는 사도나 바나바와 사울 같은 교회 지도자의 강요에 의한 것이 아니라, 각자 자신들이 할 수 있을 만큼 자발적으로 헌금한 것이므로 하나님께 아름다운 드림이 된 것이다. 드림이 우리 신앙을 증명한다.

이 일은 이방인 교회가 선민이라 자부하는 유태인 교회를 도왔다는 말이다. 또한 이것은 개척된 교회가 모교회를 돕는 헌금을 했다는 것이며, 바나바와 사울의 사역으로 개척교회가 제대로 섰다는 말인데, 큰 예산을 가진 대형교회로 성장해 성공했다는 말이 아니라, 재력이 대단하지 않아도 고난받는 형제자매 교회를 위해 성도들 하나하나가 각각 그 힘대로 최선을 다해 헌금해 돕는 모습을 통해 참으로 성숙한 교회가 되었음을 증명하는 것이기도 하다.

게다가 자기네 교회의 목사님들인 바나바와 사울을 직접 파송해 예루살렘교회의 장로, 즉 원로들에게 보내기까지 했다. 여기서 그리스도인이라는 단어와 함께, 기독교회 안에 사도 외에 장로란 교회 일꾼 그룹의 직분이 처음 사용된다. 지금까지 본 것이 바로 건강하게 자란 교회의 모습이다.

오늘 본문 이야기를 정리해보자. 스데반의 순교 후 핍박으로 인해 교회가 흩어진 일은 하나님의 섭리에 의해 이방인 선교의 시발점이 되었고, 복음은 땅 끝까지 전파되게 되어 페니키아와 키프로스 섬은 물론 안디옥까지 이르게 되었다. 물론 그렇게 흩어져도 유태인들은 여전히 유태인 동족들에게만 복음을 전했었지만(19절), 구브로와 구레네 사람 몇은 안디옥에서 헬라인들에게도 전했다(20절). 그 결과 21절처럼 많은 사람들이 믿고 주께 돌아왔다. 그 소식을 들은 예루살렘교회는 바나바를 안디옥으로 파송해 그 소문을 확인했다.

바나바는 12사도에 속하지는 않았지만, 오히려 여느 사도들보다 더 귀하게 쓰임 받았는데, 그 이유는 첫째로, 사람들이 굳건한 마음으로 주님과 함께 머물러 있도록 은사에 따라 권면하고, 둘째로, 사울처럼 유능한 사람을 찾아 교회의 일군으로 세우며, 셋째로, 사울과 일 년 간 사람들을 양육하는 일에 팀사역으로 동역했다. 넷째, 그 결과 제자들이 세상 사람들로부터 '그리스도인'이라는 독특한 용어로 불릴 정도의 분명한 삶의 변화를 일으켰다. 다섯째, 교회 차원에서도 넉넉지 않을지라도 한 교회가 다른 교회를 재정적으로 후원할 정도로 헌신된 사람들로 든든하게 세웠다.

우리 교회도 바나바가 사역했던 안디옥교회처럼 신학교 나온 목사만이 아니라, 성도 한 사람 한 사람이 사도행전 교회처럼 이런 일을 해 낼 수 있는 텐트메이커로 준비시키고 세워져 가면 좋겠다. 그것이 주께서 원하시는 교회의 사명이고 바로 우리 교회의 사명이기 때문이다.

교회가 기도할 때

(행 12: 1-12)

살다보면 나 혼자 감당하기 너무 힘든 일들이 일어날 때가 있다. 그때 큰 힘이 되어 달라는 것이 아니라, 함께 이야기할 수 있고, 함께 아파해 주고, 함께 기도해 줄 사람이 있다는 것은 얼마나 큰 축복인가? 작년에 한미약품 주가 조작 사건으로 애매하게 의심을 받아 몇 달을 검찰에 불려다니며 고생했던 증권업계 형제가 있었다. 그 일을 위해 함께 기도했었고, 그는 아무 문제없이 잘 해결되었지만, 얼마나 마음고생이 심했는지 모른다. 목사로서 하는 얘기가 아니라, 한 인간으로서 정말 힘든 시간에 아무하고도 그 무겁고 힘든 순간을 나눌 수 없이 혼자인 사람이 있다면, 그처럼 불쌍한 사람이 있을까 생각된다. 여러분은 힘든 시간을 함께 나눌 사람이 있는가? 그렇다면 축복이다. 오늘 본문에는 인생의 가장 힘든 순간을 상상할 수 없는 방법으로 넘어간 사건이 나온다. 어떻게 그 곤경이 극복됐을까?

무엇보다도 문제의 발단은 헤롯왕이란 한 정치인 권력가였다.

> 1그때에 헤롯왕이 손을 들어 교회 중에서 몇 사람을 해하려 하여.

1절의 첫 마디, "그때"는 11장 28절처럼 천하에, 특히 유대 땅에 큰 흉년이 들었을 때다. 그것을 안타깝게 여긴 안디옥교회 성도들이 헌금하여 11장 30절에서 보듯, 바나바와 사울의 손에 그 구제 헌금을 들려서 예루살렘 교회로 보냈을 때다.

그런데 가보니, 헤롯은 백성을 돌보라고 하나님께서 허락하신 왕의 권세를 이용하여 제멋대로 행동하고, 권력을 남용해 기독교인들을 사찰하고 못살게 굴고 해치고 있었다. 이 헤롯왕은 헤롯 대왕의 손자 헤롯 아그립바 1세로, 헤로디아(막 6: 15ff)와 남매지간[1]이었다.

그가 그리스도인들 몇 사람을 해했다는 부분을 원문으로 보면 교회 사람들 위에 손을 뻗쳤다고 한다. 교회에 손을 댄 헤롯의 최후는 다음 주에 볼 것이다. 그런데 헤롯은 왜 그랬을까? 흉년의 위기를 기독교인을 잡는 것으로 돌리려 한 것인가? 마치 네로 황제가 로마 화재 사건의 위기를 기독교인에게 돌려 돌파하려던 것처럼? 그 이유는 무엇 때문일까?

먼저 2절부터 보자.

> 2요한의 형제 야고보를 칼로 죽이니.

성경에는 적어도 3명의 야고보가 나오는데, 알패오의 아들인 작은 야고보(막 15: 40, 행 1 :13)와는 다른 인물이다. 또한 주님의 형제 야고보(갈 1: 19)와도 다르다. 본문에 나오는 요한의 형제 야고보는 12사도 중의 하나요 세베대의 아들이다. 야고보의 순교 이유를 성경은 명시하지 않는다. 산헤드

1) 헤롯은 가이우스와 클라디우스(칼리굴라) 황제의 친구여서 황제로부터 요단강 북쪽 땅을 하사받아 왕으로 불렸는데, 나중에 갈릴리와 베레아 지역을 추가로 받고 유다 지역 대부분을 얻게 된다.

린공회의 협조 없이 유대인 지도자를 죽이는 것이 쉽지 않으므로 유태교 지도자들의 기독교에 대한 미움이 개입되었을 것이라는 심증은 있지만 물증은 없어서 단언하기는 어렵다. 분명한 것은 헤롯이 유대인 기독교회 지도자인 야고보를 로마식으로 칼로 참수를 했다는 것이다.

[3]유대인들이 이 일을 기뻐하는 것을 보고 베드로도 잡으려 할 새, 때는 무교절 기간이라.

야고보 처형을 통해 헤롯은 유태인들이 기독교인들을 박해하는 것을 좋아하는 것을 알았으므로, 유태인들, 특히 바리새파 사람들의 환심을 사기 위해 교회의 또 다른 지도자인 베드로도 잡으려고 했다. 요즘 대선을 앞둔 정치판을 보면 사람들의 환심을 사고 지지율을 높이기 위해 자신이 잘하려고 하는 것이 아니라, 남을 깎아내리고 궁지에 몰고 모함을 하는 것과 매우 유사한 행동이다.

사실 사두개파 외의 유태인들은 기독교인들에게 초기에 그렇게 심한 적대감을 보이지 않았었다. 그런데 점점 그 숫자가 늘고 예수 십자가와 부활의 차별성 있는 복음 메시지가 분명해지며 차츰 유태인들 대다수가 반기독교적으로 바뀐 것으로 보인다. 그래서 유태인들이 예수교 공동체의 리더인 야고보의 처형을 기뻐하자, 헤롯은 그 기세를 몰아 베드로까지 처형해 더 큰 환심을 사려고 했다. 그런데 공교롭게도 그 기간은 무교절이었다. 무교절은 유월절 절기 중 한 부분으로, 7일 동안 누룩을 넣지 않은 빵을 먹으며 지키는 경건한 절기였다. 헤롯은 그 명절 기간이 끝나기를 기다려야 했다.

[4]잡으매 옥에 가두어 군인 넷씩인 네 패에게 맡겨 지키고, 유월절 후에 백성 앞에 끌어내고자 하더라.

왜 유월절이 지나서 처형하려 했을까?『마가복음』14장 1-2절에 보면, 예수님을 잡아 죽이려는 흉계도 유월절과 무교절 축제 기간에 했다가는 민란이 일어날 수도 있으니 명절에는 하지 말자는 대제사장과 서기관들이 말하는 것이 나온다. 같은 이유로 베드로 처단도 유월절 축제 기간이 지난 후에 하려 한 것으로 보인다.

그래서 베드로는 한 주 동안 진행되는 유월절 축제 기간 동안 옥에 갇혀 있게 된 것이다. 베드로에게 이런 수난은 처음이 아니었다. 이미 예루살렘 종교 지도자들에 의해 베드로는 두 번이나 투옥된 적이 있었는데(4: 3, 5: 18), 천사의 도움으로(5: 19) 나간 적이 있었기 때문에, 이번에는 베드로를 4인조 간수가 4교대로 근무하는 철통 같은 로마식 감옥에 투옥했다.

[5]이에 베드로는 옥에 갇혔고, 교회는 그를 위하여 간절히 하나님께 기도하더라.

이 짧은 5절에는 베드로가 감옥에서 결국 풀려난 기적, 응답받는 기도의 비결 두 가지가 나타난다.

먼저 많은 사람들이 모여 교회의 중대사를 놓고 기도하는 모습을 매우 독특한 표현으로 언급하고 있는데, 그것은 '교회'가 기도했다는 것이다. 베드로의 출옥을 위한 기도는 성도 한 사람 한 사람 개개인의 기도가 아니라, 교회 차원의 중보기도였다.

그것은 12절에서도 “여러 사람이 거기에 모여 기도하고 있었다”는 말씀으로 연결된다.

개인적 기도도 물론 중요하다. 그러나 기도는 또한 하나님 백성 공동체의 표현이어야 한다. 교회 차원의 합심기도, 공동체적 기도가 성도들의 교회적 삶의 핵심적 특징이 되어야 한다. 우리의 인생에서 힘든 문제가 있으면 기도 제목을 소속 소그룹에, 그리고 교회에 알리고 교회가 함께 기도해야 한다. 그 때 주님은 역사하시는데, 신앙생활에서 그런 합심기도의 힘을 경험하는 것은 크나큰 축복이다. 이처럼 하나님의 일을 경험하게 해주는 기도의 첫 번째 특징은 무엇인가? 그것은 개인이 아닌 교회 차원의 기도라는 점이다.

교회 차원의 합심기도가 하나님의 일을 경험케 해준다(5, 12).

성도들을 보면 가끔 안타까운 경우가 있다. 성경도 잘 알고 전도도 잘하고, 여러모로 훌륭한데, 기도 제목 나눌 때 보면 “주님을 잘 믿게, 성경을 잘 읽게, 기도 생활 잘 하도록” 정도의 수준인 사람들이 있다. 그들은 기도 제목을 함께 나누는 것 자체를 불편해 하는 것이다. 구체적인 자신의 문제를 내놓지 않고, 항상 뻔하고 모호한 신앙적 이야기로 대치한다. 나의 개인적 기도 제목을, 나의 삶을, 나의 갈등을 함께 신앙생활하며 가족 혹은 형제자매라고 부르는 사람들과 나누지 못하는 이유는 창피하고 수치스럽게 여기거나 내 내면을 드러내기 싫은 이기적 자아 때문일 수도 있다. 동시에 그들은 교회 차원의 중보기도의 힘을 전혀 알지도 경험해 보지도 못해서일 수 있다. 또한 성도들을 형제자매나 가족으로 여기지 않기 때문일 수도 있다. 이런 우리들에게 필요한 것은 교회 차원의 합심기도, 교회 차원의 중보기도다.

그런데 함께 신앙생활 하는 형제의 어려움, 특히 본문에서는 교회의 리더인 베드로의 체포와 투옥 사실을 알게 된 교회의 반응은 무엇인가? 그 힘든 문제를 일부 구역원들이 그러듯 가십거리로 만들어 소문내고 말았는가? 아니다. 베드로를 위한 어떤 액션으로 돌입했다.

어떤 행동을 하면 좋을까? 세상 사람들 같으면 그를 빼내기 위해 「주유소 습격 사건」이나 감옥 습격 사건을 생각해 봤을 수도 있지만, 그건 현대 사회에서는 어려울 것 같고, IS처럼 교환을 요구하기 위한 인질극이나 테러도 요즘 잘 안 먹히니, 어떻게 하면 좋겠는가?

요즘 교회 성도들 같으면 잘 나가는 변호사부터 구했을 것이다. 교회는 서명 받아 탄원서를 내고, 검사장 출신 전관예우 되는 변호사나 법원장 출신 비싼 변호사를 살지도 모르겠다. 그러면 변론하다가 잘 안되면, 태극기 두르고 시청 앞 광장이라도 나가줄 것 아닌가?

현실을 너무 잘 아는 사람들은, 살아있는 권력인 헤롯에 대항하는 어리석음을 택하기보다는 차라리 절망과 포기를 권했을 수도 있다. 그러나 그렇게 하지 않고, 5절을 보면 교회는 지도자 베드로의 석방을 위해 간절히 기도했다.

하나님의 놀라운 역사가 벌어진 두 번째 이유는 교회의 '간절한' 기도였다. 다른 소망이 없는 사람의 기도는 '간절한' 기도가 될 수밖에 없다. 이 단어는 예수님께서 겟세마네동산에서 땀방울이 핏방울이 되듯이 했던 간절한 기도를 묘사한 바로 그 단어였다. 그것은 뜨겁고 간절한 기도였다. 그것이 우리가 본받아야 할 기도의 자세다. 물론 우리 뜻이 아니라 "주의 뜻이 이루어지이다"(눅 22: 42)는 것이 바른 기도의 자세이지만, 곧 처형될 교회

지도자의 석방을 위한 기도는 담대히 그리고 간절히 기도할 수 있는 것이다. 그들은 뜨겁게 열심히 간절히 기도했고, 하나님의 기적을 경험했다.

간절한 기도는 하나님의 일을 경험케 해준다(5).

하나님의 일을 경험하게 해주는 것은 이처럼 교회 차원의 합심기도다. 그런데 그런 기도는 어떤 특징을 가지는가? 주의할 것은 아무리 중보기도가 중요해도 베드로는 기도를 받아서 풀려났고, 야고보를 위해서는 기도하지 않아서 순교 당했다고 생각하면 안 된다. 그것은 하나님의 주권을 넘어선 인간 쪽에서 본, 기도 지상주의의 오류다.

아무튼 교회 차원의 합심기도와 간절한 기도로 베드로는 감옥에서 풀려나는데, 어떤 방식으로 그 역사가 일어났는가?

> 6혜롯이 잡아내려고 하는 그 전날 밤에 베드로가 두 군인 틈에서 두 쇠사슬에 매여 누워 자는데, 파수꾼들이 문 밖에서 옥을 지키더니, 7홀연히 주의 사자가 나타나매, 옥중에 광채가 빛나며 또 베드로의 옆구리를 쳐 깨워 이르되, 급히 일어나라 하니, 쇠사슬이 그 손에서 벗어지더라.

옥에서 베드로를 꺼내 준 것은, 7절은 주의 사자라고 하고 8절은 천사라고 한다. 나중에 17절에서는 천사가 아니라 주께서 자신을 꺼내주셨다고 한다. 베드로나 우리는 모두 천사가 한 일이나 형제자매들의 도우심도 모두 주님께 귀속시킨다.

천사 혹은 주께서 베드로를 구출해 내시는 것은 그런데 환상이나 꿈이 아니라 실제로 물리적인 것이었음을 보이기 위해 성경은 천사가 베드로의 옆구리를 쳐서 깨웠다고 한다.

베드로는 태평스럽게 자고 있었는지 피곤에 지쳐 잠든 것인지는 모른다. 분명한 것은 천사 혹은 주의 사자가 나타나서 감옥에 광채가 가득했는데도 베드로는 아무 것도 모르고 깊이 잠이 들어 있었고, 천사가 옆구리를 쳐서 깨워야 했다는 점이다. 참 샬롬의 잠이다. 그러면 이 현상을 보고 전한 것은 누구일까? 베드로는 잤고 간수들은 처형당했다. 『사도행전』 속에 숨겨진 전능한 나레이터다.

> 8천사가 이르되, 띠를 띠고 신을 신으라 하거늘, 베드로가 그대로 하니,
> 천사가 또 이르되, 겉옷을 입고 따라오라 한대, 9베드로가 나와서 따라갈
> 새, 천사가 하는 것이 생시인 줄 알지 못하고 환상을 보는가 하니라.

아무리 천사 혹은 주의 사자가 베드로를 초자연적으로 신속히 탈출시켜도, 옷을 입고, 허리띠를 매고, 신발을 신고, 겉옷까지 다 챙겨 입고 나오도록 세세히 신경을 써준다. 한편으로는 그렇게 여유로워도 되나 하는 염려가 살짝 들 정도다. 베드로조차 이게 꿈인가 생시인가 했다.

> 10이에 첫째와 둘째 파수를 지나 시내로 통한 쇠문에 이르니, 문이 저
> 절로 열리는지라. 나와서 한 거리를 지나매 천사가 곧 떠나더라. 11이에
> 베드로가 정신이 들어 이르되, 내가 이제야 참으로 주께서 그의 천사를
> 보내어 나를 헤롯의 손과 유대 백성의 모든 기대에서 벗어나게 하신 줄
> 알겠노라 하여.

10절에 의하면 자유로운 세상으로 나가려면 3개의 초소를 지나야 했는데 특히 셋째 쇠문도 무사통과했다. 그러니까 베드로는 프리즌 브레이크의 스코필드나 드라마 「피고인」의 지성도 탈출하기 힘든 완벽한 구금 상태에서, 하나님의 역사로 초자연적으로 벗어나게 되었다는 것이다. 쇠문이 저절로 열린 것만 신비로운 것이 아니다. 6절에 보면 베드로는 양 손이 쇠사슬로 묶여져 있었는데, 잘 때도 베드로의 왼쪽 오른쪽 양측에 있는 두 명의 군인에게 사슬로 연결되어 묶여 있었다. 그런데 7절에 보면 천사가 베드로를 깨워 일으켜 세우자 묶였던 쇠사슬이 베드로의 손에서 스르륵 풀어졌다는 것이다. 일어나 걸어 나오는데도 같이 쇠사슬로 묶여 자고 있던 군인들은 전혀 모르고 깊은 잠에 계속 빠져 있었다고 한다.

어떻게 이런 기적이 가능하냐고 의심할 사람도 있을 것이다. 그러나 창조주요 전능자 하나님께서 하셨다면 가능하다. 오래 전 사역하던 교회에서 중보기도실에 기도 제목이 제출됐는데, 어린 딸아이가 심장판막 수술을 했는데 결과가 좋지 않아서 재수술해야 한다는 것이었다. 너무 어린 아이라서 의사도 힘든 수술이라고 했다는 것이다. 전교회가 정말 간절히 기도했다. 재수술하러 들어갔는데, 그것이 붙어서 재수술하지 않았던 적도 있다. 전교회가 수천 명 이상이 함께 간절히 기도한 결과라고 중보기도 사역 집회 때마다 부모들이 울며 간증한 기억이 설교 준비하는 데 새롭게 생각났다.

베드로는 옥에서 나와 골목 하나를 지나자 천사가 어느새 사라진 것을 발견했다. 그때에야 베드로는 그것이 천사의 일이고, 주께서 하신 것을 분명히 인지했다. 하나님께서 천사를 보내 구원했음을 깨닫는다. 이처럼 구원은 하나님으로부터 오는 것이다! 마지막 12절을 보자.

12깨닫고, 마가라 하는 요한의 어머니 마리아의 집에 가니, 여러 사람
이 거기에 모여 기도하고 있더라.

마가란 별명으로 불리던 요한은 12장 25절에서 보겠지만, 바나바와 사울이 예루살렘을 떠날 때 수행원으로 데리고 갔는데, 힘이 좀 들자 버가에서 예루살렘으로 돌아가 버렸는데(13: 5, 13), 이 일로 나중에 바울과의 관계가 나빠진다(15: 38). 그랬던 그가 변해 후에 『마가복음』의 기록자가 된 것이다.

베드로는 출옥 후 바로 그 마가라 불리던 요한의 어머니 마리아의 집으로 갔다. 당시 그들이 모이던 가정교회로 추정되는 곳이다. 그런데 5절을 보면 그 집에는 많은 사람들이 모여 기도하고 있었다. 이제 베드로가 풀려나서 마가 요한의 어머니 마리아의 집에 갔던 12절에도 교회는 기도하고 있었다는 것이다. 그가 풀려날 때까지 며칠을 계속 기도했던 것으로 보인다. 왜냐하면 베드로가 풀려난 것은 6절에 의하면 베드로를 처형하기 전날 밤이라고 하는데, 그렇다면 일주일 동안 이어지는 유월절 무교절 명절이 거의 다 끝나가는 때란 말이다. 그 기간을 계속 기도한 것이다.

5절의 '간절한' 기도란 단어 역시 뜨거운 기도란 의미와 함께 '쉬지 않는', 멈추지 않는 기도란 의미를 담고 있다. 간절함은 항상 이처럼 지속적 기도로 표현된다. 그러나 우리는 얼마나 자주 조금 기도하다가 안 되면 포기하고 마는가?

기도의 사람 조지 뮐러의 일화는 때로 우리에게 좌절감을 주지만, 그래도 주는 교훈이 크기 때문에 한 번 더 생각해 보고자 한다. 그 역시 구원받지 못한 친구 다섯 명을 위해 기도했다. 5년 후 한 친구가 믿었고, 10년이

지나서야 2명이 더 구원받았다. 그는 이렇게 말했다. "나는 35년 동안 매일, 육지에 있든 배를 타고 가는 도중이든, 아플 때나 건강할 때나 나머지 두 사람의 이름을 부르며 기도해 왔다. 그들이 구원받거나 혹은 죽을 때까지 나는 그들의 이름을 불러가며 매일 계속 기도할 것이다." 35년 후 그 중 한 사람, 즉 네 번째 친구가 주님을 만났다. 그리고 다섯 번째 친구는 뮐러가 죽고 난 직후 주님께 돌아왔는데, 무려 52년간 기도한 후였다. 5만 번 기도 응답을 받은 것은 그가 무슨 대단한 능력이 있어서가 아니라, 응답받을 때까지 끈질기게 한 것이 비결이 아닌가 하는 생각이 들 정도다.

오래 전에 섬기던 교회의 중보기도 사역 20기 멤버 중 중보기도실 사역을 7년을 개근한 조금자 권사란 분이 계셨다. 그 권사님이 하는 말은 "비올 때, 아플 때, 힘들 때, 바쁠 때면 나도 빠지고 싶었다. 그런데 누군가 나를 위해 기도하는데, 나도 다른 사람을 위해 기도하지 않을 수 없었다"고 간증하는 것이었다. 이렇게 누군가를 위해 끈질기고 지속적으로 기도하는 사람들이 있기에 교회는 지켜지고, 기도하는 사람들은 하나님의 일을 경험하게 된다. 그러므로 하나님의 일을 경험하게 해주는 기도는, 첫째로 교회 차원의 합심기도이며, 둘째로 간절한 기도이고, 또한 마지막으로 어떤 특징을 가진 기도일까?

끈질기고 지속적인 기도가 하나님의 일을 경험케 해준다(5, 6, 12).

물론 우리는 각자 혼자 성경 읽고 각자 기도하며 신앙생활할 수 있다. 그러나 살다보면 큰 위기와 고난 속에 빠질 때가 있다. 그런 고난들은 어떤 우리의 노력도 허사임을 알게 만든다. 오직 주의 은혜로만 극복된다. 그때 그 은혜의 구원은 다른 어떤 것이 아니라, 함께 교회된 형제자매들이 서로를 위해 간절히 기도할 때 일어나는 역사다.

신앙생활의 힘은 기도에서 나오는 것이다. 기도할 때만 우리는 하나님의 일을 경험할 수 있다. 그러므로 하나님을 경험하고 하나님의 은혜를 경험하고 싶다면 기도하라.

그러나 혼자 외로이 기도하지 말고, 함께 교회된 형제자매들에게 믿음으로 구체적인 기도 제목을 내놓고 함께 합심하여 중보기도를 하라. 교회 차원의 중보기도가 우리를 살리고 교회를 세우고 세상을 변화시킨다.

베드로의 구원은 하나님의 일이지만, 동시에 교회의 뜨거운 중보기도 때문이었다. 토마스 왓슨의 지적처럼, 베드로를 감옥에서 꺼낸 것은 천사였지만, 천사를 움직인 것은 교회의 간절하고 지속적인 기도였다. 이제 우리도 함께 중보기도하며 교회 차원 중보기도의 큰 능력을 맛볼 수 있기 바란다.

이 시대에 우리가 바라는 진정한 기적

(행 12: 13-25)

많은 기독교인들이 기적 보기를 원한다. 그런데 어떤 기적을 경험하기를 원하는가? 이 시대에 우리가 원하는 기적은 어떤 것일까?

2017년 4월 19일자 보도에 의하면, 개포동 우리중앙교회 박모 목사는 자신에게 투자하면 월 8%의 고수익을 주고 이것으로 편안하게 신앙생활하게끔 도와준다고 했다. 신앙도 챙겨주고 돈도 벌어주고 얼마나 좋은가? 그 목사님은 하나님이 감동과 계시를 주어서 주식투자 등을 하므로 투자하는 주식마다 주가가 오른다며 고수익과 원금을 보장한다고 약속했다. 이 시대에 우리가 원하는 기적은 바로 이런 것 아닌가? 어렵게 사는 교인들을 보고 안타까우셨는지 그 목사는, "전세금을 빼서 투자하고 월세를 살아라. 내가 주는 수익금으로 월세를 내고도 풍족하게 살 수 있다"고 했단다. 돈이 없다면 사채까지 알선했다. 처음에는 은행에 이자 찍히듯이 매달 같은 날에 이자를 줘서 의심을 피했다고 한다. 나중에 투자한 교인들의 돈을, 먼저 투자한 교인들에게 주는 이른바 '돌려막기' 방식으로 투자 사기를 저질렀다는 것이 경찰 조사 내용이었다. 조사에 의하면 그는 "투자는 하나님의 명령"이라며, "하나님 명령으로 하는 것이므로 투자를 안 하면 데려간다"는 식으로까지 설교했다고 한다. 성도들 중 150여 명은 6년 동안 2백억 원 가까운 돈을 냈는데, 이제 배당금은커녕, 원금도 찾지 못할 처지에 놓인 것이다. 박 씨는 투자 받은 돈으로 강남에 60평대 아파트 3채를 구매하고 그가 세운 복음과 경제연구소 간부들과 고가의 수입차를 타고 다니며 부와 성공을 과시했다. 당연히 목사가 잘못했지만, 교인들도 그런 기적을 사모했기에 그런 사이비 목사가 그 짓을 할 수 있었던 것 아닌가 생각된다. 우리가 원하는 기적은 이처럼 땀 흘리지 않고 적게 투자하고 쉽게 돈 버는 것은 아닌가? 그래서 성경의 수많은 기적 중에 목사나 교인 모두가 제일 좋아하는 기적은 오병이어의 기적인 것 같다. 예수님께서 그 기적을 행한 목적과 의미가 무엇인가에는 관심 없고, 오로지 떡 다섯 개와 물고기 두 마리로 총인원 만 명이 훌쩍 넘을 사람들을 먹이고도 열두 광주리가 남는 기적 자체가 좋아서 주님을 따라다니는 사람이 그때나 지금도 교회에는 많은 것이다. 그런데 막상 놀라운 기적이 벌어지면 가끔 희한한 일이 생긴다. 그것이 오늘 본문 13절 이하의 이야기다.

> 13베드로가 대문을 두드린대, 로데라 하는 여자 아이가 영접하러 나왔다가, 14베드로의 음성인 줄 알고 기뻐하여 문을 미처 열지 못하고 달려
> 들어가 말하되, 베드로가 대문 밖에 섰더라 하니.

지난주에 보았듯이 양쪽에 쇠사슬로 두 군인과 묶고, 3중 초소로 철통같이 지킨 감옥에 갇힌 베드로를 주께서 기적으로 꺼내주자, 그는 자신이 섬기던 가정교회가 있던 마가 요한의 어머니 마리아의 집으로 달려갔다. 대문을 두드리자 로데란 여종이 문을 열기 위해 나왔다. 로데는 당시에 흔한 여종의 이름이었다. 이 집은 길가에 대문이 있고 마당을 지나 집으로 들어

가는 꽤 규모가 있고 괜찮은 집이어서 가정교회로 쓰였던 것 같다.

여종 로데는 문 열러 나가며 누구냐고 물었을 것이다. 베드로의 대답에, 문을 열고 그 얼굴을 확인하기도 전에 로데는 목소리만 듣고도 베드로 목사님인 줄 알았다. 베드로가 교회의 지도자로서 계속 말씀을 전했기에 익숙한 목소리라 그랬을 것이다.

그런데 문을 두드리며 기다리고 있는 베드로에게 문을 열어주고 맞아들이는 게 순서인데, 로데는 너무 놀랍고 기쁜 나머지 문도 안 열고 바로 뒤로 돌아 안으로 뛰어 들어가서 베드로 목사님이 오셨다고 소리쳤다. 이것은 문 열러 나와서는 베드로를 문밖에 세워놓고 들어가 버린 코믹한 시츄에이션이 벌어졌다는 말을 하려는 것이 아니라, 베드로의 구출 사건이 도무지 말도 안 되는, 감히 상상할 수도 없는 놀라운 기적임을 강조하기 위한 것이다. 결과는 철문과 3중 초소는 잘 통과했는데 자기 교회는 문에 막혀 못 들어간 웃기는 시츄에이션이 되었다.

> 15그들이 말하되, 네가 미쳤다 하나, 여자 아이는 힘써 말하되 참말이라 하니, 그들이 말하되 그러면 그의 천사라 하더라.

이런 로마 감옥에서 나온다는 건 정말 말도 안 되는 일이기에 교인들은 소녀에게 미쳤다고 했다. 그들은 사도 야고보가 순교당했던 것도 알고 있다. 차이점은 그 일 후 5절에서 교회가 베드로를 위해 간절히 기도했던 것이다. 그런데 응답하셔서 나오게 하자 안 믿는 것! 이 사건은 열심히 기도해 놓고도 믿지 않는 우리의 믿음 수준을 적나라하게 보여준다. 철문보다 교회의 마음 문, 믿음의 문 통과가 더 어렵다. 그것은, 마치 가뭄이 들자 비를 내려달라고 교회에 모여 목사님과 소리 높여 기도해 놓고, 나갈 때는 정작 어린 소녀 하나가 우산을 찾아 들고 나가자, 모든 교인들과 목사는 그 아이에게 "너 미쳤니? 날이 이렇게 쨍쨍한데 웬 우산을 들고 가니?"라고 하자, 그 아이가 "목사님 우리 비 내려달라고 기도했잖아요" 했다는 이야기가 우리 모습이다. 우리는 정말 기도의 능력에 대해 믿는가? 기적을 위해 기도해 놓고 응답하셔도 도무지 믿지 않는다면 도대체 어떤 신앙인가?

어떤 사람들은 자신들이 기도했는데 원하던 것이 아니라 아버지 보시기에 더 좋은 것으로 주시면, 기도 응답을 못 받았다고 징징대는 사람도 있다. 다 똑 같은 불신앙이다.

사람들은 "네가 미쳤구나"라고 하자, 로데는 "아니 정말로 와 있다고요"라고 했다. "그러면 베드로의 천사일 거야"라고 그들은 말했다. 유대인들은 하나님께서 각 사람을 위해 수호천사를 주셨다고 믿었는데, 그 천사는 각 사람의 이미지를 갖고 있다고 생각했기 때문에 그런 말을 한 것이다.

> 16베드로가 문 두드리기를 그치지 아니하니, 그들이 문을 열어 베드로를 보고 놀라는지라.

문 밖에 서 있는 베드로는 속이 터질 지경이었을 것이다. 자신을 알아봐 놓고 문은 안 열어주고 뛰어 들어가더니 논쟁이 벌어지자, 계속 열어달라고 문을 두드렸다. 그러자 나와서 문을 열어본 그들은 진짜로 베드로가 서 있는 것을 보고 놀라서 어안이 벙벙해졌다. 이 사건은 우리에게 어떤 교훈을 주는가?

✎ 기도해 놓고 응답에 놀라는 수준을 넘어서는 믿음을 가지자 (13-16).

17 베드로가 그들에게 손짓하여 조용하게 하고, 주께서 자기를 이끌어 옥에서 나오게 하던 일을 말하고, 또 야고보와 형제들에게 이 말을 전하라 하고 떠나 다른 곳으로 가니라.

드디어 베드로가 진짜로 감옥에서 나와 문 앞에 서 있는 것을 확인하고는 소동이 벌어졌다. 환호와 감격과 할렐루야의 외침이 있었을 것이다. 그러자 베드로는 손짓을 해서 소란을 떨지 말고 조용히 하라고 했다. 게다가 그는 안전을 위해 속히 예루살렘을 떠나야 했다. 『갈라디아서』 2장 11절에 의하면, 그는 바울이 있던 안디옥으로 가 있다가 헤롯의 죽은 후 『사도행전』 15장 7절에서 보듯, 다시 예루살렘으로 돌아온 것으로 보인다. 베드로는 철통 같은 로마식 감옥에 구금되어 있던 자신을 하나님께서 어떻게 꺼내주셨는지, 도무지 이해할 수 없는 교인들에게 간결하게 말해 줬다. 그리고 예루살렘교회의 리더로 부상한 예수님의 동생 야고보[1]와 다른 리더 그룹들과 성도들에게 이 말을 전하라고 하고 다른 곳으로 떠났다. 당시 예루살렘에는 많은 그리스도인들이 있었는데, 이곳 외에도 여러 집에서 가정교회로 모였을 것이다. 그러므로 다른 가정교회 형제자매들에게도 상황을 알려줘야 했다. 아마 집안에 들어갔으면 교인들은 궁금증으로 그 기적의 전말을 꼬치꼬치 캐물었을 것이고, 종교심 돈독한 후대 기독교인들에 의해

1) 갈 1: 19에서 바울은 예수님 동생 야고보를 사도라 칭하지만, 원래 12사도 중 하나는 아니었다. 어떻게 그가 예루살렘교회의 지도자가 되었는지는 모르지만, 분명한 것은 사도 베드로의 부재로 인해 그가 예루살렘교회의 리더십을 계승했다는 사실이다.

그 세부 경험들이 기적의 표준으로 여겨졌을지도 모른다. 그러나 베드로는 들어가지 않고 하나님이 자신을 구원하신 일을 교회에 전해달라고 부탁했다. 초자연적인 기적을 경험했지만, 베드로는 기적 자체보다는 구원하시는 하나님의 큰 일을 사람들에게 알리고 싶었던 것 같다. 이렇게 해서, 기적은 메시지가 되었다. 베드로 한 사람이 경험했던 기적은, 후대 모든 그리스도인을 위한 메시지가 되었다. 그러면 기도해 놓고 응답에 놀라는 수준을 넘어서는 믿음을 가지자는 첫 교훈에 이어, 17절에서 얻게 되는 오늘 두 번째 교훈은 무엇인가?

기적 자체보다 메시지에 더 관심 갖는 믿음을 가지자(17).

그 다음 날 경비대가 발칵 뒤집혔다.

> [18]날이 새매 군인들은 베드로가 어떻게 되었는지 알지 못하여 적지 않게 소동하니, [19]헤롯이 그를 찾아도 보지 못하매 파수꾼들을 심문하고 죽이라 명하니라. 헤롯이 유대를 떠나 가이사랴로 내려가서 머무니라.

교회는 축제 기분이겠지만, 헤롯의 군대와 감옥에는 난리가 났다. 헤롯은 감옥을 지키던 간수들을 끌어내 처형해 버렸다. 하나님의 일에는 어떤 방해도 소용이 없이 진행된다는 것을 보여주며, 하나님께서 결국 최종 책임자인 헤롯의 운명을 어떻게 할 것인지 예견케 한다.

한바탕 난리를 치른 헤롯은 유대를 떠나 호화 궁전을 지어놓은 당시 그 지역 수도였던 가이사랴로 내려갔다. 가이사랴에서 헤롯은 로마제국에 경의를 표하는 경기를 치르고 행사를 했다는 역사 기록이 있다.

[20]헤롯이 두로와 시돈 사람들을 대단히 노여워하니, 그들의 지방이 왕국에서 나는 양식을 먹는 까닭에 한마음으로 그에게 나아와 왕의 침소 맡은 신하 블라스도를 설득하여 화목하기를 청한지라.

그런데 헤롯은 무슨 이유인지는 모르지만, 가이사랴 근교의 두 해안 도시인 두로와 시돈 사람들을 매우 못마땅하게 여겼었다. 두 도시는 오래 전 솔로몬 시절부터 성전 건축 등에 백향목 등 재목을 공급하고 이스라엘 지역에서 나는 밀과 기름을 공급받아 왔기 때문에(왕상 5: 11) 혹시 그것이 끊어지면 곤란하니까 분봉왕 헤롯에게 잘 보여야 했을 것이다. 그래서 침실 시종인 블라스도를 설득해 좋은 관계를 맺기를 바랐던 것 같다.

[21]헤롯이 날을 택하여 왕복을 입고 단상에 앉아 백성에게 연설하니, [22]백성들이 크게 부르되, 이것은 신의 소리요 사람의 소리가 아니라 하거늘.

그 날은 헤롯이 불편했던 두로와 시돈 사람들과의 화평 조약을 맺는 날일 수도 있고, 로마 황제 탄생 기념일이거나 요세푸스의 기록대로 로마 황제 즉위 기념식 날일 수도 있다. 유대 역사를 보면 헤롯 아그립바는 로마 황제 즉위 20주년 기념제에 은실로 만든 화려한 옷을 입고 참석했다고 한다. 아침 햇살에 비친 은실 옷이 얼마나 빛나던지 바라보던 사람들이 두려움과 경외심을 가질 정도였다고 한다.

헤롯이 연설을 하자, 두로와 시돈 사람들뿐 아니라 헤롯에게 잘 보여야 했던 가이사랴 사람들[2]은 아부를 하기 시작했다. 역사 기록을 보면 "아침꾼들은……그들의 목소리를 높여 그를 신이라고 외치면서 '우리에게 자비를 베풀어 주소서'라고 하고, '우리가 지금까지 당신을 인간으로서 경외했다면 이제부터는 당신을 유한한 존재 이상으로 인정하겠습니다'라고 소리쳤다고 한다.[3] 성경은 사람들이 헤롯에게 이는 사람의 소리가 아니라 신의 소리라 찬사를 보냈다고 한다. 그리고 헤롯은 그 찬미를 받아들였다. 사람은 권력을 가져 신과 같이 높아지면, 남들은 다 나라를 망칠 놈들이고 자신만이 세상을 구할 것처럼 생각한다.

이것은 여호와께서 에스겔을 통해 두로왕에게 전하라고 하셨던 말씀과 같다. 즉 "인자야, 너는 두로 왕에게 이르기를, 주 여호와께서 이같이 말씀하시되, 네 마음이 교만하여 말하기를, 나는 신이라. 내가 하나님의 자리 곧 바다 가운데에 앉아 있다 하도다. 네 마음이 하나님의 마음 같은 체할지라도 너는 사람이요 신이 아니거늘"(겔 28: 2)이라고 하셨다..

그런데 그런 두로왕에게 하나님께서 내렸던 징벌은 "6그러므로 주 여호와께서 이같이 말씀하셨느니라. 네 마음이 하나님의 마음 같은 체하였으니,
7그런즉 내가 이방인 곧 여러 나라의 강포한 자를 거느리고 와서 너를 치리니, 그들이 칼을 빼어 네 지혜의 아름다운 것을 치며 네 영화를 더럽히며,
8또 너를 구덩이에 빠뜨려서 너를 바다 가운데에서 죽임을 당한 자의 죽음 같이 바다 가운데에서 죽게 할지라"(겔 28: 6-8)는 것이었다.

그런데 두로왕을 미워하던 헤롯은 두로왕보다 한 술 더 떴던 것이다. 그

---

2) 요세푸스의 기록에 의하면, 가이사랴 사람들은 로마 침공 때 패한 자신들의 왕을 모욕하고 그의 죽음이 알려지자 왕실 여자들과 딸들을 창녀촌으로 보낸 사람들이다.

3) 유대고사 19.9.2 345항.

러니 어떻게 되었겠는가?

> [23]헤롯이 영광을 하나님께로 돌리지 아니하므로 주의 사자가 곧 치니, 벌레에게 먹혀 죽으니라.

사람들의 영광을 하나님께로 돌리지 않고 자신이 즐긴 것이다. 아니라고 하겠지만, 군중 앞에 서는 사람들은 대개 그런 찬사를 원하지 않던가? 요세푸스는 사람들이 헤롯에게 아첨하던 상황을 이렇게 역사에 기록했다 "왕은 그들을 꾸짖지 않았고, 아첨을 경건하지 못한 것으로 여기지도 않았다. 잠시 후 그가 위를 올려다보는데 올빼미 한 마리가 밧줄 위에 앉아 있는 것을 보게 된다. 왕은 이것이 불길한 징조임을 즉시 알아차렸다. 그 순간 뱃속에 극심한 통증으로 쓰러져 왕궁으로 실려 갔는데, 왕은 5일간 앓다가 죽었다." 어떤 사람은 맹장이 터져 복막염으로 사망한 것 같다고 하고, 고대 의술에서 상처 부위에 벌레를 올려놓는 치료 방식이나 기생충에 의한 낭종 등 다양한 추정을 하지만, 성경은 자세한 증상을 다루지 않고 벌레에게 먹혀 죽었다고 한다. 이것은 고대 그리스 문학에서 신들을 멸시한 자가 받는 신적 저주로 처벌을 받은 '죽음'을 표현한 것이다. 역사 기록에 의하면, 헤롯 아그립바는 재위 7년 되던 AD 44년에 죽었는데, 성경은 헤롯의 죽음의 영적 의미를 백성들이 헌정하는 영광을 하나님께로 돌리지 않았기 때문이라고 강조한다. 23절은 그 죽음을 주님의 천사가 친 것이라 한다.

그렇다면 베드로의 구출에는 구원의 천사가, 헤롯의 죽음에는 심판의 천사가 임한 것이다. 이렇게 하여 성경은 이 사건을 하나님의 교회를 박해한 자의 최후로 남겨둔다.

오늘 본문을 정리하자면 이렇다. 베드로에게는 교회의 기도가 구원의 천사란 기적으로 다가와 문을 두드렸고, 교회에는 구원받은 베드로가 찾아와 문을 두드렸다.

반면 사람들의 칭송을 추구해 화려한 왕복을 입고 왕좌에 올라 앉아 일장 연설을 하고, 사람들의 환호를 받자 영광을 하나님께 돌리지 않고 자신이 신적인 존재처럼 행세한 교만한 헤롯은, 심판의 천사가 그 인생의 문을 찾아와 두드린 기적으로 임한 것이다.

오늘날에도 기적은 이처럼 두 가지 모습으로 우리 인생을 찾아와 문을 두드릴 것이다. 첫 번째는 도무지 인간의 힘으로 불가능할 때 하나님의 능력으로 다가오는 기적이고, 두 번째는 자신이 하나님인 양 거들먹거리는 사람들에게 심판으로 다가오는 기적이다.

둘 다 항상 일어나는 일이 아니라서 사람들은 그 기적을 잊고 산다. 그 희귀성으로 인해 우리는 기적이라고 말하지만, 그것은 하나님께서 마지막 때 하실 일의 모형이고 샘플의 방식이기에 흔하지 않을 뿐이다. 중요한 것은 그 기적이 모두에게 찾아와 삶의 원칙이 되는 날 후회하지 않도록, 우리는 이 시대에 우리 인생의 문을 두드릴 기적 앞에 바르게 응답해야 한다. 그렇다면 오늘 본문이 우리에게 주고자 하는 마지막 교훈은 무엇인가? 첫째, 기도해 놓고 응답에 놀라는 수준을 넘어서는 믿음을 가지자, 둘째, 기적 자체보다 메시지에 더 관심 갖는 믿음을 가지자에 이어, 셋째는,

기회가 오면 모든 영광을 주께 돌리는 믿음을 가지자(21-23).

이렇게 하여 헤롯이 교회에 손을 대고 교회 리더 한둘을 해쳐도 하나님

의 복음은 막을 수 없이 확장되며 흥왕해 감으로 12장은 마무리된다.

> 24하나님의 말씀은 흥왕하여 더하더라.

이것은 『사도행전』에서 계속 반복되는 주제다. 이때 성경의 강조하는 것은 교회의 부흥이 아니라 하나님 말씀의 확산이다. 그것이 우리가 초점을 맞춰야 할 부분이다. 우리 교회가 얼마나 커지느냐보다 중요한 것은 말씀의 흥왕이다.

물론 그 와중에 핍박과 순교가 없다는 것은 아니다. 야고보의 순교와 베드로의 체포와 구금 같은 핍박은 계속될 것이다. 그러나 교회에 손을 댄 헤롯 같은 사람은, 아무리 세상에서 막강한 힘을 가졌어도 심판을 받고 처벌된다는 것을 성경은 보여준다.

이 모든 사건을 마무리하며 12장 마지막 절은 바나바와 사울이 예루살렘 사역[4]을 마치고 이제 안디옥으로 돌아갔다고 한다.

> 25바나바와 사울이 부조하는 일을 마치고, 마가라 하는 요한을 데리고 예루살렘에서 돌아오니라.

사실 11장 마지막 절에서 바나바와 사울이 구제 헌금을 가지고 예루살렘 교회로 보내졌다고 했는데, 그 일 자체는 자세히 다루지 않고, 예루살렘에서 마주친 헤롯의 핍박과, 베드로 출옥 기적과, 헤롯의 심판 사건의 메시지

4) 개역개정의 '부조'는 구제 헌금 전달이니까 그렇게 번역했지만, 사실은 봉사 혹은 사역으로 번역하기도 하는 단어 *diakonia*이다.

로 12장은 마친다. 그 복음 전파와 교회에 그 의의가 중요하기 때문이다.

오늘 저는 하나님의 뜻이므로 투자하지 않으면 데려간다, 하나님의 뜻이므로 투자하면 8% 이상의 기적의 수익금이 보장된다는 개포동 어떤 교회 박 모 목사 이야기로 시작했다. 기적에 대한 잘못된 기대가 교회와 성도들의 삶을 망친 사건이었다. 그 사건에 대해 신대원 교수로서 또 하나의 아픔은 2년 전, 국내 유명 신대원의 총장을 역임했던 정 모 목사까지 그 박 모 목사를 학회에 초청해 발표하게 하고, 기독교 매스컴에 그의 목회가 선교 사역을 돕는 재정의 돌파구라고 극찬했던 것을 보고 기가 막혔었는데, 이번에 결국 세상 수법에 의지해 선교하는 것은 기적의 해결책이 아니라 교회를 망치는 마약이었음이 증명되었고, 신학 교수 역시 분별력이 없을 수도 있음을 재확인한 것이다.

그 일로 마음이 착잡했었는데, 지난주에는 최근 개봉한 기독교 영화인 「서서평」 감상문들을 SNS에서 보게 됐다. 서서평 선교사는 기적에 대해 정반대의 가치관을 보인 사람이었다. 그녀는 100여 년 전인 1912년 가난한 세상의 변방 조선 땅에 와서 간호사로 22년 사역을 했던 독일 여선교사였다. 고아 14명을 수양딸로 삼고 갈 곳 없는 과부 38명과 함께 살다가 풍토병과 영양실조로 소천했다. 당시 조선인보다 상대적으로 부유하게 살았던 대부분의 외국인 선교사와는 사뭇 다른 모습으로 그녀는 살다가 갔다. 죽을 때 남기고 간 전 재산은 담요 반 장, 쌀 두 홉과 현금 27전이 전부였다. 본인 시신마저 의대 해부실습용으로 드렸다. 1934년 6월 말 그녀의 장례를 취재한 신문 기사를 보면, 광주시 최초 사회장으로 12일 동안 진행되었는데, 거리에는 "어머니, 어머니" 하고 부르짖는 통곡 소리와 눈물이 넘쳤다고 한다. 상여 뒤에는 세상에서 가장 약자였던 빈민들과 한센병자와 수양

딸 14명이 따랐다. 그 후 잊혀진 죽음인 줄 알았는데 100년 후 수많은 사람에게 감동을 준 기적의 죽음으로 증명되었다. 제 마음에 큰 감동을 준 것은 서서평 선교사의 침대머리에 붙여 놓았다는 "성공이 아니라 섬김"(Not Success But Service)이라는 좌우명이었다.

오늘 본문을 통해 본 유대 땅 분봉왕이었던 헤롯은 황제도 아니면서 화려한 왕복을 입고 왕좌에 올라가 연설을 하고, 이는 사람의 소리가 아니라 신의 소리라는 칭송을 받자 그것을 즐기다가 벌레 먹어 죽었지만, 누군가는 그런 왕좌와 성공이 아니라 섬김으로 살다가 갔다. 사후 장로교의 위대한 선교사 7인에 선정되고, 100년이나 지난 지금에야 인정을 받게 되었지만, 서서평은 간호사란 텐트메이커로 이 땅에 와서 복음을 위해 살았고 살아생전 가난과 질병과 고통만 겪고 그런 명예를 누리지 못하다가 간 하나님의 사람이었다. 헤롯왕의 생애와는 참으로 큰 대조가 된다. 이 시대의 사람과 비교해도 마찬가지다.

어떤 사람은 세상에서 성공한 사람처럼 살기 위해 동족 교인에게 사기를 치고, 누군가는 머나먼 미지의 나라에 와서 성공이 아니라 섬김으로 살다가 간다. 200억을 투자받아 외제차를 타는 성공이 기적이 아니라, 동전 7개와 걸인에게 잘라주고 남은 담요 반 장이 전 재산이지만, 많은 사람들에게 "어머니"라, "작은 예수"라 불렸던 삶이 기적이었음을 서서평은 보여줬다.

오늘 여러분은 어떤 기적을 기대하고 교회에 나왔는가? 물론 감옥을 가도 초자연적인 역사로 풀려나는 기적일 것이다. 그런 기적은 모두가 경험하지 못하지만, 우리 모두 예외 없이 죽음의 자리에는 서게 될 것이다. 오늘 『사도행전』 12장을 통해 우리는 두 가지 죽음을 보았다. 간수들의 목을 뎅겅 날릴 권세를 갖고 세상 모든 영광을 추구하며 살다가 벌레 먹어 죽은 헤롯의 죽음과, 야고보나 서서평처럼 복음을 전하다가 맞은 명예로운 죽음이다.

이 두 죽음은 매우 극단적 대조이지만, 당신은 생을 마칠 때 어느 쪽 방향의 삶으로 마무리하고 싶은지, 진지하게 생각해 볼 필요가 있다.

하나님의 일은 어떻게 수행되는가?

(행 13: 1-12)

지난주 5월 10일(2017) 수요일에는 이명박, 박근혜로 이어지던 시대가 막을 내리고, 19대 대통령 문재인의 시대가 시작되었다. 역사의 새로운 챕터가 열린 것이다.

우리가 보고 있는 『사도행전』도 13장에 들어가며 예루살렘을 중심으로 이렇게 한 기독교의 1세대가 막을 내리고 이제 안디옥교회에 그 자리를 내준다. 하여 사도 베드로를 중심으로 전개된 『사도행전』 1부가 끝나고 12사도에 속하지 않았던 사도 바울의 사역을 중심으로 한 『사도행전』 후반부가 시작되는 것이다.

전에 말씀드린 것처럼 안디옥은 로마와 알렉산드리아 다음인 세 번째 대도시였고, 콘스탄티노플/이스탄불처럼 당시의 동방과 서방 사이를 잇는 도시로서 중요한 의미를 갖는다. 그것은 여러 민족과 종교와 문화가 뒤섞인 곳으로, 예루살렘에서 온 그리스도인들에 의해 복음을 접하게 된 후 이제 유태인 세계와 이방인 세계 사이의 통로가 되었다. 그래서 안디옥은 이방선교의 거점 즉 베이스캠프가 된다. 그 안디옥을 통해 『사도행전』 1장 8절에서 예언되었던 대로 복음이 예루살렘과 온 유대와 사마리아를 넘어 이제 땅 끝으로 나가게 될 것이다.

그 안디옥교회의 지도자들을 성경은 선지자들과 교사들이라고 한다.

[1]안디옥교회에 선지자들과 교사들이 있으니, 곧 바나바와 니게르라 하는 시므온과 구레네 사람 루기오와 분봉 왕 헤롯의 젖동생 마나엔과 및 사울이라(13장).

오늘날 교회에도 시대를 향한 하나님의 음성을 들려주고 위로와 권면을 주는 선지자적 목자와 하나님 말씀이 무엇을 뜻하는지 예수님의 길을 정확히 가르쳐줄 교사들이 필요하다.

안디옥교회가 오늘날 한국의 대형교회들과 달리 대단한 것은, 예루살렘 교회도 그랬지만, 절대 권력을 쥐고 있는 담임목사 1인이 주도하는 교회가 아니고, 5명의 리더 그룹이 공유 리더십으로 함께 이끌던 교회였다는 점이다. 우리 교회가 중요한 결정을 하기 전에 3-4 명의 멘토 목사들이 함께 기도하고 의논하는 것처럼 말이다. 그 다섯은 바나바, 시므온, 루기오, 마나엔과 사울이었다.

흥미로운 것은 안디옥교회의 5인 지도자 그룹에는 니게르라 하는 시므온과 구레네 사람 루기오가 있는 것이다. 시므온은 니게르, 즉 니그로 혹은 아프리카 흑인이었다. 그의 이름 시므온은 무슨 뜻인가? 흑인의 탄식과 기도를 시므온, 셔마엘 혹은 셔마야 즉 하나님이 들으셨다는 뜻이다. 그리고 루기오는 구레네 사람이라고 했는데, 예수님의 십자가를 대신 지고 갔던 시몬도 구레네 사람이었다. 구레네는 튀니지, 알제리, 모로코 같은 나라가 있는 북아프리카 해안 지역의 당시 수도였다.

이처럼 안디옥교회의 지도자들은 매우 다양한 계층 사람들로 구성되었는데, 분봉왕 헤롯의 젖동생 마나엔 같은 귀족계급 사람도 있었다. 젖동생이란, 왕실에서 왕자를 양육할 때 파트너로 함께 길러진 특별한 사람을 지칭하는 경칭이다. 이렇게 왕족과 가까운 인물과, 사울처럼 학문적으로 잘 훈련받은 엘리트와, 바나바처럼 이방 문화에서 온 따뜻하고 부드러운 권면의 사람뿐 아니라, 흑인인 니게르 시므온과 튀니지 인근 구레네 사람 루기오까지 있었다. 그런데 하나님으로부터 그들에게 말씀이 임했다.

> 2주를 섬겨 금식할 때에 성령이 이르시되, 내가 불러 시키는 일을 위하여 바나바와 사울을 따로 세우라 하시니.

주를 '섬겨'로 번역된 '*leiturgeo*'는 주로 '예배하다'라는 뜻으로 많이 쓰인다. 즉 그들이 하나님을 예배하며 금식할 때에 성령님께서 말씀하시는 것을 들었다. 이처럼 하나님의 일은 예배할 때 특히 금식하며 영혼을 정갈하게 할 때 분별된다.

하나님의 뜻은 5명의 멘토 목사들 중, 주께서 시키실 일을 위해 바나바와 사울을 따로 세우라는 것이었다. 그것은 9장 15절에서 사울을 가리켜, "이 사람은 내 이름을 이방인과 임금들과 이스라엘 자손들에게 전하기 위하여 택한 나의 그릇이라"는 말씀을 이루기 위함이고, 『로마서』 11장 13절의 표현에 의하면, 이방인들의 사도로 세움을 받게 하기 위해서이다. 즉 어느 날 갑자기 자신들이 생각해 내거나 스스로 선교를 나가겠다고 계획한 것이 아니라, 교회가 모여 기도하고 금식하고 예배할 때 일어난 사건임을 성경은 보여준다. 그들은 성령의 명령에 순종했다.

[3]이에 금식하며 기도하고 두 사람에게 안수하여 보내니라.

주님의 명령을 듣게 된 것도 2절에서 금식할 때였고, 그 명령에 순종해 바나바와 사울을 파송할 때도 그들은 금식하며 기도했다.

하나님의 일은 이처럼 예배, 기도, 금식, 안수, 파송의 단계로 진행된다. 그런데 누가 바나바와 바울을 안수하고 파송했는가? 담임목사인가, 노회장인가, 총회장인가? 전부 아니다. "교회"가 안수하고 파송했다. 복음의 일꾼을 구별하여 세우고 안수하고 파송하는 것은 교회가 가진 권한이지, 교황도, 추기경도, 총회장도, 노회장도, 당회장도 아니다. 『사도행전』 6장에서 헬라계 사람들을 위한 차세대 지도자 일곱을 세운 것도 누구였는가? 온 무리, 즉 교회가 세웠다(6: 5). 그때는 교회가 세워준 지도자들에게 12사도가 안수했지만, 이제 교회가 굳건해져 가며 안디옥교회에서 바나바와 바울을 파송할 때 안수한 것은 지도자들을 포함한 교회였다. 성경이 말하는 안수는 어떤 능력을 가진 목회자가 다른 사람에게 직분을 주거나 능력을 부어주는 행위가 아니라, 하나님의 일을 위해 축복 기도하는 것이기 때문이다. 안디옥교회를 세우고 이끌어가던 바나바와 사울은 그렇게 선교를 위해, 교회 개척을 위해 파송되었다.

약 27년 전 미국 서부 UC 버클리대학 근처의 한 교회도 대륙 반대편 동부의 보스턴에 교회를 개척할 필요를 느꼈다. 그들은 기도하다가 왜 부목사를 보내야 하느냐, 안디옥교회처럼 그 교회를 세우고 이끌던 바나바와 바울이 나가서 개척하는 것이 옳다는 것을 깨닫게 되었다. 그래서 그 교회를 설립했고 키우고 이끌었던 목사 부부는 다른 부목사를 교회를 개척하라고 내보낼 게 아니라 자신들이 파송 받아 나가는 것이 성경적이라며 그렇게 해줄 것을 교회 앞에 공식적으로 요청했다. 교인들은 당황했지만 그것이 주님의 뜻임을 인정하고 기꺼이 보내드렸고, 엔지니어, 의사, 변호사 등 전문인 7가정이 안정되게 살던 본토 친척 아비 집을 떠나 텐트메이커로, 개척의 동역자로 담임목사 부부를 따라 대륙을 가로질러 보스턴으로 함께 간 것을 본 적이 있다.

누군들 안정된 교회에서 평안하게 신앙생활하고, 미래가 보장된 직장과 일터에서 안락한 삶을 살고 싶지 않겠는가? 그러나 바나바와 사울만이 아니라 복음에 붙잡힌 사람들은 모두, 아브라함처럼 갈 곳과 할 일을 알지 못하지만 하나님께서 지시하는 곳을 향해 본토 친척 아비 집을 떠난다. 그것이 하나님의 길이고 이 땅에서 예수님이 걸으셨던 십자가의 길이다. 믿음으로 순종하여 십자가의 길을 걸은 예수님은 부활의 권능을 경험하셨다. 물론 그 중간에는 십자가의 고난이 존재한다. 그래서 믿음 없이는 걸을 수 없는 것이 이 길이다. 하나님의 종은 지금까지 본 바에 따르면,

하나님의 종은 성령의 명령에 의해 교회가 세우는 것이다(2-3).

성령에 의해 세워진 하나님의 종들은 어떻게 하나님의 일을 시작하는가? 4절을 보자.

> 4두 사람이 성령의 보내심을 받아 실루기아에 내려가 거기서 배 타고 구브로에 가서.

바나바와 사울은 자기네들이 스스로 결정해 나간 것이 아니라, 3절에서

보듯 교회가 목사들에게 안수하여 보냈다고 한다. 이것을 4절은 누가 보낸 것이라고 하나? 성령의 보내심을 받아서 간 것이라고 한다. 하나님의 종들이 소위 바울의 제1차 전도여행이란 대장정의 발걸음을 뗀 것은 성령의 보내심에 의한 것이다. 2절에서 바나바와 사울을 따로 세우라 한 것도 성령께서 명하신 일이 아니었던가? 그에 따라 교회가 순종하여 안수하고 파송했던 것이다.

'성령의 보내심'은 이처럼 어떤 신비로운 일이 아니라, 한 성령을 받은 교회가 한 마음이 되어 같이 기도하고 파송하는 것이다. 그렇다면 하나님의 일은 언제 시작되는 것인가?

하나님의 일은 성령의 명령에 교회가 순종할 때 시작된다(1-2, 4)

그렇다면 성령의 보내심을 받아 구브로에 간 바나바와 사울은 어떤 일을 했는가?

> 5살라미에 이르러 하나님의 말씀을 유대인의 여러 회당에서 전할새,
> 요한을 수행원으로 두었더라. 6온 섬 가운데로 지나서 바보에 이르러 바
> 예수라 하는 유대인 거짓 선지자인 마술사를 만나니.

바나바와 사울은 마가 요한을 수행원으로 삼아 셀레우쿠스에 의해 건설된 항구 도시 실루기아로 가서 배를 타고 구브로 즉 키프러스 혹은 싸이프러스 섬으로 갔다. 사실 구브로는, 11장 19절을 보면 스데반의 순교 후 핍박으로 흩어진 기독교인들이 가서 복음을 전했던 곳이고, 11장 20절에 의

하면 예수님을 믿게 된 사람들 중 몇이 안디옥에 와서 복음을 전한 일이 있었다. 그러므로 키프러스 섬은 복음이 들려진 적이 전혀 없는 미전도 지역이 아니었다. 그런데 왜 그곳으로 갔을까? 아마도 4장 36절에서 보듯 레위 족속의 후예로 바나바라 불리던 요셉의 고향이었기 때문인 것 같다. 예수님을 만나면 자기 가족과 친구와 고향 사람부터 그 예수님을 전하고 싶은 게 인지상정이다. 그들은 키프러스 섬의 동쪽 연안 항구 도시 살라미스에 도착하자 유대인의 회당들을 다니며 복음을 전하면서 섬을 가로질러 가다가 파포스라는 곳에서 엘루마를 만나게 된다.

> 7그가 총독 서기오 바울과 함께 있으니, 서기오 바울은 지혜 있는 사람이라. 바나바와 사울을 불러 하나님의 말씀을 듣고자 하더라. 8이 마술사 엘루마는 (이 이름을 번역하면 마술사라) 그들을 대적하여 총독으로 믿지 못하게 힘쓰니.

그런데 어떤 곳에 가서 복음을 전하든, 복음을 전할 때는 항상 대적하는 세력도 있고, 종교적으로 사람들을 이끌면서 은근히 힘과 권력으로 지배하려는 사람들도 있다. 엘루마는 자칭 정통 유대인 선지자라 하지만, 성경은 거짓 선지자요 마술사라고 그 정체를 분명히 밝혀준다. 미련한 사람들만 그가 거짓 선지자란 정체를 모를 뿐이다.

이 사건에 대해서는 이미 『사도행전』 5장에서 아나니아와 삽비라 사건을 설교할 때도 언급했고(『성령 강림과 증인 공동체』, 176쪽), 마술사라는 단어는 마구스에서 파생된 마기라는 사실은 『사도행전』 8장 9절에서, 마술사 시몬 사건을 다룰 때 설명한 바 있다(앞의 책, 317쪽). 그런데 그런 사람들의 특징은 무엇인가?

그런 거짓 선지자들이 하는 전형적인 행동이 무엇이냐면 7절 전반부의 "그가 총독 서기오 바울과 함께 있으니……"처럼 그 지역 총독인 서기오 바울 곁에 수행비서처럼 달라붙어 있는 것이다.

알아둬야 할 것은 중세 가톨릭교회가 그랬듯이, 교회가 권력 곁에 붙어 있으면 반드시 부패하고 썩게 되는데, 그런 권력자 곁에 붙어 있는 종교인들은 대부분 6절처럼 거짓 선지자요 마술사들이라는 것이다. 군부 독재자와 정재계 권력가들에 빌붙어 있던 지난 시대의 목사들을 보라. 그렇지 않은가? 그 거짓 선지자들도 모두 자신을 바예수 즉 예수의 후예/아들이라 하며 기적을 빙자한 마술을 행하며 사람들을 미혹한다. 이단 창시자들이나 최순실의 아버지 최태민만 가짜 목사가 아니다. 정통 교단 안에도 그런 사람들이 종종 있다. 자신을 정통 유태인이요 예수의 후예, 바예수라 하기 때문에 대다수의 종교인들은 의심 없이 맹종하고 따른다. 참으로 미련하고 어리석은 사람들이라 아니할 수 없다.

그런데 자신들이 붙잡고 있던 권력가에게 참된 복음의 사도가 다가오면 그들은 어떻게 하는가? 총독 서기오 바울은 하나님 말씀에 관심을 갖고 듣고 싶어 한 지혜로운 사람이었지만, 이 마술사는 진리의 말씀을 못 듣게, 바울을 못 만나게 열렬히 힘써 막았다고 한다. 그것은 예수님을 못 만나게 적극적으로 막는 참으로 악한 행동이었다. 그래서

> 9바울이라고 하는 사울이 성령이 충만하여 그를 주목하고,

하나님의 종은 그런 마술사와 맞서야 한다. 성령님께서 그런 거짓 선지

자요 마술사와 맞서시기 때문이다. 바울은 성령이 충만하여, 거짓으로 영적인 체하고, 신비적인 체하고, 기적을 일으켜서 사람들을 현혹시키는 자의 눈을 노려본다. 거짓 선지자의 눈동자 속에 있는 사단을 두려움 없이, 다만 심판자의 권세로 노려본다. 이 장면에서 사울의 그리스식 이름인 바울이 본격적으로 등장한다. 라틴어로는 바울로인데, 그것은 작은 사람이란 뜻으로, 바울은 자신을 사도 중에 가장 작은 자라고 했던 것과 같은 의미다. 그러나 주 안에서 그는 작은 사람이 아니었다. 영적 거인으로 하나님의 심판을 담대하게 선언한다. 10-11절을 읽자.

> [10]이르되, 모든 거짓과 악행이 가득한 자요 마귀의 자식이요 모든 의
> 의 원수여, 주의 바른 길을 굽게 하기를 그치지 아니하겠느냐. [11]보라!
> 이제 주의 손이 네 위에 있으니, 네가 맹인이 되어 얼마 동안 해를 보지 못하리라 하니, 즉시 안개와 어둠이 그를 덮어 인도할 사람을 두루 구하는지라.

성령의 충만함과 반대되는 것은 거짓과 악한 행실로 가득한 삶이다. 총독 옆에 달라붙어서 그를 진리 가운데로 가지 못하게 가로 막는 엘루마는 마귀적이기 때문에 사도 바울은 그 마술사에게 하나님의 심판이 임할 것을 선언한다. 복음의 빛을 보지 못하게 막는 자는 하나님께서 그 눈을 멀게 할 것이다. 주님의 바른 길을 굽게 하며 복음의 진보를 막는 엘루마가 소경이 된 것은, 9절에 의하면 "성령의 충만"으로 일어난 일이다. 개역개정 10절은 상당히 부드럽게 표현했는데, 원래의 뉘앙스대로 직역하면, 표준새번역처럼, "너, 속임수와 악행으로 가득 찬 악마의 자식아, 모든 정의의 원수야,

너는 주님의 바른 길을 굽게 하는 짓을 그치지 못하겠느냐?"는 매우 단호한 표현이다. 사람들은 악한 사람들에게도 죄는 미워하되 사람은 미워하지 말라는 그럴듯한 말로 포장하여 정의를 구현하고 악을 심판하는 것을 사랑 없는 나쁜 것처럼 말하는데, 그것은 성경적인 자세가 아니다. 죄를 행하고 악을 행하는 사람이 악인이지 그 존재와 죄가 분리되지 않는다. 그래서 성경은 바울의 입을 통해 그를 마귀의 자식, 악마의 자식이라고 한다. 왜냐하면 악마의 하수인이 되어 하나님의 정의의 바른 길을 막았기 때문이다. 이것이 성경이 말하는 진실이다.

11절도 마찬가지다. "보아라, 이제 주님의 손이 너를 내리칠 것이니, 눈이 멀어서 얼마 동안 햇빛을 보지 못할 것이다." 하나님은 마귀의 일을 심판하실 것이다. 진리의 길을 막고 빛의 길을 막는 자는 영벌의 어둠에 처할 것을 상징하기 위해 잠시 빛을 보지 못하게 처벌할 것이다. 9장 8절을 보면 복음을 막던 사울도 잠시 눈이 머는 처벌을 받지 않았던가?

이 사건은 「사도행전」 5장에서 아나니아와 삽비라가 소유를 팔아 사도들의 발 앞에 두겠다고 하며 일부를 감추고 거짓말을 할 때, 베드로가, "어찌하여 사탄이 네 마음에 가득하여 네가 성령을 속였느냐?"고 질책하자 엎드러지고 혼이 떠나 죽었던 사건과, 하나님의 종을 대적하고 권좌에 올라가 영광을 가로채다가 벌레에게 먹혀 죽은 헤롯을 떠오르게 한다. 총독이 복음을 듣고 거듭나지 못하도록 술책을 쓰는 거짓과 악행이 가득한 것은 마귀의 일이라, 주님의 손이 마술사 엘루마를 치고 안개와 어둠을 덮어 소경이 되는 심판을 받게 된다. 이 모든 것은 성령을 속이고 성령의 복음 진보를 방해한 성령 훼방 죄에 해당하는 것으로 성령께서 행하신 심판이다.

[12]이에 총독이 그렇게 된 것을 보고 믿으며 주의 가르치심을 놀랍게 여기니라.

그 상황을 목격한 총독 서기오 바울은 하나님의 살아계심을 깨닫고 주의 가르침에 놀라 예수님을 믿게 된다. 총독이 회심하게 된 원인을 개역개정은 모호하게 번역해 놓았지만, NIV는 "he believed, for he was amazed at the teaching about the Lord"로, NRSV도 마찬가지로 잘 번역해 놓았다. 우리말 성경 중에는 현대인의 성경이 "이 광경을 본 총독은 주님에 대한 가르침에 크게 놀라 믿게 되었다"라고 제대로 해 놓았다. 지혜로운 총독은 그 광경을 보며 하나님 말씀에 놀라서 믿게 된 것이지, 기적 자체로 믿게 된 것이 아니라는 말이다. 이것은 12장에서 하나님께서 베드로를 감옥에서 꺼낸 기적과 헤롯의 심판 후에 12장 24절에서 하나님의 말씀이 흥왕하여 더했다는 것과 마찬가지로, 유대인 거짓 선지자인 자칭 바예수란 마술사의 심판 후에 하나님 말씀의 승리 선언이다.

이렇게 해서 그 지역의 가장 유력한 자인 서기오 바울 총독이 바울의 제1차 전도여행의 첫 열매가 되었다. 이 사건에서 보듯 하나님의 종은 무엇으로 어떻게 섬겨야 하는 것인가?

하나님의 종은 성령의 충만과 말씀으로 섬겨야 한다(9-12).

오늘 13장 전반의 사건은 앞으로 현대 목회자들이 분류하는 바울의 세 차례 전도여행 중 14장까지 이어질 제1차 전도여행의 서막이다. 앞으로 복음 전파에는 방해물이 많겠지만, 그 환란을 이겨내야 한다는 메시지다. 그리고 복음을 가로 막는 자들에게는 하나님의 심판이 임할 것을 예고하는 것이다.

오늘날 우리는 어떻게 믿지 않는 사람들을 주님 앞으로 인도하고 있는가?

어제는 우리 교인은 아니지만, 돌아가시기 얼마 전에 예수님을 영접한 노응근 성도의 장례식을 인도했다. 일간지 논설위원으로 살았지만, 한평생 역술에 심취해 작명, 점술에 대한 저술까지 남긴 사람이 어떻게 죽음을 앞두고 갑자기 하나님을 믿으려는 마음을 갖게 되고 목사를 청해 복음을 듣게 된 것일까? 한 마디로 성령님의 역사하심이다. 성령에 민감한 우리 교회 자매님의 편지와 간청으로 조 목사님이 중환자실로 심방하여 복음을 전하자 회심하고, 그 날부터 한 달 간 기도하고 성경을 읽다가 주님께로 가셨다고 들었다. 우리 교회는 믿지 않는 가족 친지들을 위해 전도 차원에서 장례를 성심껏 치러주기로 했다. 제가 담당하고 있는 공동체의 섬김이들과 몇 분의 헌신으로 아름답게 장례를 치렀다. 이번 장례식 과정을 지켜본 고인의 부인의 학교 동료 선생님들은 불신자인데, 그 섬김과 사랑에 감동을 받아 그 교회가 어디인지 묻고, 한 분은 잃었던 신앙을 회복하게 되었고, 또 한 분은 기독교인을 미워했는데 발인 예배 후 하나님은 살아계시다라고 고백했다고 들었다. 장례예배를 마치고 설렁탕을 먹으며 우리들은 이구동성으로 이 모든 일은 성령께서 인도하심에 의한 것이라 입을 모았다. 그리고 이것은 성령께 순종한 교회의 섬김이었다. 오늘날에도 성령님은 우리 가운데서 행하시고 명하신다. 그때 순종하는 교회에 의해 하나님의 구원의 역사가 일어나는 것이다. 『사도행전』 13장의 사건이나 지난 주 장례식 사건이나 모두 불신자를 주님 앞으로 인도하는 것은 처음부터 끝까지 성령의 역사하심이고 그에 순종하는 교회의 일인 것이다. 따라서 영광스런 복음의 사역에 쓰임받고 싶다면 교회도 우리도 항상 성령님께 민감해야 할 것이다.

하나님의 뜻과 우리의 감사

(행 13: 13-41)

9월말에 유럽 출장을 가야 하는 한 사업가가 비행기편 예약을 하려고 했더니 2017년 10월 10일 정도까지는 심지어 1등석까지 다 막아 놓아서 예약 자체가 안 되더라는 소리를 들었다. 이유는 10월 4일 추석 전후로 열흘 내외의 긴 연휴에 해외 여행객이 늘자 관광사에서 다 잡아 놓았다는 것이다. 경기가 안 좋다 하지만, 여행 맛을 알게 된 사람이 늘면서 평상시 쓸 돈을 아껴서 해외 여행을 가려는 사람이 많아진 것이다. 해외 여행 1세대에는 제한된 기간에 한 나라라도 더 보려고 애를 써서 여러 나라를 찍고 돌아오는 여정의 패키지가 인기였다. 그런데 해외 여행 경험이 좀 생기고, 나이도 들고 여유도 생기면 그런 여행을 싫어한다. 가족이나 친구와 한 나라를 정해서 여유롭게 다니다가 좋은 곳에 가면 차도 한 잔하고 산책도 하고 쉬고 싶어 한다. 이 나라 저 나라 바삐 도장만 찍고 돌아다니는 여행을 이제는 적지 않은 사람들이 싫어한다.

비행기도 없던 2천 년 전, 누구보다 해외 여행을 많이 다닌 밀리언 마일러가 있었는데, 그는 바울이라고도 하는 사울이었다. 그는 세 번에 걸쳐 걸어서 세상 끝까지, 크루즈가 없으니 돛단배로 땅 끝까지 다니다가 파선되어 죽을 고비를 넘겼는데도 또 떠난 사람이다. 여행 목적은 우리처럼 구경하고 놀고 쉬기 위해서가 아니라 자기가 만난 예수님의 복음을 전하기 위해서였다.

이제 그의 첫 여행기가 시작된다. 바울과 바나바는 키프러스 섬 전도를 마친 후 소아시아 본토로 돌아간다. 다시 파포스로 가서 배를 타고 밤빌리아에 있는 버가/베르게로 갔다가, 비시디아 안디옥으로 가서 유대인 회당에 들어가 복음을 전한다.

> 13바울과 및 동행하는 사람들이 바보에서 배 타고 밤빌리아에 있는 버
> 가에 이르니, 요한은 그들에게서 떠나 예루살렘으로 돌아가고, 14그들은
> 버가에서 더 나아가 비시디아 안디옥에 이르러 안식일에 회당에 들어가
> 앉으니라. 15율법과 선지자의 글을 읽은 후에 회당장들이 사람을 보내어
> 물어 이르되, 형제들아 만일 백성을 권할 말이 있거든 말하라 하니.

수행원 마가 요한은 버가에서 바울과 바나바와 헤어져 예루살렘으로 돌아갔다. 이 사건은 나중에 바울의 제2차 전도 여행을 준비할 때(15: 37, 39) 문제가 된다.

마가 요한을 제외한 바울과 바나바와 일행은 안식일에 회당 예배[1)]에 참석했다. 그런데 유태인 회당 예배는 목사만 설교를 할 수 있는 것이 아니라, 성경 두루마리를 꺼내 읽고 난 후 예배자 중 한 사람이 일어나 주께서 밝혀주신 말씀을 뜻을 전하거나, 회당장이 참석자 중 한 사람을 지목해 기도나 권면의 말씀을 전해 달라고 요청하기도 한다. 그래서 예수님도 공생

1) 유태인 회당 예배는 대개 쉐마를 낭독하고, 사제의 축복과 18개의 축복문(테필라)과 율법서와 예언서를 낭독한다. 그 후에 설교나 말씀 나눔이 이어진다.

애를 시작하시면서 나사렛 회당에서 설교를 하실 수 있었다(눅 4: 16이하).

회당장은 베마(bema: 연단) 주변에 둘러 앉아 있는 사람들 중 바울 일행을 보았을 것이다. 앉아 있던 바울에게 사람을 보내 권면의 말씀을 전해달라고 요청했다. 사실 바울 옆에는, 자신을 세워주었고, 사도들에게 소개했고, 여러모로 오늘의 자신을 있게 해준 선임 바나바 목사가 있었지만, 바나바는 아무 말도 않고 바울이 하나님의 크신 구원에 대해 설교[2)]를 시작하는, 한국 교회라면 약간 이상하게 여겨질 상황이 벌어졌다. 이 장면은 지금까지 사울로 불리다가 이제 본격적으로 바울로 불리며 이방인의 사도로서 공식적 설교가 시작되는 순간이기도 하다.

사도 바울의 이 설교는 12사도가 대표했던 유대인 중심의 예루살렘교회를 향한 사도 베드로의 첫 설교(행 2: 14-39와 맞먹는 분량과 무게의 설교다. 내용도 같은 패턴으로 구성되어 있다. 즉 설교의 첫 부분에는 각자 자신의 처한 정황을 언급하고, 그 다음에는 예수님의 죽음과 하나님께서 부활로 예수님의 의로우셨음을 입증했다는 케리그마가 나오고, 그 후에 『시편』 예언의 성취였다는 점을 부각시킨 후, 마지막 부분에서 예수의 이름을 힘입어 죄 사함을 받으라는 촉구로 끝난다.

그러나 차이점도 있다. 2장에 나오는 사도 베드로의 설교는 유대인 교회 지도자로 유대인들을 향한 설교였지만, 본문의 사도 바울의 설교는 이방인의 사도로서의 설교란 점이 다르다. 바울의 설교는 유대인은 물론, "하나님을 경외하는 사람들"(16후반부) 즉 이방인들에게 한 것이다.

---

2) 사도 바울의 설교가 16-25절(이스라엘 사람들아...), 26-37절(형제들이여), 38-41절(형제 여러분) 3개가 등장한다.

16바울이 일어나 손짓하며 말하되, 이스라엘 사람들과 및 하나님을 경외하는 사람들아 들으라.

바울이 일어나서 먼저 조용히 하고 주목해 달라고 부탁을 한다. 그리고 이스라엘 사람뿐 아니라, 고넬료처럼 하나님을 믿는 이방인들까지 두 부류의 청중에게 설교를 시작한다. 여기에서 "하나님을 경외하는 사람들"을 43절에서는 "유대교에 입교한 경건한 사람들"이라고도 표현한 이방인들이다. 설교 내용은 하나님의 옛 약속이 성취되었다는 것이다.[3)]

17이 이스라엘 백성의 하나님이 우리 조상들을 택하시고 애굽 땅에서 나그네된 그 백성을 높여 큰 권능으로 인도하여 내사.

우리나라 교인들은 하나님께서 '나'를 택하셨다는 개인적 예정과 선택과 구원에 관심을 보인다. 그러나 성경은 하나님이 '이스라엘 백성' 즉 공동체를 택하셨음을 강조한다. 하나님의 선택과 구원은 12족장과 후예로 구성된 공동체성을 갖고 있지 개인주의적 구원론이 아니다.

한 가지 더 주목해야 할 것은 17절을 보면 두 부류의 사람 모두에게 아브라함과 12족장들을 "우리 조상들(our fathers)"이라 칭하고, 26절은 유태인과 이방인들을 서로 "형제들아"라고 부르고 있다. 또 33절에서는 두 부류 사람들을 공히 "우리 자녀들, 그들의 후손인 우리들"이라 한다는 사실이다. 이렇게 하여 16절부터 복음 앞에서 유태인과 이방인은 하나가 되어버린 것

3) 이미 모세와 족장 이야기는 스데반 설교에서 충분히 다뤘기 때문에, 누가는 출애굽 이후와 사사시대와 다윗왕의 이야기에 집중한다.

이다.

아쉬운 점은 개역개정을 보면 하나님이 이집트에서 종살이하던 이스라엘을 택하고, 그 백성을 높였다고 번역한 17절 후반부이다. 높인 것이 아니라 현대인의 성경이나 NIV, NLT처럼 "그들을 큰 민족이 되게 했다", 혹은 "번성케 하여 큰 나라가 되게 했다"는 의미다.

그 후에 그들을 출애굽시킨 것도 하나님의 큰 권능으로 인도해 내신 것이라 한다. 문제는 잘난 것이 하나도 없는 정도가 아니라 비참한 노예생활을 하던 그들을 축복해 아브라함에게 약속하신 것처럼 큰 민족을 이루게 해주고 은혜로 인도해 꺼내주셨더니, 오늘날 은혜 타령하는 교인들이 그렇듯이 그에 합당한 삶을 살지 않고 하나님 아버지의 속을 썩이는 것이다.

18광야에서 약 사십 년간 그들의 소행을 참으시고,

성경은 하나님께서 광야에서 그들의 소행을 40년이나 참으셨다고 한다. 참 대단하시다. 그래서 우리는 주님을 은혜의 주님이요 사랑의 하나님이라 부르는 것이다. 나는 28년밖에 목회를 안했지만, 목사인 내가 봐도 존경스러운 성숙한 성도도 많지만, 자기가 뭐나 된 것처럼 목사 머리 꼭대기에 올라 앉아가지고 판단하며 이러쿵저러쿵 하는 사람들과 주변의 형제자매들을 힘들게 하고 상처 주는 어른아이들(kidults)도 보았다. 어떨 때는 하나님은 왜 저런 사람을 안 데려가고 정말 착하고 훌륭한 사람을 일찍 데려가시는 것일까 의문이 들 때도 있었다. 그럴 때마다 나 같은 죄인 중 괴수도 참아주시고, 이스라엘 사람들의 소행을 40년이나 참으신 주님을 생각하면 할 말이 없어 입을 다물게 된다. 그런데 광야 40년이 전부가 아니었다.

[19]가나안 땅 일곱 족속을 멸하사 그 땅을 기업으로 주시기까지 약 사백오십 년간이라.

그 "일곱 족속"은 『신명기』 7장 1절을 보면, "네 하나님 여호와께서 너를 인도하사 네가 가서 차지할 땅으로 들이시고, 네 앞에서 여러 민족 헷 족속과 기르가스 족속과 아모리 족속과 가나안 족속과 브리스 족속과 히위 족속과 여부스 족속 곧 너보다 많고 힘이 센 일곱 족속을 쫓아내실 때에"라고 그 이름이 나온다. 앞에서도 말했듯이 내가 보기에는 멸망시킬 사람은 가나안 땅 일곱 족속만이 아니라, 의심하고 불평하고 모함하고 하나님 속을 무던히도 썩인 이스라엘인 것 같은데, 하나님은 언약을 맺으셨기에 이스라엘을 길이 참으시고 광야의 40년이 아니라 약속한 땅을 주시기까지 450년을 참으셨다. 이집트에서 400년, 광야에서 40년, 그리고 가나안 정복기 10년을 합쳐 총 450년을 참으시고 이스라엘의 조상과 맺으신 약속을 지키신 것이다. 참 대단한 은혜와 오래 참으심이다. 이런 사도 바울의 공적 첫 설교를 들으며 우리는 몇 가지 감사가 떠오른다. 첫째는 믿는다는 우리들의 이 한심한 소행을 보고도 길이 참아주시니 감사하다는 점이다.

☞ 우리의 소행을 길이 참아주시는 하나님께 감사하자(18,19).

주님은 길이 참고 우리가 자신의 원하는 대로 가는 것을 또 참아주셨다. 그것이 20절이다.

[20]그 후에 선지자 사무엘 때까지 사사를 주셨더니.

사사는 정복 전쟁 중에 승리를 하며 권력을 갖게 되어 통치자가 된 강력한 지도자들이었는데, 하나님께서 주시고자 했던 것은 사실 이런 군 출신 통치자가 아니라, 사무엘 같은 하나님의 종 선지자였다.[4] 선지자를 통해 하나님 말씀으로 지도하고 인도받는 나라였다. 그런데 사람들은 주변 나라들처럼 강력한 왕을 원했다. 그것이 비극의 시작이었다. 온유하고 겸손한 말씀의 종 선지자나, 예수님처럼 온유하고 겸손히 나귀를 탄 메시아보다는 강력하게 자신들을 휘둘러줄 왕을 원하는 것이 오랜 노예생활에 인박힌 사람들의 습성이다.

> 21그 후에 그들이 왕을 구하거늘, 하나님이 베냐민지파 사람 기스의 아들 사울을 사십 년 간 주셨다가.

사사시대에 고생을 하게 되자, 『사무엘 상』 8장 5-6절을 보면, 이스라엘 원로들은 주변 강대국처럼 왕을 세워 우리를 다스리게 해달라고 조른다. 사무엘은 그것이 잘못된 것임을 알았으므로 하나님께 기도했다. 그러자 하나님은 백성들이 원하는 대로 해주라고 하신다(삼상 8: 7-8). 그러면서 그들이 너 선지자를 버린 것이 아니라, 나를 버려, 하나님을 그들의 왕이 되지 못하게 하려는 악함이 있다고 지적하셨다. 애굽에서 구원해줘도 세상 신을 섬기던 오래된 악습으로 행하는 것임을 분명히 밝히신다. 그리고 그들이 원하는 왕을 세워주되, 그게 무슨 의미인지를, 왕 제도에 대해 알려주

---

4) 삼상 3: 20은 단에서 브엘세바까지 온 이스라엘이 그를 하나님이 세워주신 선지자인 것을 알았다. 삼상 3: 1처럼 여호와는 실로에서 사무엘에게 말씀으로 자신을 계시하셨다.

라고 하신다(삼상 8: 9-10). 안타깝게도, 그들이 욕심으로 세운 왕은 결국 자신의 욕심으로 백성들을 전쟁터로 내몰고, 땅을 자기 것으로 삼은 후 농사에 부려먹고, 무기를 만드는 일에 부려먹고, 사람들이 땀 흘려 얻은 것을 세금으로 거둬 자기에게 충성하는 신하들에게 나눠주고, 백성의 딸들을 데려다 종으로 부려서, 결국 너희는 왕의 노예가 될 것이라고 선언하는 것이 『사무엘 상』 8장 17절이다. 애굽 파라오의 노예로 살던 사람들을 해방시켜 주었더니, 결국 자기네들이 원하는 강력한 카리스마를 가진 왕을 세우고 그 노예로 다시 돌아간 것이 이스라엘의 어리석음이다. 그것이 잘난 사울이 왕이 되어 40년간 통치한 결과였다. 그 결과 하나님은?

> 22폐하시고, 다윗을 왕으로 세우시고 증언하여 이르시되, 내가 이새의 아들 다윗을 만나니 내 마음에 맞는 사람이라. 내 뜻을 다 이루리라 하시더니.

사울이 하나님의 명령을 따르지 않고 어리석은 짓을 계속하자 하나님은 사울을 폐하시고(삼상 13: 13-14), 힘없고 약한 백성들의 신임을 얻었던 다윗을 왕으로 세우신다.

다윗은 그 아들 솔로몬이 보기에도 하나님 마음에 합한 삶을 산 사람이었다. 하나님께서 다윗을 기뻐하셨던 이유는 무엇 때문이었을까? 그 까닭을 『열왕기 상』 3장 6절은, "이르되, 주의 종 내 아버지 다윗이 성실과 공의와 정직한 마음으로 주와 함께 주 앞에서 행하므로 주께서 그에게 큰 은혜를 베푸셨고"라고 말한다. 『열왕기 상』 9장 4절에서는, "네가 만일 네 아버지 다윗이 행함같이 마음을 온전히 하고 바르게 하여 내 앞에서 행하며,

내가 네게 명령한 대로 온갖 일에 순종하여 내 법도와 율례를 지키면"이라고 밝힌다. 하나님은 다윗이 성실과 정직과 겸손한 자세가 있어서 그를 통해 "내 뜻을 다 이루겠다"고 하셨다.

우리는 이스라엘의 불순종에도 불구하고 22절처럼 성실하게 자신의 뜻을 이루고자 하시는 하나님께 감사해야 한다. 그런 감사가 있는 사람은 어떻게 사는가?

36절에 가서 사도 바울은 다시 다윗왕의 이야기를 꺼내는데, 그 이유는 무엇 때문인가?

> 36전반부 다윗은 당시에 하나님의 뜻을 따라 섬기다가.

다윗은 자기의 꿈을 이루기 위해 열심히 일했던 여느 지도자들과 달리, 하나님의 뜻을 따라 섬겼다는 점을 주목하자. 이 부분을 원문의 의도를 살려 번역하면, "다윗은 그의 시대를 향한 하나님의 목적을 위해 섬기다가"가 더 좋을 것 같다. 다윗이 훌륭한 것은 자신의 시대를 향한 하나님의 뜻과 목적을 이루기 위해 최선을 다 했다는 점이다. 그래서 하나님께서 기뻐하셨다. 우리도 그렇게 살아야 한다. 이스라엘의 참람한 소행에도 불구하고 아브라함과의 언약에 신실하신 주님을 보며 우리는 두 번째 감사를 드리지 않을 수 없다.

☞ 우리의 불순종에도 불구하고 하나님의 뜻을 행하시는 주께 감사하자 (22, 36).

22절에서 하나님은 "내 뜻을 다 이루겠다"고 하셨는데, 그것은 다윗왕 당대에 어떤 성과를 내겠다는 것이 아니었다. 유한한 호흡을 가진 다윗은 곧 죽었기 때문이다. 그러면 무엇을 이루겠다는 것일까?

> [23]하나님이 약속하신 대로 이 사람의 후손에서 이스라엘을 위하여 구주를 세우셨으니 곧 예수라.

그것은 후손 예수 그리스도 메시아를 통해 이스라엘을 다시 구원해 내시고, 하나님의 말씀으로 다스리고 인도하시는 것이었다. 하나님이 이스라엘의 왕으로 다스리려던 원래의 계획을 다시 시행하여, 예수님이 새 이스라엘의 왕으로 다스리게 하셨다. 다윗이 받은 축복이란 그 예수를 다윗의 후손에서 나게 하신 것이었다. 다윗 자신의 당대에 어떤 업적을 남기는 것이 축복이 아니라, 그의 후손에서 세상을 구원할 지도자가 나오는 것이 참된 축복이었다.

이스라엘이 그런 왕이신 예수님을 뵙기 전에 먼저 보내진 특사가 세례 요한이었다.

> [24]그가 오시기에 앞서 요한이 먼저 회개의 세례를 이스라엘 모든 백성에게 전파하니라. [25]요한이 그 달려갈 길을 마칠 때에 말하되, 너희가 나를 누구로 생각하느냐? 나는 그리스도가 아니라. 내 뒤에 오시는 이가 있으니, 나는 그 발의 신발끈을 풀기도 감당하지 못하리라 하였으니.

수많은 사람들이 몰려오고 환호를 받고 인기가 높았던 목회자 세례 요한

이, 나는 그리스도가 아니라고 말하는 것은 그리 쉬운 일이 아니었다. 그는 자신이 왕이 아님을 분명히 밝혔다는 점이 훌륭하다. 자신의 분수를 알고 내 뒤에 오실 참된 왕이신 주님께 온전히 영광을 돌리는 사람, 그것이 참된 하나님의 종인 것이다.[5)]

이제 26절부터 사도 바울의 설교 2부가 "형제들아"란 호칭으로 시작된다.

> 26형제들아, 아브라함의 후손과 너희 중 하나님을 경외하는 사람들아,
> 이 구원의 말씀을 우리에게 보내셨거늘, 27예루살렘에 사는 자들과 그들
> 관리들이 예수와 및 안식일마다 외우는 바 선지자들의 말을 알지 못하므
> 로 예수를 정죄하여 선지자들의 말을 응하게 하였도다. 28죽일 죄를 하나
> 도 찾지 못하였으나 빌라도에게 죽여 달라 하였으니, 29성경에 그를 가리
> 켜 기록한 말씀을 다 응하게 한 것이라. 후에 나무에서 내려다가 무덤에
> 두었으나.

바울의 설교 2부는 "아브라함의 후손이라고 자랑하는 유태인들아, 그리고 하나님을 믿는 기특한 이방인들아, 하나님은 이 구원의 말씀을 전하기 위해 우리를 보냈다"는 내용으로 시작한다. 그러면서 하나님의 구별된 성지 이스라엘에서, 그것도 성전이 있는 예루살렘에 산다는 유태인들이, 게다가 주일마다 신앙고백을 하고 성경을 매일 읽고 암송하지만 그 말씀과 매일

5) 지금까지 살펴본 사도 바울의 첫 설교 전반부는 어떤 면에서는 스데반의 구원사 요약 설교(7: 2-47)와도 비슷해 보이지만, 스데반과 달리 12조상과 모세에 대해 별로 언급하지 않고 이스라엘을 향한 하나님의 선택은 사사로, 왕으로, 결국 메시아 예수님에게로 이어짐을 지적하며 이스라엘과 교회 사이의 연속성을 강조한다는 점에서 차별성을 갖는다.

열심히 듣는 설교가 무슨 소리인지도 알지 못해 예수님을 제대로 믿지 않았던 것을 27절에서 지적한다. 이것을 누가는 "네가 보살핌 받는 날을 알지 못함을 인함이니라(눅 19: 44c)—현대인의 성경은 이것은 하나님이 너에게 찾아온 때를 네가 알지 못했기 때문이다. NIV: you did not recognize the time of God's coming to you"고 했다.

그렇다면 그들이 한 일은 무엇인가? 하나님이 보내신 종 메시아 예수를 제대로 알아보지 못하고 잡아 죽인 것이다(27절). 이유는 자기 신앙과 너무 다르고, 혁신적인 예수가 미워서 죽여 없애버리고 싶었는데, 따지고 보면 유대 율법상으로는 예수님에게 잘못이 없으니 정치 권력에 고소해 빌라도 총독에게 예수를 죽여 달라고 부탁하는 한심한 일을 범했다는 것이 28절이다.

그런데 이 모든 것이 "알지 못하므로"(27) 무지해서 한 일이지만, 하나님은 그것도 사용하셔서 자신의 일을 이루셨다. "성경에 그를 가리켜 기록한 말씀을 다 응하게 한 것"(29절)이다. 그런데 대반전이 일어났다.

> 30하나님이 죽은 자 가운데서 그를 살리신지라. 31갈릴리로부터 예루
> 살렘에 함께 올라간 사람들에게 여러 날 보이셨으니 그들이 이제 백성
> 앞에서 그의 증인이라. 32우리도 조상들에게 주신 약속을 너희에게 전파
> 하노니, 33곧 하나님이 예수를 일으키사 우리 자녀들에게 이 약속을 이루
> 게 하셨다 함이라. 『시편』 둘째 편에 기록한 바와 같이, 너는 내 아들이
> 라. 오늘 너를 낳았다 하셨고, 34또 하나님께서 죽은 자 가운데서 그를
> 일으키사 다시 썩음을 당하지 않게 하실 것을 가르쳐 이르시되, 내가 다
> 윗의 거룩하고 미쁜 은사를 너희에게 주리라 하셨으며, 35또 다른 『시편』
> 에 일렀으되, 주의 거룩한 자로 썩음을 당하지 않게 하시리라 하셨느니

라. [36]다윗은 당시에 하나님의 뜻을 따라 섬기다가 잠들어 그 조상들과 함께 묻혀 썩음을 당하였으되, [37]하나님께서 살리신 이는 썩음을 당하지 아니하였나니.

예수 복음의 핵심으로 유대교 지도자들과 이스라엘 사람들, 그리고 이방 권력자의 합작으로 죽인 다윗의 후손 예수님을 죽음에서 부활(30)시킨 것은 하나님께서 구약에 약속한 일의 성취(35)임을 명확히 한다. 복음의 핵심과 구원의 완성은 제가 부활절 설교에서 강조했듯이, 예수 따라 살다가 십자가에서 죽는 것이 끝이 아니라, 부활에 있다. 34절에서 보듯 다윗도 거룩하고 신실한 은사 가운데 있었고, 『시편』 16편 10절처럼 스올에 버려지지 않고 멸망시키지 않을 약속을 받았지만, 그럼에도 불구하고 그는 죽어 조상들에게 더해졌고 결국 썩음을 당했다. 그 약속은 다윗의 후손으로 나신 천지의 주재 예수님에서 성취되는데, 예수님은 다시 살아나셔서 영원히 썩음을 당하지 아니하셨다. 그래서 예수님에게는 무덤이 남아 있지 않은 것이다.

교회의 한 성도의 9살 짜리 아들이 스케치북에 연필로 써서 성경퀴즈 책을 만든 것을 보았다. 첫 페이지 지시문은 "주기도문을 3번 읽고 시작하시오"였다. 문제를 보면, Q1 "십계명을 보관하는 것은?"이었고, 답지는 1. 택배상자, 2. 우체통, 3. 언약궤에서 고르는 것이었다. 두 번째 질문인 Q2는 "모세가 건넌 물의 이름은?"인데, 답지는 1 홍해 2 항해 3 한강 4 호수 5 아리수였다. 하나만 더 보면, Q3 "예수님이 십자가에서 돌아가시고 무슨 일이 생겼나요?"인데, 선택할 답지는 "1. 뼈만 남으셨다. 2. 그대로 있으셨다. 3. 부활하셨다"에서 고르는 것이었다.

9살 아이도 빈 무덤과 부활이 기독교의 핵심 진리임을 아는데, 이것을 여러분은 믿는가? 그리스도인들은 그 일에 증인이 되었다(31).

38절에서 시작하는 사도 바울의 첫 설교의 셋째 단락은 권면으로 결론을 맺는다.

> [38]그러므로 형제들아, 너희가 알 것은 이 사람을 힘입어 죄 사함을 너희에게 전하는 이것이며, [39]또 모세의 율법으로 너희가 의롭다 하심을 얻지 못하던 모든 일에도 이 사람을 힘입어 믿는 자마다 의롭다 하심을 얻는 이것이라.

우리는 그 분을 힘입어 죄 사함을 받는다. 문제는 뭐가 죄인지도 모르는 것이다. 지적당했을 때 열 받는 것도 우리의 죄성 때문이다. 모세 율법으로는 누구나 온전히 의롭다 하심을 받지 못하던 이 모든 일에 예수님을 통해 우리는 의롭다 하심을 받을 수 있는 길이 열렸다. 예수님을 통한 죄 사함을 받을 때 하나님과의 관계가 바로 세워지고 우리는 의의 삶으로 들어서게 되는 것이다.

지금까지 우리는 이 귀한 복음을 그토록 완강하게 거부하고 거절해도, 우리에게 끊임없이 찾아오시고, 전하시고(32, 38), 가르치시고(34), 종을 보내시고(26), 부활하신 주를 보이신(31) 주님의 그 끈질긴 사랑을 보았는데, 감사하지 않을 수 없다. 그러므로 마지막으로,

☞ 우리에게 계속 복음을 알리고 전파하시는 주님께 감사하자(26, 31, 32, 34, 38, 38).

문제는 그래도 믿기를 싫어하는 완악한 사람들이 있다는 것이다. 『요한계시록』을 보면 7가지 재앙을 3세트로 계속 보내도 끝까지 회개하기를 거절하는 악의 무리들이 있다. 그러나 조심해야 할 것이다.

사도 바울의 설교의 마지막은 그들에게 경고와 속히 돌아설 것을 촉구하며 마친다.

> 40그런즉 너희는 선지자들을 통하여 말씀하신 것이 너희에게 미칠까
> 삼가라. 41일렀으되, 보라. 멸시하는 사람들아, 너희는 놀라고 멸망하라. 내가 너희 때를 당하여 한 일을 행할 것이니, 사람이 너희에게 일러줄지라도 도무지 믿지 못할 일이라 하였느니라 하니라.

참으로 답답한 것은 귀한 복음을 들려줘도 어떤 사람은 여전히 비웃고 멸시한다[6]는 것이다. 그러면 그 복음을 믿지 않고 비웃는 사람들은 어떻게 될까? 『하박국』 1장 5절을 인용한 41절처럼, 놀란 다음에 멸망할 것임을 예언한다. 예수의 복음을 멸시하는 사람들은 결국 멸망하게 될 것이므로, 그 멸망의 자리에 들어가지 않도록 조심해야 함을 경고하는 것이다.

이처럼 애절한 사도 바울의 이방인을 향한 이 첫 설교를 제대로 들었다면, 우리는 이제 어떻게 반응해야 하는가?

---

6) 이 부분은 합 1: 5을 인용한 것인데 '멸시하는 사람들'이라는 부분은 히브리어 '마소라판'에 없고 '민족들 가운데서'로 되어 있다. 그러나 현재 우리가 갖고 있는 히브리어 구약성경보다 더 오래된, 누가 당시에 쓰던 헬라어 번역본인 70인역이나 쿰란에서 발굴된 고대 히브리어 합 1: 5을 보면 행 13: 41처럼 '멸시하고 비웃는 사람들'에게 하나님께서 하바국을 통해 메시지를 주신 것으로 되어 있고, 바울은 그 말씀을 인용해 비시디아 안디옥 사람들에게 선언한 것이다.

어서 돌아서야 할 것이다. 이 끈질긴 구애를 하시는 하나님의 사랑 앞으로 돌아와야 할 것이다.

영광스러운 일을 위해 즐거이 핍박을 감수하다

(행 13: 42-52)

가톨릭이나 에큐메니컬의 성례전 중심의 예배와 달리 개신교 예배는, 주의 만찬을 무시하지는 않지만 말씀/설교가 예배의 중심이 된다는 점은 분명하다. 그러다보니 신앙생활에서 설교에 의지하는 폭이 과도하게 커졌다.

성도 여러분들은 어떤 설교를 좋아하는가? 쉬운 설교, 감동적인 스피치, 무엇보다 짧은 설교? 사실 지난주에 본 『사도행전』 13장 13-41절의 바울의 첫 설교는 상당히 길고 어려운 편이었다. 저도 나름 쉽게 설명하려고 애를 썼지만, 우리처럼 신앙 있다는 기독교인들에게도 길고 어렵다고 느낄 수밖에 없는 내용이었다. 그런데 42절과 44절을 보면 놀라운 점이 있다.

> 42그들이 나갈새, 사람들이 청하되 다음 안식일에도 이 말씀을 하라
> 하더라. 43회당의 모임이 끝난 후에 유대인과 유대교에 입교한 경건한 사
> 람들이 많이 바울과 바나바를 따르니, 두 사도가 더불어 말하고 항상 하
> 나님의 은혜 가운데 있으라 권하니라. 44그 다음 안식일에는 온 시민이
> 거의 다 하나님의 말씀을 듣고자 하여 모이니.

회당예배를 마치고 나오던 사람들은 놀랍게도 바울의 이 길고 어려운 설

교를 더 듣고 싶어 했고, 다시 듣고 싶어 했다. 그래서 다음 안식일에도 와서 말씀을 전해달라고 부탁했다.

그들은 관심만 가진 것이 아니다. 바울의 설교를 더 듣고 싶은데, 어떻게 다음 주까지 기다릴 수가 있겠냐며, 43절을 보면, 바울과 바나바를 따라갔다. 여러분은 정말 제대로 된 복음을 듣고자, 이 사람들처럼 하나님의 말씀을 따라가 본 적이 있는가?

나도 처음 예수 믿고 너무 말씀이 듣고 싶어서 주일 저녁예배까지 드리고 집에 갈 때 벽의 게시판에 가서 수요일 설교 본문과 제목을 수첩에 적어가지고 갔다. 그리고 그 본문을 읽고 또 읽고, 이런 제목으로 어떤 말씀을 하실까 생각해 봤다. 그리고 수요일 설교를 들으면 생각하지 못했던 해석과 말씀에 감격했고, 수요일 예배를 마치고 집에 갈 때 다시 게시판에 가서 희미한 불빛인데도 주일 설교 본문과 제목을 적어갔다. 그리고 3일을 기다리는 것이 너무 힘들었다. 이 본문으로 뭐라 설교하실지, 이 본문의 뜻이 무엇인지, 말씀을 사모하며 하루하루를 목마르게 기다렸던 기억이 있다.

잘난 척한다고 오해할까 봐 잘 하지 않던 이야기인데, 도움이 되라고 잠시 이야기하겠다. 제가 평신도 제자훈련 사역자로 섬길 때였다. 수양회에 참석했던 형제 중 하나가 이야기 좀 하자고 하더니, 제 앞에 무릎을 꿇고 자기는 거제도였는지 남해안 어디에 있는 조선소에서 근무하는데, 자신을 제자로 삼고 오늘 들은 말씀처럼 훈련시켜 준다면 회사 때려 치고 올라오겠다고 해서, 어서 일어나라고 하고 난 그럴만한 사람이 아니니까 그러면 안 된다며 열심히 회사 다니며 증인으로 살라고 한 적이 있다. 나중에 목사가 되어 현재 28년 째 사역하지만 그런 열심을 가진 사람을 만나는 것은 정말 드문 일이다.

이 회당의 유대교인들 중 일부는 한 주를 더 기다릴 수 없어서 두 사도를 따라 나선 것 같다. 여러분은 그 정도로 말씀을 사모하고 따르려는 열심을 가져본 적이 있는가?

바울은 자신들을 따르는 사람들에게 바나바와 함께 가르치고 그들에게 무엇보다 하나님의 은혜 가운데 항상 머물라고 권면했다. 사실 그게 제일 중요한 것이다. 신앙생활의 핵심은 설교자를 따라다니는 것이 아니라, 하나님의 은혜 가운데 머무는 것이다.

이번에 조정민 목사님이 프랑스에서 열린 북아프리카 선교대회에 가셨다가 아파서 현지 병원으로 실려 가신 적이 있었다. 회복을 위해 열심히 기도했고 감사하게도 나아지셨지만, 잠시 이런 생각이 들었다. 만일 정말 조 목사님이 많이 아파서 1년 이상 사역을 쉬어야 한다면 우리 교회는 어떻게 될까? 제주도 베이스캠프 교회 설교하러 주일 강단을 한 달 비우는 것 말고 정말 주일과 주중 모든 강단을 1년 이상 비우게 된다면 우리 교회 교인들은 어떻게 반응할까 궁금해졌다. 정말 하나님의 은혜 가운데 머물며 그것으로 만족할 수 있을까?

본문을 보며 또 한 가지 놀라운 사실은, 유태인이 아닌 이방인 유대교 개종자들과 비시디아 안디옥 지역 이방인들까지 그 길고 어려운 설교에 환호하고 더 듣고 싶어 했다는 사실이다. 물론 일부 유대인들은 싫어하고 미워했지만, 사도 바울의 이 구속사적 설교에 관심을 기울인 사람들, 특히 이방인들은 정말 대단하다고 말하지 않을 수 없다. 왜냐하면 목사로서 내가 28년간 경험한 한국 교회의 모습은, 불신자들이 아니라 기독교인들이 더 쉽고 더 재밌는 것을 원하기 때문이다.

많은 교인들이 정말 하나님 말씀을 듣기 원한다고 하는데, 물론 우리 교회에는 감사하게도 그런 분들이 좀 있지만 사실 소수에 불과하다. 한국 교회 전체를 볼 때 본문에 나타난 하나님 뜻을 듣기보다는 대부분은 쉽고 재미있는 것, 그리고 감성적인 설교를 좋아한다.

저는 신학대학원에서 설교학을 가르치는 사람이다. 그런데 경영학을 가르친다고 회사 경영을 더 잘하는 것은 아니다. 박찬호 투수 코치가 박찬호보다 볼을 더 잘 던지고, 손흥민 선수 코치가 손흥민보다 그라운드에 세워놓으면 축구를 더 잘하는 것은 아니다. 그렇지만 어떻게 설교하는 것이 좋은 것인지 알기 때문에 신학생이나 목사들의 설교 코치로 섬기고 있다.

지금 하는 이야기는 이 교회의 목사로가 아니라, 설교학 교수로 말씀드리는 것인데, 사람들이 좋아하는 설교, 사람들이 많이 모이는 교회의 설교라고 더 좋다고 볼 수는 없다. 자주하는 비유지만, 전세계에서 음식 중 단일 품목으로 가장 많이 팔리는 것이 빅맥이지만, 그것이 가장 좋은 요리라고 말할 수 없고, 심지어 햄버거 업계 내에서도 빅맥이 제일 좋은 버거라고 할 수 없는 것과 마찬가지다. 2천 명이 되지 않는 우리 교회 설교가 2만 명 넘는 교회 설교보다 나쁘다고 생각하면 안 된다는 말이다. 입맛에 좋은 것도 중요하지만 영양가와 건강에 좋은 것이 더 중요하다. 그 말엔 동의하겠지만 큰 교회, 유명교회 목사님과 비교되면, 역시 큰 교회 그 유명목사 설교가 좋을 것이라고 여전히 여길 것이다. 설교자로서 그리고 설교를 가르치는 입장에서 볼 때 교인들은 자신들이 정말 하나님 말씀을 사모한다고 하지만, 어떻게 저런 설교를 들으러 계속 그런 교회를 다니는지 신기할 때가 많다.

그럼 왜 신학적으로도 불안하고, 목회학적이나 설교학적으로도 추천하기 힘든 설교에 여전히 사람들이 모일까? 설교는 본래 성경적인 진리와 사람이란 두 요소의 결합과 균형인 커뮤니케이션이다. 그런데 보통 사람들은 하나님의 진리 요소보다는 사람 측면이 강한 MSG를 많이 친 설교에 더 끌려간다. 물론 일부 열심당원들은 사람 측면은 무시하고 성경적 진리 측면만 지나치게 강조된 설교를 좋아하기도 한다. 그것도 좋은 설교는 아니다.

저는 여러분이 기독교인으로 평생 신앙생활을 해야 한다면, 참된 성경적 설교는 어떤 것일까, 그리고 우리는 어떤 말씀을 듣고 살아야 할지에 대해서는 분명한 안목을 갖기 바란다.

어쨌든 오늘 본문 42-44절에서 본 비시디아 안디옥교회의 이방인들의 모습을 통해 우리가 도전받게 되는 첫 번째 교훈은 무엇인가?

☞ 그리스도인은 재미있고 감동적이고 쉬운 이야기보다 참된 복음을 사모해야 한다.

복음을 전한 지 한 주 만에 바울과 바나바를 통한 참된 진리, 구원의 복음 소문이 퍼지면서, 44절처럼 온 시민이 하나님 말씀을 들으려고 모이는 사태가 발생했다고 누가는 기술한다. 한 회당에 전 시민이 다 들어갈 수도 없지만, 문제는 사도 바울과 바나바의 선교 사역이 이방인 사이에 그 정도로 놀라운 반응이 있었다는 것을 강조하는 누가의 기술 방식이다. 그럴수록 회당 중심 유대교의 중심에 있었던 기존 유대인들은 반발심을 갖기 마련이다.

45 유대인들이 그 무리를 보고 시기가 가득하여 바울이 말한 것을 반박하고 비방하거늘.

바울과 바나바를 통해 예수님의 복음이 전해지자, 엄청난 호응이 있었고, 사람들이 몰려들자 유태인들은 시기와 질투가 치밀어 올랐다고 한다. 그들이 기분 나빴던 것은 회당 밖 인물인 바울과 바나바를 중심으로 하여 예수님을 믿는 새로운 공동체가 크게 일어났다는 사실이다. 그렇다고 안식일에 유태인 회당에 나오던 유대교 신자들이 안 올 리는 없다. 그래도 바울 쪽으로 사람들이 많이 가는 것은 싫었다. 이처럼 하나님을 믿는다고 해도 시기 질투심이 있다. 자기를 중심으로 사람들이 모여야 하는데, 우리 교회 밖 사람인 바울과 바나바를 중심으로 사람들이 모이는 것이 싫었다. 그것이 죄 가운데 있는 인간의 모습이다. 그때 시기심으로 남을 끌어내리거나, 위협을 하거나, 비방으로 죄를 지으면 안 된다. 그런데 그들은 시기심에 사로 잡혀 바울과 바나바를 비방했다.

사실 따지고 보면, 그들이 비방한 것은 바울이 아니라, 바울이 전한 것, 즉 복음에 대한 거부였다. 45절은 그것을 정확히 지적하고 있다. "바울이 말한 것을 반박하고 비방하거늘." 그런데 성경적 원리에 의하면 바울이 전한 복음을 반박하고 비난하는 것은 예수님을 비방하는 것임을 알아야 한다. 그런 핍박이 있을 때 사도들은 어떤 반응을 보였는가?

> 46바울과 바나바가 담대히 말하여 이르되, 하나님의 말씀을 마땅히 먼저 너희에게 전할 것이로되, 너희가 그것을 버리고 영생을 얻기에 합당하지 않은 자로 자처하기로 우리가 이방인에게로 향하노라.

인간은 모두 누가 시기심으로 비방하거나, 공격해오면 불편한 관계가 싫기 때문에 꼬리를 내리거나 타협하기 마련이다. 그러나 바울과 바나바는 이것이 신앙의 이름으로 들어오는 사적인 감정인지 아니면 진짜 복음의 본질에 관련된 문제인지를 구별하고, 자신이 전한 것이 하나님의 말씀이면 전혀 주눅 들지도 타협하지도 않았다. 오히려 담대하게 말했다. "너희가 복음을 버리고 영생을 얻기에 합당하지 않은 자로 자처하고 있는 것"이라고!

그리고 이 구원의 복음, 하나님의 말씀은 먼저 택하셨던 유태인들에게 우선적으로 전했어야 했던 것임을 확인시켜준다. 그것은 하나님께서 그들의 조상 아브라함과 야곱과 다윗과 맺은 언약에 신실하시기 때문이다. 그런데 그들이 버리고 듣기를 거절했던 것이다. 그래서 이방인에게 간다는 것이다.

그렇다. 하나님이 어떤 사람은 지옥 불에 던져 넣기로 작정을 하신 것이 아니라, 유태인들과 귀부인들이 하듯이 그들 스스로가 심판을 선택한 것이다. 그러므로,

그리스도인은 핍박이 있어도 흔들리지 말고 하나님 말씀을 전해야 한다(46).

사도는 이제 이방인을 향할 것임을 분명히 밝힌다. 그러나 바울이 아무리 이방인의 사도로 부름받았지만, 이 언약적 관점과 먼저 유태인을 향했던 하나님의 사랑 이야기는 잊지 않는다. 동족 유태인의 구원을 위한 큰 근심과 끊이지 않는 마음의 고통을 『로마서』 9장에서 언급한 바 있고, 그래서 모세가 그랬듯이. 자신이 그리스도에게서 끊어질지라도 동족의 구원을 바란다고 『로마서』 9장 3절에서 말한다. 실제로 사도 바울은 기회만 있으면 유태인 동족들에게 복음 전하기를 포기하지 않는다(18: 4-6, 19; 19: 8 등).

바울은 이처럼 자신이 동족 유태인을 향한 안타까움을 가지고 있었지만, 동시에 『사도행전』 9장 15절에서 보았듯이 부활하신 주님께서 다마스커스로 가는 길에 자신을 찾아와 주시고 이방인을 위한 사도로 자신을 세우셨기에 이렇게 여러분에게 나오게 되었다고 증언한다.

> [47]주께서 이같이 우리에게 명하시되, 내가 너를 이방의 빛으로 삼아 너로 땅 끝까지 구원하게 하리라 하셨느니라 하니, [48]이방인들이 듣고 기뻐하여 하나님의 말씀을 찬송하며 영생을 주시기로 작정된 자는 다 믿더라.

그것은 곧 『이사야서』 49장 6절의 성취요, 『사도행전』 시작할 때 보았던 주님의 약속인 1장 8절의 성취로, 자신은 땅 끝까지 구원의 복음을 전하는 도구가 되었다는 것을 의미한다. 그 말을 듣고 이방인들은 자신들을 향한 하나님의 사랑으로 인해 너무 기뻐하며, 하나님의 말씀 곧 구원의 복음을 찬양하며, 즐거이 그 복음을 믿고 구원을 받는다.

이때 47절의 구원이 46, 48절에서는 영생으로 표현되었다. 구원을 영생[1]으로 말하는 것은 『사도행전』에서 이곳에만 나온다. 이때 "영생"이란 하나님의 생명인 불멸의 생명[2]이다.

그런데 48절 후반부는 흥미롭다. "영생을 주시기로 작정된 자는 다 믿더라." 이 말은 따지고 보면 복음을 들은 이방인들이 다 회심하지는 않았다는 말이다. 동시에 구원받게 예정된 사람들은 다 믿었다는 말이 되기도 한다.

그런데 칼뱅주의자들 중 특히 장로교인들 가운데 이 구절을 통해 구원은

1) 하예 올람, 하예 네사흐.

2) 동시에 최후의 완성이 이루어진 복된 시대의 삶이다.

선택과 예정에 의한 것임을 강조하다 보니 논리적 추론에 의하여, 선택받지 못한 자들은 다 지옥 갈 것으로 예정되었다는 생각을 하기도 한다. 이처럼 구원받을 것에 대한 예정뿐 아니라 그에 대한 반대 논리로 유기될 사람도 예정되었다는 이중예정교리는, 논리적 추론에 의해 잘못 만들어진 교리의 대표적 사례다. 성경을 해석해 교리를 세울 때 우리는 성경에 자명히 나타난 것만 가지고 해야지, 이렇게 논리적 추론으로 두 번째 교리를 만들면 안 된다. 이 구절의 포인트는 비록 복음을 거부하는 사람도 있어서 모두가 구원받는 것은 아니지만, 영원한 생명을 위해 예정된 사람들은 이방 땅에도 있고 그들은 즐거이 기쁨으로 그 복음을 수용했고 축복으로 들어갔는데, 이 일이 들불처럼 퍼져나가기 시작했다는 것뿐이다. 이 사실에 대한 묘사가 49절이다.

49주의 말씀이 그 지방에 두루 퍼지니라.

구원의 복음 즉 주님의 말씀이 그 지방 소아시아 남부에 두루 퍼져나가고 있음을 선언한다. 하나님의 구원이 땅 끝 곧 이방인에게도 두루 이루어졌다는 이 사실을 기뻐해야 하는데, 예정과 선택받은 민족이란 자부심을 가졌던 기득권자 유태인들은 그게 못마땅했다.

50이에 유대인들이 경건한 귀부인들과 그 시내 유력자들을 선동하여, 바울과 바나바를 박해하게 하여 그 지역에서 쫓아내니.

선민 유태인이 아닌 이방인도 구원받고 영생을 얻을 수 있다고 복음을 전한 것은 유태교인들에게는 기존 질서를 어지럽히는 것으로 받아들여졌다. 그들은 이런 사태를 일으켰다고 생각되는 사도 바울과 바나바를 몰아내기 위해 유대교로 개종해 회당에 출석하고 있던 이방 귀부인들을 통해 남편인 지역 유지들과 권력자인 친지들의 힘을 이용한다. 변화가 불편한 부유한 보수 기득권 세력은 항상 정치와 경제에 권력을 가진 사람들을 선동해 사도 바울과 바나바를 박해하고 쫓아낸다. 그것은 유태인 종교 지도자들이 이스라엘에서 정치적 권력가인 빌라도 총독을 선동해 예수를 죽인 것과 같은 패턴의 일이다.[3] 그러자 바울과 바나바는 어떻게 반응하는가?

> 51두 사람이 그들을 향하여 발의 티끌을 떨어 버리고, 이고니온으로 가거늘, 52제자들은 기쁨과 성령이 충만하니라.

결국 사도 바울과 바나바는 비시디아 안디옥 지역에서 추방을 당했지만, 그들은 그 일로 인해 낙심하거나 절망하지 않았다. 미움을 받고 내몰리는 일은 14장에 가서도 또 겪을 일이며, 복음의 증인이라면 앞으로 계속 겪을 일이다. 우리 주님은 심지어 십자가에서 죽임을 당하시지 않았던가?

그런 박해를 당할 때 바울과 바나바는 그 지역을 떠나며 신발의 먼지를 떨어 버렸다. 이 행동은 원래 유태인들이 이방인 지역에 갔다가 돌아올 때

3) 우리 성도 여러분들도 조심해야 할 것이 있다. 다 그런 것은 아닌데, 우리 교인들은 소위 강남 주민이다. 그런데 지금 우리나라 강남 지역 사람들이나 고대 근동이나 소아시아 비시디아 안디옥 지역의 귀부인과 유력자들은 50절에서 보는 것과 유사한 특성을 보일 수 있다는 사실을 우리 그리스도인들은 조심해야 한다. 특히 교회가 청담동에 있다 보니, 그런 눈초리로 보는 사람이 적지 않으므로 그런 오해 받지 않도록 항상 조심해야 한다.

부정한 땅의 먼지를 떨어내 자신들을 정결케 하던 것이다. 예수님은 『누가복음』 9장 5절에서, 복음을 전하러 제자들을 내보내시며, "누구든지 너희를 영접하지 아니하거든 그 성에서 떠날 때에 너희 발에서 먼지를 떨어 버려 그들에게 증거를 삼으라" 하셨는데, 그것은 구원을 제시했을 때 거절하는 것의 중대성과 그에 따른 관계의 단절과 심판을 선언하는 상징적 행위가 된다. 유태인 사도로서 바울이 회당의 유태인들에게 이런 행동을 한 것은 주님께서 그들을 이방인처럼 여기고, 회당을 부정한 이방 땅으로 여기는 것과 방불한 것이다. 이것을 유태인들에게는 매우 불쾌하고 큰 논란을 일으킬 만한 행동이다.

그런데 사도들이 비록 박해를 당하고 추방을 당했지만, 52절은 그들이 기쁨과 성령이 충만했다고 한다. 주님 위해 일하다가 욕먹고 쫓겨나는데 어떻게 기뻐할 수 있을까? 더 큰 하나님의 시각으로 살았기 때문이다. 그곳에서 거부당하면 이고니온 등 복음을 필요로 하고 들으려고 하는 사람들이 있는 다른 곳으로 가면 되기 때문이다. 이처럼 그리스도인이라면 환난과 핍박이 있어도 흔들리지 말고, 하나님 말씀을 전해야 할 뿐 아니라, 한 걸음 더 나아가,

⟰ 그리스도의 증인으로 살며 복음 때문에 핍박과 배척을 당해도 기뻐할 수 있어야 한다(51-52).

그런데 그것은 52절을 보면 성령이 충만할 때만 가능하다. 성령이 충만해야 어제와 오늘이 아니라, 종말의 시각으로, 이 땅의 시각이 아니라 하나님 나라의 시각으로 세상을 볼 수 있기 때문이다. 하나님께서 함께 하신다

면, 우리가 전한 복음을 통해 구원받는 사람들이 생겨서 감사하고 이 복음을 거절하면 심판이 임하지만, 그것도 하나님께 맡길 영역이고 우리를 써 주시는 하나님께 감사하고, 또 복음을 듣기 원하는 곳으로 가면 되니까 복음의 증인은 항상 기뻐할 수 있어야 한다. 그것이 성령 충만이다. 성령 충만은 황무지에서도, 박해 앞에서도, 우리를 하나님의 시각으로 기쁨이 넘치는 복음의 증인이 되게 한다.

뉴스를 보니 노량진 공무원시험 준비생들에게는 아직도 카스트 제도가 있다고 한다. 월세 얼마짜리에 사느냐에 따라 미니룸, 샤워룸, 원룸 족으로 서열 계급이 구분된다는 것이다. 제일 비싼 원룸에 사는 공시족들은 집 안에 샤워 시설과 화장실이 있는 상류층이고, 그 아래 샤워룸은 화장실은 없고 샤워실만 있고, 하층민 미니룸 족에겐 그 둘이 다 없단다. 불편하고 힘들어도 그런데서 청춘을 보내는 이유는 공시 합격 후의 영광 때문이다.

그들은 식사 시간을 제외하고 오전 7시부터 오후 11시까지 공부해야 붙는다는 14시간의 법칙에 따라 살며 마음이 흐트러지는 것을 막기 위해 책상머리에 이문열의『젊은 날의 초상』에 나오는 다음 문구를 붙여놓기도 한단다.

> "너는 말이다. 한 번쯤 그 긴 혀를 뽑힐 날이 있을 것이다. 오늘도 너는 열네 시간 분의 계획을 세워놓고 겨우 열 시간 분을 채우는 데 그쳤다. 이제 너를 위해 주문을 건다. 남은 날 중에서 단 하루라도 그 계획량을 채우지 않거든 너는 이 시험에서 떨어져라. 그리하여 주정뱅이 떠돌이로 낯선 길바닥에서 죽든 일찌감치 독약을 마시든 하라."

참 심한 저주다. 지금도 노량진에서 누군가는 그 공무원 시험 합격이란 영광의 날을 위해 그 힘든 공시족의 삶을 산다. 그 복된 날을 꿈꾸며 친구들과 부모친척의 압박에도 굴하지 않고 땀 흘리고 있다.

신자든 불신자든 인생은 결국 영광스런 미래를 위해 오늘의 환난과 핍박을 기꺼이 살아내는 것이라면, 이왕이면 없어지지 않고 사라지지 않을 영광을 위해 거는 것이 낫지 않겠는가? 바울과 바나바는 오늘 그것을 우리에게 보여줬다. 영광스런 복음의 증인으로 살기 위해 핍박과 환난과 쫓겨남도 즐거이 감수했던 것이다. 여러분에게도 세상이 알지 못하는 이런 기쁨이 있는가?

선동과 전도 사이에서

(행 14: 1-18)

어떤 일을 의논하다 보면 갑자기 엉뚱한 것을 물어보는 사람들이 있다. "혈액형이 뭐예요?" 제가 무슨 형이라고 하면, "그럴 줄 알았어" 하는 사람도 있고, 심지어 "아닌데 그거 아닐 텐데. 혹시 모르니까 다시 검사해 보세요" 하는 경우도 있다. 혈액형과 성격 유형에 대한 어떤 신념이 있어서 하는 말이다.

그들은 A형은 걱정을 심하게 많이 하고, 낯가림이 많고, 조심스러운 성격이라고 한다. B형은 성격이 급하고, 털털하고, 즉흥적이며, 마음가는 대로 행동하고, 호기심이 많고, 창의적이며, 활동적이고, 간혹 엽기적이라 한다. O형은 쾌활하고, 나서기 좋아하고, 솔직하며 수다스럽고, 서글서글하다고 한다. AB형은 지식에 대한 습득력이 좋아, 똑똑한 사람이 많고, 매사에 객관적으로 판단하며, 성격이 화통하고, 상대방을 잘 챙겨준다고 한다.

이런 혈액형별 성격 유형을 믿는 사람들은 인류의 1/4만 쳐도 15억에서 20억의 사람들이 같은 혈액형이라고 같은 성격일 것이라는 주장을 하는 셈인데, 정말 말이 안 되는 편견이다. 그래도 그들의 말은 재미로 하는 것이라고 하면서, "그럴 줄 알았어" 하는 것은 정말 그렇게 믿고 있다는 것이다. 그런 편견으로 사람을 대하면 안 된다.

그런데 오늘 본문을 보면 하나님을 믿는다면서도 편견을 가지고 사람을 판단하고, 자기 확신으로 주장을 펴고 사람을 몰아가는 사람들이 나온다. 어떤 면에서 그런 것인지 본문을 살펴보자.

오늘 본문은 전에 말했듯이 소위 사도 바울의 1차 전도 여행이란 여정 중에 일어난 한 사건이다. 13장에서 유태인들이 개종자 이방인 귀부인들을 통해 지역 유력자의 힘을 빌어 바나바와 바울을 추방할 때 그들은 발에 먼지를 떨어버리고 이고니온으로 향했다. 그것은 상징적으로 유태인과 복음의 결별을 뜻하지만, 그렇다고 이방인의 사도 바울이지만, 동족 유태인을 구원하는 일을 포기하지는 않는다.

> [1]이에 이고니온에서 두 사도가 함께 유대인의 회당에 들어가 말하니 유대와 헬라의 허다한 무리가 믿더라. [2]그러나 순종하지 아니하는 유대인들이 이방인들의 마음을 선동하여 형제들에게 악감을 품게 하거늘(14장).

1절에서 보듯, 이고니온으로 가서도 바울과 바나바는 다시 유태인 회당에 들어가 복음을 전한다. 그 결과 회당에 나온 많은 사람들이 예수님을 믿게 된다.

그런데 전도자, 증인의 삶은 평탄치 않다. 2절을 보면 13장 후반 비시디아 안디옥 회당에서 겪었던 것처럼 똑 같은 패턴으로, 유대인들은 이방인 귀부인들과 유력자들을 부추기고 선동하여 다시 사도들을 추방하고 핍박한다. 이것은 단지 두 사도만 겨냥한 박해가 아니라, 2절에 보면 우리의 형제들 즉 그리스도인들 모두를 향한 것이라고 말한다.

우리 성도들은 보통 하나님 잘 믿고 전도 잘하고 살면 하나님이 축복해

주셔서 만사형통하고 다 잘될 것이라고 생각한다. 그것도 일종의 편견이다. 현실을 보면, 복음이 더 선명하게 전해질수록 사람들은 주의 종에게 더욱 적대적이 된다.

그때 자기편을 옹호하는 것까지는 괜찮은데, 그것이 잘못 표현되면 상대편에 대한 미움과 증오로 바뀐다. 그것이 이 시대 우리 사회에도 만연한 문제다. 그런 적대감은 조금 시간이 지나면 폭력으로 변한다.

이처럼 바울과 바나바의 복음의 증인으로 사는 인생은 끊임없는 박해를 겪는다. 그러나 3장 후반부를 보면, "두 사도가 오래 있어 주를 힘입어 담대히 말하니"라 한다. 이번에는 사도들은 두려워하지 않고, 떨지 않고, 도망하지 않고, 그 자리에 남아 더욱 담대히 복음을 전한다.

성경을 보며 불신자도 아닌 하나님을 믿는다는 동족 유태인들에 의해 예수님도, 사도 베드로도, 이제는 사도 바울도, 미움을 받고 핍박을 받는지 나는 마음이 아프다. 그들은 하나님을 위한다는 명목으로, 신앙의 이름으로 박해를 가한다. 신앙이 그런 것을 막아주면 좋겠는데, 13장 50절에서도 보았지만, 하나님을 믿는다는 유태인들이 교회에 나온 이방인 귀부인들을 선동해 권력가들을 들쑤셔 사도들에게 악감을 품게 하고 핍박을 가한다. 그래서 이고니온으로 왔더니 또 그런다. 그들은 자신들 나름대로 종교적 확신을 가지고 하나님의 종들을 미워하고 죽이려고 하는 것이다. 그것은 일종의 편견인데, 편견 중 가장 무서운 것이 종교적 편견이고 그 다음이 정치적 편견이다. 우리는 주변에서 편견으로 가득한 사람들을 종종 본다. 청문회에서 문자 폭탄을 당한 사람들은, 자신들이 이전에 표창원 의원에게 이틀에 6만 개, 며칠 동안 30만 개 이상의 문자 폭탄을 보냈던 원조라는 사실을 잊고 있다.

어느 쪽이 옳고 어느 쪽이 그르다의 문제 이전에, 자신들이 하는 행동은 의로운 일이고, 남이 하는 일은 정치적이라고 쉽게 매도하는 우리의 모습을 돌아봐야 한다. 그런 편견에서 우리는 자유로울 수 없음을 알고 주의해야 한다.

사도 바울과 바나바를 매도하고 핍박하고 죽이려고 한 사람들도 원래 나쁜 놈들 악당들이 아니었다. 야훼 하나님을 뜨겁게 믿는 종교인들이었다. 그래서 사도가 하는 그리스도의 복음 전도가 자신들의 전통적 신앙과 다르기 때문에 그것은 잘못된 것이고, 그들을 몰아내기 위해 자신들이 하는 선동과 박해는 의로운 일이라고 생각했을 뿐이다. 이런 것을 보면 우리는 모든 집단행동을 조심해야 한다.[1)]

14장 2절뿐 아니라, 5절에서 보듯 사도들은 계속 박해를 당한다. 반대파들은 유대인뿐 아니라 선동을 당한 이방인과 관리들인데, 하나님의 종들을 모욕하고 돌로 쳐서 죽이려고 달려들었다. 이런 박해가 갈수록 심해지면 좌절하거나 낙심할 만도 하다. 그러나 그들은 포기하지 않는다. 또 다른 곳에 가서 복음을 전한다. 정말 대단하다. 6-7절을 보자.

> 6그들이 알고 도망하여 루가오니아의 두 성 루스드라와 더베와 그 근
> 방으로 가서, 7거기서 복음을 전하니라.

그곳을 피해 또 다른 지역 루스드라와 더베로 가서 끈질기게 복음을 전한다. 루스트라는 리가오니아 지방 이고니온의 남서방향 30km를 내려간

1) 베드로와 사도들을 죽이고 싶어 하던 공회원들에게 했던 행 5: 35에서 했던 유태 율법 교사 가말리엘의 충고가 지혜로웠던 것이다.

지점이고, 더베는 다시 루스드라 동남쪽 96km 지점으로 알려져 있다.

세상에서는 이렇게 박해가 계속되면 어떻게 하라고 훈계하는가? 소나기가 오면 처마 밑에 피했다가 비바람이 지나가면 나오라는 것이 세상의 교훈이다. 사람들은 비바람과 맞서는 건 바보라는 편견을 가지고 있다. 그런데 사도들은 그런 편견에 결연히 맞서 행동한다. 그렇다면 지금도 환난과 핍박 속에 살아야 하는 우리 그리스도인들에게 본문이 주는 교훈은 무엇인가?

ⓐ 비바람과 맞서는 것은 바보라는 편견을 넘어 담대한 증인이 되자 (1-2, 6-7).

환난과 핍박을 두려워하지 않고, 담대한 증인으로 사는 하나님의 사람들에게, 그렇다면 주님은 어떻게 행하셨는가? 3절을 보자.

> 3두 사도가 오래 있어 주를 힘입어 담대히 말하니, 주께서 그들의 손으로 표적과 기사를 행하게 하여 주사 자기 은혜의 말씀을 증언하시니.

핍박이 계속 오면 쓰러질 만도 한데 그들은 그렇지 않았다. 그들이 달라졌다. 탄압에 저항하고 버틴다. 어떻게 그것이 가능했을까? 그 비밀은 3장 전반부의, 오직 "주를 힘입어", 즉 주님을 의지하는 믿음으로 버티고 계속 복음을 전한 것이다.

그러자 하나님은 그들을 어여삐 여기셨다. 3장 중반부에서, "주께서 그들의 손으로 표적과 기사를 행하게 하여 주"셨다. 주님은 그들의 손을 통해 표적과 기사를 행하게 하셨는데, 그 이유는 무엇인가? 그 표적을 이용해 은혜의 말씀을 전하기 위해서다. 3장 후반부에서는 "자기 은혜의 말씀을 증언하시"었다. 하나님은 표적과 기사를 보여주심으로 그들이 하나님의 종임을 증거할 뿐 아니라, 하나님 자신의 은혜의 말씀을 증언하신다. 이처럼 표적과 기사의 목적은 기적 그 자체가 아니라 은혜의 말씀 증거다. 복음을 전할 때 박해가 강해지면 하나님께서는 더 강력하게 일하신다. 표적과 기사로 역사하신다. 그 기적을 통해 우리는 은혜의 말씀[2)]을 깨달아야 한다.

그런데 오늘 본문을 통해 우리는 믿는 자들이 종종 보이는 대표적인 편견 몇 가지를 볼 수 있다. 첫째는 세상을 둘로 나누는 것은 나쁘다는 편견이 있다. 먼저 4-5절을 보자.

> [4]그 시내의 무리가 나뉘어 유대인을 따르는 자도 있고, 두 사도를 따르는 자도 있는지라. [5]이방인과 유대인과 그 관리들이 두 사도를 모욕하며 돌로 치려고 달려드니.

사도들의 복음 증거는 사람들을 두 부류로 가른다. 무리는 유태인들 편과 사도들의 편으로 나뉜다. 유태인과 이방인으로 나누는 것이 아니라, 유태인들도 둘로, 이방인들도 둘로 나뉜다. 크게 보면 세상은 예수를 믿는 자들과 대적하는 자들로 양분된다.

문제는 나뉘는 것을 무조건 나쁘다고 생각하는 것이다. 중요한 것은 무엇으로 나뉘는가인데, 무조건 하나가 되지 못하고 나뉘는 것은 다 나쁘다

---

2) 13: 43에서도 바울은 자신을 따르는 사람들에게 사도들은 주님의 은혜 가운데 거하라고 하지 않았던가! 설교자를 추종할 것이 아니라, 하나님의 은혜가 어떻게 역사하는지를 깨달아야 한다고 했던 것처럼, 오늘 14: 3은 기적을 통해서 은혜의 말씀을 깨달아야 한다는 것이다.

는 편견이다. 점심 먹으러 중국집에 가면, 짜장면 먹고 싶은 사람도 있고, 짬뽕 먹고 싶은 사람도 있기 마련이다. 심지어는 볶음밥을 시키고 싶은 사람도 있다. 민주화가 되면서 요즘엔 좀 덜하지만, 전에는 그러지 말고 오늘은 짬뽕으로 통일하자고 부장님이 말씀하시면, 아무 말 못하고 다 그거 먹어야 했다. 요즘은 10명이 가면 조금 심하다 할 정도로 제각각 10가지를 시켜 먹는 세상이 되었지만 말이다. 나는 왜 그렇게 점심 메뉴도 "짜장면으로 통일!"을 주장하고 살았는지 생각해 본 적이 있다. 권위에 대한 도전이라고 볼까 봐 두려워서인가, 한 맺힌 분단국가의 설움인가? 사람들이 둘로 나뉘는 것은 무조건 나쁘다는 편견에서는 벗어나야 한다. 우리나라는 통일이 되면 좋겠지만, 사회적으로 획일화가 항상 좋고 둘로 나뉘는 건 악하다는 생각은 편견이다. 오늘 본문은 혼돈스런 세상에 진리가 선포될 때 세상은 항상 둘로 나뉜다는 점을 보여준다. 탐욕과 혼란의 세상에 진리가 선포되면 세상은 진리와 비진리로 나뉜다. 그것을 두려워하면 안 된다. 죄악이 만연한 세상에 구원의 복음이 선포되면, 복음은 세상과 사람들을 양분한다. 그것이 복음이 하는 일이다. 세상이 둘로 나뉘는 것을 두려워 말라.

그리고 우리는 종종 성경에 나타난 하나님의 복음과 하나님 그분 자신을 우리가 믿는 신앙의 열심이란 편견으로 한정지으려는 속성을 보인다. 거기에서 두 번째, 세 번째 편견이 발생한다.

둘째 편견은 '사도'라는 용어는 오직 예수님 살아계실 때 주님과 함께 먹고 자고 배웠던 12명에만 쓸 수 있는 용어이고, 그 이후에는 사도가 없다는 전통적 주장이다.

그런데 본문 1, 3, 4, 5절은 바울과 바나바를 '사도'라고 반복해서 부르고 있다. 다메섹 도상에서 부활하신 예수님을 만났다고 바울은 사도로 봐주는 척하는 사람들이 있지만, 성경은 바나바도 사도라 한다. 이것은 14, 26절에서도 마찬가지다. 12제자 외에 바울은 물론 바나바도 성경은 사도라 하고 사실 세심히 연구해 보면 더 많은 사람이 성경에서 사도라 불린다.

『로마서』 16장 7절은 "내 친척이요 나와 함께 갇혔던 안드로니고와 유니아에게 문안하라. 그들은 사도들에게 존중히 여겨지고, 또한 나보다 먼저 그리스도 안에 있는 자라"고 개역개정은 하는데, NIV 성경은 "They are outstanding among the apostles, and they were in Christ before I was"라 했고, 같은 방식으로 NRSV 성경도 "they are prominent among the apostles", 즉 "안드로니쿠스와 유니아는 사도들 중에서 뛰어난 자요"라고 했다. 12사도 외에도 다른 사도들이 많았고, 그 중에 안드로니쿠스와 유니아란 뛰어난 사도들도 있었다는 말이다.

그리고 『고린도후서』 8장 23을 보면, "디도로 말하면, 나의 동료요 너희를 위한 나의 동역자요, 우리 형제들로 말하면 여러 교회의 사자들이요, 그리스도의 영광이니라"라고 한 부분에서, "사자들"이란 단어가 바로 사도들(*apostoloi*)이란 말이다. 표준새번역으로 보면 "디도로 말하면, 내 동료요, 여러분을 위한 내 동역자입니다. 그리고 그와 같이 간 우리 형제들로 말하면, 그들은 여러 교회의 ⑦심부름꾼들이요, 그리스도의 영광입니다"고 했는데 "⑦심부름꾼들"이란 단어는 '사도들'이라고 주(註)에서 설명하고 있다. 디도와 동료들을 성경은 사도라고 부른다. 이처럼 석의적 근거도 없이 사도는 12제자에 한정되고 그들 이후에는 사도가 없다는 일부 목회자들의 주장은 편견일 뿐이다. 성경은 지금 살펴본 것처럼 성령을 힘입어 능력있게 복음을 전하고 교회를 세우는 사람들을 폭넓게 사도라고 한다. 따라서 우리는 전통적 신앙관이 제시하는 기준으로 판단하며 편견에 사로잡히면 안 된다.

오늘 본문에서 세 번째로 우리가 한정짓고 있는 편견은 복음 전도에 대한 개념과 관련된 것이다.[3] 15절 후반부에서 17절에 보면 하나님을 믿는다는 것이 무엇인지에 대해 훨씬 더 폭넓은 방식으로 사도는 전도 설교를 한다. 사도 바울의 전도는 신념에 따른 선동과 다르다.

13장의 비시디아 안디옥 회당에서 한 바울의 설교를 보면 이스라엘의 조상으로부터 예수의 복음이 어떻게 흘러온 것인지를 강조했는데, 오늘 루스드라의 이방인들과 제우스신전 제사장들에게 한 15절 후반부에서 17절에 이르는 바울의 전도 설교는 전혀 다른 방식으로 전해진다. 즉 이스라엘뿐 아니라, 온 세상의 창조주요 주관자요 공급자로 하나님을 소개하지, 대속적 구원의 중심인 메시아 예수의 십자가와 부활 사건에 초점을 맞추지 않는다. 왜 그렇게 했는지 그 이유는 『사도행전』 17장을 설교할 때 자세히 다루기로 하고, 오늘은 그 뛰어난 십자가와 부활의 복음 전도자인 사도 바울이 전한 복음은 우리가 한정짓고 있는 전도 메시지의 폭을 훨씬 뛰어넘고 있음만 지적하고 넘어가자.

지금까지 확인해 본 바에 의하면 우리는 선의로 할지 모르지만, 자신의 신념 혹은 신앙의 편견에 사로 잡혀 자신을 망치는 것은 물론, 다른 사람들까지 힘들게 하고 핍박하고 몰아내기도 한다. 그렇다면 성경은 우리에게 어떻게 살라고 권면하는 것인가?

3) 구약의 율법과 신약의 은혜의 복음을 지나치게 대비시키는 것도 성경신학적으로 문제가 있음을 이미 여러 번 말씀드렸었다. 또한 복음을 예수님의 대속적 죽음의 십자가로만 제한해 이해하고 있는데, 부활절 설교에서 보여드렸듯이 온전한 복음은 부활까지 전해야 한다.

내 신앙의 편견을 넘어 성경적 신앙을 가지자(4-5, 15b-17).

마지막으로 위대한 하나님의 종 사도 바울과 바나바가 행한 기적과 반응에 대해 살펴보자.

[8]루스드라에 발을 쓰지 못하는 한 사람이 앉아 있는데, 나면서 걷지
못하게 되어 걸어 본 적이 없는 자라. [9]바울이 말하는 것을 듣거늘, 바울
이 주목하여 구원 받을 만한 믿음이 그에게 있는 것을 보고, [10]큰소리로
이르되, 네 발로 바로 일어서라 하니, 그 사람이 일어나 걷는지라. [11]무
리가 바울이 한 일을 보고, 루가오니아 방언으로 소리 질러 이르되, 신들
이 사람의 형상으로 우리 가운데 내려오셨다 하여, [12]바나바는 제우스라
하고 바울은 그 중에 말하는 자이므로 헤르메스라 하더라. [13]시외 제우스
신당의 제사장이 소와 화환들을 가지고 대문 앞에 와서 무리와 함께 제
사하고자 하니.

비시디아 안디옥에서 복음을 전하다가 쫓겨난 바울과 바나바는 이고니온으로 가서 복음을 전했지만, 다시 핍박을 받아 목숨의 위협까지 받게 되자 루스드라로 가게 되었다고 했다. 거기에서도 사도는 복음을 전했는데, 예상치 못한 사람에게서 반응이 일어났다. 이미 바울이 설교할 때마다 그렇게 오래 하나님을 믿었다는 유태인들과 하나님 믿겠다고 개종한 그 지역의 귀부인들은 바울을 미워하고 핍박하고 몰아내 왔는데, 9절을 보면 나면서부터 앉은뱅이인 장애인 한 사람이 바울의 설교를 귀를 기울여 경청한 것이다.

베드로가 성전 미문의 앉은뱅이를 치유할 때, 그 유대인 거지는 베드로와 요한에게 무엇인가 돈을 얻을 것을 기대하는 마음으로 쳐다보았지만, 루스드라의 이 이방인 앉은뱅이는 바울이 전하는 예수님의 복음에 귀를 기울였다. 그래서 이 사람도 거렁뱅이였을 확률이 높은데 구걸하는 거지 표현을 안 쓴다. 거지도 유대인 거지가 나을 것이란 우리의 편견을 바닥부터 깬다.

그리고 9절은 바울은 복음을 경청하는 모태 앉은뱅이[4]를 지나치지 않았다고 한다. 그에게 구원 받을 만한 믿음이 있는 것을 간파한 바울은 그를 치유함으로 사도가 전한 복음의 의미와 구원의 최종적 권위를 증명하기 위해 기적을 베푼다. 10절에서 너무나 놀라운 도전을 했는데, "네 발로 바로 일어서라"는 것이었다. 안수기도를 해주고, 손을 잡아 일으켜 세우는 것도 아니고, 모태 앉은뱅이에게 당신 발로 바로 일어서라고 명한 것이다. 그러자 그가 벌떡 일어나 걸어다녔다. 그것은 유대인의 사도 베드로가 『사도행전』 3장 8절에서 성전 문 앞에 앉아 있던 앉은뱅이를 일으키자 "걷기도 하고 뛰기도 하며 하나님을 찬송했던 것"과 같은 수준의 완전한 치유라는 것이다. 『사도행전』 3장의 기적이 새 창조에 버금가는 기적이라고 당시 설교했었는데, 이제 그 기적이 이방인의 사도 바울의 복음 전도에서도 동일하게 나타나고 있다는 것이다. 이로써 하나님께서 유대인뿐 아니라 이방인에게도 동일하게 구원의 은혜를 베푸신다는 것이 눈으로 볼 수 있을 만큼 분명하게 증명되었다.

문제는 기적에 충격을 받은 이방인들은, 11절에서 보듯, 리카오니스티,

4) 우선 베드로가 성전 미문의 앉은뱅이를 치유한 것과 마찬가지의 기적임을 강조하기 위해 이 사람도 모태로부터 불구였음을 지적한다.

즉 그 지역 방언으로 신들이 사람의 형상으로 우리에게 내려오셨다고 소리치기 시작한 것이다. 오비드(Ovid)의 시에 나타난 그 지역 전승 그리스 신화를 보면 제우스와 헤르메스가 사람 모양으로 내려와서 자신들을 배신한 사람들을 멸하기 위해 홍수를 내리고, 자신들을 환영한 사람들에게는 산으로 피신하라고 알려줬다고 하는 얘기가 있다. 그 배경에서 나온 행동인 것 같다.

재미있는 것은 그 지역이 로마의 점령지인데도 쥬피터와 머큐리 대신 그리스신의 이름인 제우스와 헤르메스로 불렀다는 것과, 또한 치유의 능력을 발휘한 바울을 최고 신인 제우스로 부르지 않고 바나바를 제우스라 했다는 점이다. 이유는 아마도 기적도 놀랍지만, 바울의 설교를 듣고 감동하여 그를 신들의 전령 역할을 하는 신인 헤르메스로 여기고, 뒤에 점잖게 함께 하셨던 바나바를 제우스신으로 여긴 것 아닌가 추정된다. 그런 관점으로 이방인들은 바울과 바나바를 신으로 숭배하려고 했다. 도시 밖에서 도시 안으로 들어오는 쪽에 세워져 있던 제우스신전의 제사장은 13절에서 보듯 심지어 황소와 꽃들을 가지고 와서 사람들과 함께 제사를 드리고 싶어 했다. 사도 바울과 바나바는 어떻게 했나?

> 14두 사도 바나바와 바울이 듣고 옷을 찢고 무리 가운데 뛰어 들어가서 소리 질러 15이르되, 여러분이여. 어찌하여 이러한 일을 하느냐? 우리도 여러분과 같은 성정을 가진 사람이라. 여러분에게 복음을 전하는 것은 이런 헛된 일을 버리고 천지와 바다와 그 가운데 만물을 지으시고 살아계신 하나님께로 돌아오게 함이라.

유치하게 신전은 무엇이고 제사는 무엇이냐고 말하는 현대인들 가운데도, 여전히 자신이 신이 되고 싶은 사람들이 많다. "그는 흥하여야 하겠고 나는 쇠하여야 하리라"고 했던 세례 요한의 발자취를 성경에서 배운 그리스도인들도 여전히 스타가 되고 싶고, 남들에게 인정받고 싶고, 아니 그 이상 유명해져서 많은 팬클럽을 갖고 싶고, 수많은 사람들이 추종하는 왕이 되고 싶어 한다. 자기 이름을 딴 채플과 기념교회를 세우고 싶고, 동상을 세워주면 좋겠는데 사람들이 몰려와서 이렇게 알아서 숭배해주면 얼마나 좋겠는가? 그러나 두 사도는 그것을 단호히 거부했다. 아니 단순히 거부하는 정도가 아니라 14절을 보면 옷을 찢고 소리를 질렀다. 왜들 이러시냐고, 어찌하여 이런 일을 하냐고(15절)!

'그러면 안 되는데~' 하면서 은근히 즐기는 일부 목사들과 달리 그는 정말 너무 속이 상하고 화가 나서 적극적으로 말렸다. 이 대목에서 사도들은 신앙심 돈독한 우리 종교인들에게 매우 중요한 말을 남긴다. "왜 이런 짓을 합니까? 우리도 여러분과 같은 사람입니다!"

15절에서 "성정이 같은 사람"이라는 표현은 『야고보서』 5장 17절에서 가뭄에 비를 내리게 하고 반대로 멈추게도 하는 기도의 사람 엘리야도 우리와 성정이 같은 사람이라고 할 때도 사용된, 신이 아니라 똑같이 평범한 사람임을 강조하는 말이다.

실제로 사도가 전한 복음은 무엇인가? 15절 하반부 바로 이런 헛된 일을 버리고 하나님께로 돌아오게 하는 것이었다.[5] 그런데 왜 우리나라 대형교회 유명 목사들이 쉽게 상위 1% 못지않게 고급스럽고 거만해지고 교만해

5) 그래서 데살로니가 교인들에게는 이렇게 사역했다: 살전 1: 9b: "너희가 어떻게 우상을 버리고 하나님께로 돌아와서 살아계시고 참되신 하나님을 섬기는지."

지는 일이 자주 생길까? 자신을 신처럼, 제사장처럼, 왕처럼 행세하도록 교인들이 부추기는 것도 한 몫 한다. 우리 목회자들도 조심해야겠지만, 너무 쉽게 대하는 것도 문제지만 성도들도 목사를 신처럼 특별한 성직자로 여기면 안 된다. 목사도 똑같은 사람들이다. 영적으로 존중하지 말라는 말이 아니다. 그러면 성장하지 못한다. 존경하되 신처럼 여기면 안 된다는 것이다.

바울과 바나바는 또한 14절에 보듯이 소리치며 말리기 전에 사람들 사이로 뛰어 들어갔다. 거룩한 신은 더러운 죄인들과 구별되는 것인데, 바울은 무리들 사이로 일부러 뛰어 들어가서 자신들이 사람들과 구별되는 신적 존재가 아님을 강력하게 표현한 것이다. 이 사건을 보며 우리는 사도들의 자세가 세상 사람들과 너무도 다름을 보게 된다. 세상의 교훈은 "능력을 쌓고, 유명해지고, 성공하라. 그리고 물 들어올 때 노를 저어라, 그래야 뜬다"이다. 그러나 사도는 존귀와 높임 받는 것과 인생의 성공을 포기했다. 따라서 본문의 마지막 교훈은,

✎ 명성 얻는 것이 성공이라는 편견을 넘어 주님만 높이자(11-15).

16절에서 보듯 지금까지는 너희가 몰라서 그랬다고 해도, 내가 전한 이 복음을 들었다면 이제는 그러면 안 된다는 것이다. 그러며 18절에서 이렇게 마무리한다.

[18]이렇게 말하여, 겨우 무리를 말려 자기들에게 제사를 못하게 하니라.

이 얼마나 훌륭한, 참된 주의 종의 모습인가? 우리도 바울처럼 그렇게

살면 안 되겠는가?

그리 잘난 것도 없지만, 적어도 하나님과 피조물의 차이, 그 예의는 지켜야 하지 않겠나?

하나님 나라를 세우려면

(행 14: 19-28)

어제 뉴스에서 H치킨 회장에게 호텔로 끌려가던 여비서가 도와달라고 하자 호텔 문 앞에서 도와준 주부들 이야기를 보았다. 그런데 몰지각한 네티즌들에 의해 그 분들이 난데없이 꽃뱀 사기단이라는 비난과 모욕을 당했다고 한다. 친구들과 함께 좋은 일 했다고 생각했는데, 꽃뱀 사기단으로 매도당하고 창녀 등 욕설에 스트레스를 받아 잠도 못 잤다고 한다. 남편과 동생이 캡처한 악플이 며칠 새 A4용지 98쪽 분량이란다. "동생 같은 여자애가 다급하게 '도와주세요'라고 하는데 모른 채 지나칠 수는 없었다"고 했지만, 이런 일을 당한 후 지금은 "도와주고도 이런 피해를 보니 이제 도와줄 마음이 안 든다"고 했다. 바른 일을 하고도 욕을 먹으면 누가 어려움에 처한 사람을 돕고, 누가 정의로운 일을 하려고 하겠는가? 공개 석상에서는 아무 말도 못하면서, 뒤에서 혹은 익명성이 보장된 인터넷 상에서는 남의 인격을 모독하는 악플러들의 폐해는 연예인들만의 문제가 아니라 이제는 보통 사람들에게까지 광범위하게 퍼졌다.

이런 문제는 하나님 나라 확장을 위해 인생을 바친 사도와 복음의 증인들의 삶에서도 발생했다. 비시디아 안디옥에서 바울과 바나바를 쫓아낸 사람들은 이고니온까지 와서, 다시 선동해서 모욕을 하고 핍박을 하며 그곳에서도 사역을 못하게 몰아냈다. 이제 19절에서 보듯, 그 유대인들은 다시 루스드라까지 몰려와서 그 지역의 이방인들을 충동질하여 결국 바울 사도를 돌로 쳐 죽인다. 5절에서 돌로 쳐 죽이려다가 뜻을 이루지 못했는데, 그 증오심은 결국 19절에서 보듯 돌로 쳐 죽이는 일을 해내고야 만다.

> 19유대인들이 안디옥과 이고니온에서 와서 무리를 충동하니, 그들이 돌로 바울을 쳐서 죽은 줄로 알고 시외로 끌어 내치니라.

앉은뱅이를 일으킨 기적에 제우스와 헤르메스 신이라고 몰려들어 숭배하려는 사람들에게 자신은 여러분과 같은 인간이라며, 말리고 복음을 전했던 그렇게 훌륭한 참된 종을 세상은 담아두지 못한다. 미움이 발전하여 증오로, 증오는 결국 살인으로 증폭된다.

『히브리서』 11장 38절은 믿음의 사람들을 이야기하다가, "이런 사람은 세상이 감당하지 못하느니라"고 했는데, 과연 그렇다. 우리는 사람들이 참된 주의 종을 다 좋아할 것이라 생각하지만 현실은 그렇지 않다. 바울과 바나바를 증오한 사람들도 자칭 하나님을 잘 믿는 사람들 아니었던가? 우리는 참된 복음이 전파되면 사람들이 다들 좋아할 것이라고 생각하지만 그렇지 않다. 오히려 신앙인들이 더 불편해 하고 배척하게 된다. 도대체 왜 그럴까?

사람들은 하나님 나라에 들어가기를 원한다지만, 실상은 하나님의 다스림을 바라지는 않기 때문이다. 하나님 나라는 공의와 사랑의 하나님께서 다스리시는 곳이기 때문에 정의와 사랑이 요구되는데, 사랑은 믿지만 사랑으로 사는 것은 힘들어 하고, 정의는 주장하지만 정의로운 사회가 되기를 바라지는 않는 것이 하나님 믿는다는 죄인들의 본성이기 때문이다.

세상 사람들은 자기 실현을 통한 성공을 가장 가치 있게 여긴다. 내 힘으로 재산을 축적하고 세력을 쌓은 후, 더 많이 가진 사람이 더 많이 소비하는 것을 세상은 성공이라고 부른다. 『요한계시록』은 그런 세상을 바벨론 제국, 음녀라 한다. 그런 성공이 행복을 가져다 줄 것이라는 지극히 바벨론적 생각이 이제 기독교인들까지 지배하고 있다. 이와 같은 세속적 가치관은 하나님 나라의 가치와 대척점에 서 있는데, 성경은 그런 생각을 죄악에서 나온 것이라고 가르쳐주고 있다. 세상에서 성공했다는 사람들은 자신들이 잘 사는 것이 나라와 국민 모두가 잘 살게 만든다는 자기기만에 빠져, 대다수의 사람들을 착취하여 노예화시키고 비참하게 만드는데, 그 문제를 깨닫지 못한다. 사도는 그 문제점을 고발하고 그런 우상숭배적 삶에서 벗어나 나오라고 한 것이다.

성경적 신앙 즉 예수 믿음은 바로 그런 삶을 극복해 낸다. 성령의 충만을 받으면 증인이 되고, 『사도행전』 2장과 4장 등에서 보았듯, 자신의 재물을 사도들의 발아래 내려놓고 모두 함께 나누게 된다. 돈과 재물과 성공의 노예생활에서 벗어나 예수 믿는 형제자매들이 다 같이 자유로운 삶을 누리는 공동체가 세워지는 것을 『사도행전』은 반복해 보여준다. 그것이 사도행전 강해 1권의 주제였다.

문제는 예수 안에서 새로운 공동체 형성을 주장하는 바울과 바나바 같은 사람들이 항상 기존 유태인 종교인들에게 미움을 받고 배척을 당하며 하나님을 믿는다는 신앙의 이름으로 돌로 쳐 죽임을 당하는 위협을 겪기 마련이란 사실이다.

저를 아끼는 어떤 분들은 그래서 제게도 설교 중 잘못된 것을 너무 정확히 분명하게 말하지 말라고 조언해 준다. 한 명이라도 적을 만들지 말고 사람들과 잘 지내면 좋겠다고 한다. 그러나 30년 가까이 목회를 하면서 발견한 것이 있다. 사람들은 대충 얼버무려 말하면 자신들이 무엇이 잘못되었는지 알아듣지 못한다는 사실이다. 그들은 항상 교회를 다니고 설교를 듣지만 여전히 자신의 종교 속에서 안주해 살고 달라지지 않는다. 기분 상하게 하지 않는 듣기 좋은 설교를 하다가, 어쩌다가 신앙의 잘못된 점을 넌지시 이야기하면, 그것은 이단이나 잘못된 이상한 목사들의 문제라고 생각하지 자신들이 좋아하며 추종하는 목사들과는 아무 관련이 없는 남의 얘기로만 생각한다. 성도들의 잘못된 신앙과 죄를 넌지시 지적하면 그건 다른 이상한 교인들의 문제고 자신의 이야기라고 절대로 생각하지 않는다. 그래서 그 유명한 목사님들의 설교를 그렇게 오래 듣고도 달라지지 않은 것이다. 교인 자신들이 오랜 세월 찰떡같이 믿고 있던 것이 잘못임을 깨닫고 돌이키려면 구체적이고, 직접적이고, 자신들의 신앙생활과 직결되도록 적나라하게 구체적으로 지적해 알려줘야, 겨우 손톱만큼 알아듣는다. 더 큰 문제는 지적을 당하면 화를 내고 그 설교자를 미워한다는 점이다.

그러나 정말 잘못을 바로 잡으려면 『사도행전』 5장 3절의 베드로처럼 온전한 헌금을 하지 않는 교인에게, "아나니아야, 어찌하여 사탄이 네 마음에 가득하여 네가 성령을 속이고 땅 값 얼마를 감추었느냐"라고 소리쳐야 하고, 7장의 스데반처럼 신앙심 돈독한 사람들에게 "[51]목이 곧고 마음과 귀에 할례를 받지 못한 사람들아, 너희도 너희 조상과 같이 항상 성령을 거스르는도다. [52]너희 조상들이 선지자들 중의 누구를 박해하지 아니하였느냐. 의인이 오시리라 예고한 자들을 그들이 죽였고, 이제 너희는 그 의인을 잡아 준 자요 살인한 자가 되나니, [53]너희는 천사가 전한 율법을 받고도 지키지 아니하였도다"(51-53)라고 말해야 한다. 베드로도, 13장 26절의 바울처럼 "너희가 하나님이 보내신 메시아를 잡아죽였다"고 직설적으로 말했다. 바울은 13장 10절에서 "모든 거짓과 악행이 가득한 자요, 마귀의 자식이요, 모든 의의 원수여. 주의 바른 길을 굽게 하기를 그치지 아니하겠느냐"고 했고, 14장 15절에서 "이런 헛된 일을 버리라"고 했다.

저를 아끼는 사람들은 "당신이 바울이냐 예수님이냐? 왜 그렇게 설교하고, 욕을 먹느냐?"고 안타까워하지만, 그것은 베드로와 스데반과 바울에게 먼저 물어봐야 할 것이다. 나는 스데반과 베드로와 바울의 발끝도 따라갈 수 없는 작고 부족한 자임을 너무나 잘 안다. 그렇지만 저는 이 시간 여러분의 설교자일 뿐 아니라, 주께서 지난 28년간 사역을 하게 세워주신 목사이며 동시에, 다음 세대를 위한 목회자들을 훈련시키고 가르치는 신학교 교수다. 이단들뿐 아니라, 여러분이 좋아하는 어떤 목사가 잘못 가르친 것에 대해 비판하고 바로 잡으며, 그들의 책에서 잘못된 것이 있으면 학술지나 두란노 목회와 신학지 등의 요청에 따라 서평을 쓰기도 한다. 물론 나 역시 부족한 인간인지라 잘못 알기도 하고 틀릴 수도 있지만, 주께서 나를 부르시고 세운 것은, "너는 진리의 말씀을 옳게 분별하며 부끄러울 것이 없는 일꾼으로 인정된 자로 자신을 하나님 앞에 드리기를 힘쓰라"(딤후 2:15)는 말씀이 평생의 소명의 말씀이라는 것을 분명히 알기 때문에 좋건 싫건 그 일을 한다. 저도 인간인데 성도들에게 미움 받지 않고 아니 모두에게 인기를 얻고 다들 나를 좋아하게 만들면 좋겠지만, 일주일 내내 신학대학원에서 주야로 힘들게 가르치다가 피곤한데 이 자리까지 와서 인기 끌 설교나 하며 팬클럽 만들기 위해 아까운 시간을 낭비할 이유가 전혀 없다.

그러므로 제 설교 중 여러분이 옳다고 여기는 것에 대해 구체적으로 지적을 당하여 마음이 불편하고, 여러분이 좋아하던 교회나 목회자의 사역에 대해 뭐라 할 때 그냥 반발하고 미워하기 전에, 저 목사가 왜 저런 욕먹을 소리를 하는지 본문이 뭐라 하기에 그런 말을 하는지 한 번 생각해 보기 바란다. 나는 본문이 말하지 않는 것을 감정적으로 말한 적이 없다.

물론 말은 이렇게 하지만, 그렇게 말하는 결과가 무엇인지 모르는 바보도 아니다. 베드로처럼 고발당해 옥에 갇히고, 바울처럼 여기저기서 계속 쫓겨날 것이고, 스데반과 바울처럼 돌로 쳐 죽임을 당할 것이다. 그것이 십자가에서 처형당한 우리 주님 예수님의 길이기 때문에 주의 종들이 걸어야 할 길이지만, 그것은 너무나 고통스럽고 아픈 일이다.

19절처럼 그들은 예수님의 종 바울을 돌로 친 후, 죽은 줄 알고 도시 밖에 끌어내 버렸다.

> 20 제자들이 둘러섰을 때에 바울이 일어나 그 성에 들어갔다가 이튿날 바나바와 함께 더베로 가서.

그런데 제자들이 그를 둘러쌌다. 그들은 정신을 잃은 바울을 쳐다보며 "아휴 이 어리석은 양반아. 왜 그렇게 사니? 적당히 좀 하면 좋지 않겠니? 돌 맞지 말고 인기 있는 설교자로 큰 교회 세우고 존경받으며 살지"라 중얼거리며 구경만 하고 서 있지 않았을 것이라 생각한다. 당연히 복음을 전하다가 죽은 종 바울을 위해 제자들은 하나님께 간절히 기도했을 것이다. 그 자리에 작은 기적이 일어났다. 질적으로 근본적으로 다르지만 또 하나의 조그만 부활 사건 같은 것이 일어났다. 죽었다고 여겨 내다버린 바울이 일어난 것이다. 사도 바울은 살아나자 시내로 다시 들어갔다. 나 같으면 끔찍

하고 싫어서 침 뱉고 뒤돌아서고 싶을 그 도시로 다시 들어갔다. 그리고 이튿날 바나바와 함께 더베로 가서 또 전도한다. 정말 대단하다. 그것이 바울과 내가 다른 점이다.

> [21]복음을 그 성에서 전하여 많은 사람을 제자로 삼고 루스드라와 이고니온과 안디옥으로 돌아가서(14장).

이렇게 하여 바울의 1차 전도여행이 마무리되고 사도는 모교회가 있는 안디옥으로 귀환한다. 그런데 피곤하다고 직항을 타고 그냥 돌아가는 것이 아니라, 복음을 전했던 도시들을 하나하나 다시 경유해 그 먼 길을 돌아서 간다. 왜 그랬을까? 새로 세워진 교회들을 굳세게, 즉 성도들을 굳세게 하고, 신실한 믿음에 머물러 있으라고 권면하기 위해서였다. 지름길로 안디옥으로 그냥 가도 되는데, 자신을 박해하고 쫓아낸 기억이 아직도 생생한 루스드라와 이고니온과 비시디아 안디옥을 다시 들른다는 것은 정말 대단한 용기요 교회 사랑이 아닐 수 없다.

오늘 설교를 시작하며 치킨 회사 여비서를 돕다가 꽃뱀으로 몰려 욕먹고 인격적으로 무시당한 여자 분 이야기를 했다. 그런 어려움에 처한 사람에게 "왜 남의 일에 나서서 도와주냐?"고 조롱하는 사람들의 말이 과연 맞을까? 모두 그런 이기적인 태도로 살면, 과연 우리나라가 우리와 자식들이 살기 좋은 대한민국이 될 수 있을까?

우리 신앙인이 믿음으로 살려고 할 때, 하나님 나라에도 이런 문제가 발생한다. 타협한 설교자는 욕먹을 일도 없고, 언제나 환호와 추종자들이 들끓겠지만, 참된 복음을 전하려는 사람들에게는 끊임없는 박해가 있다. 나

같은 목사도 간혹 이 모든 것이 다 무슨 소용인가 하는 생각이 들고, 다 때려치우고 싶을 때가 있는데, 성도 여러분은 그런 경우 얼마나 극심한 스트레스를 받겠는가? 내 제자 중 한 사람이 말씀 묵상한 것을 페북에 올리자 성경 본문도 안 읽고 묵상 요약과 적용점만 읽고 엉뚱한 비방 댓글을 다는 사람도 봤다. 그래서 이제 안 올린다는 것을 아주 QT 잘 한 것이니까 좌절하지 말고 꾸준히 해보라고 권면했다. 이 세상 나라는 하나님 나라를 세우려는 주님의 사람들을 끊임없이 대적한다. 그럴 때 하나님의 사람들은 어떻게 해야 하는가?

오늘의 승리를 위해서는- 나부터 좌절하지 말고 인내해야 한다(19-21).

오해, 비난, 핍박에서 벗어나야 하는 것이 아니라, 좌절에서 벗어나야 복음의 증인으로 살 수 있다. 그리고 끈질기게 다시 복음을 들고 전도여행을 떠나야 한다.

지금까지 하나님 나라의 확장을 위해 영적 전투를 해야 할 하나님의 군사로서 우리는 오늘의 승리를 위해 각자가 어떻게 해야 할까를 살펴보았다면, 그럼 단기적 승리를 위해서는 어떻게 해야 할지 알아보자. 그것은 사도 바울이 본문에서 어떻게 했는가를 통해 알 수 있다.

사도 바울의 선교사역이 효과적일 수 있었던 이유가 21-22절에 나타나 있다.

> 21복음을 그 성에서 전하여 많은 사람을 제자로 삼고, 22제자들의 마음
> 을 굳게 하여 이 믿음에 머물러 있으라 권하고, 또 우리가 하나님의 나

라에 들어가려면 많은 환난을 겪어야 할 것이라 하고.

성공적인 선교는 어떻게 하는 것인가? 선교는 얼마나 많은 사람들이 비행기 타고 몰려가서 얼마나 많은 사람들을 모아 놓고 얼마나 큰 집회를 했느냐에 달려 있지 않다. 얼마나 많은 사람을 교회에 등록시켰느냐도 아니다. **선교의 성패는 얼마나 많은 사람들이 구원받고 변화되어 예수님을 따라가는 '제자'가 되게 했느냐에 있다.** 21절은 사도가 많은 사람을 제자로 삼았다고 한다. 이런 선교의 모본을 따라야 한다. 그리고 22절은 구원을 믿음에 머무는 제자의 삶을 통해 하나님 나라에 들어가는 것으로 묘사한다. **선교를 그저 천국 티켓 나눠주는 것이 아니라, 하나님 나라의 삶을 사는 제자의 길로 묘사하는 점에 주목하자.**

왜 믿음에 신실하게 머물러 있어야 하느냐면, 하나님 나라에 들어가기까지 세상은 우리들에게 많은 환난을 줄 것이기 때문이라 한다. 이 교훈은 사도 바울이 젊은 목회자 디모데에게 주는 말씀에 다시 나온다: "[11]박해를 받음과 고난과, 또한 안디옥과 이고니온과 루스드라에서 당한 일과, 어떠한 박해를 받은 것을 네가 과연 보고 알았거니와, 주께서 이 모든 것 가운데서 나를 건지셨느니라. [12]무릇 그리스도 예수 안에서 경건하게 살고자 하는 자는 박해를 받으리라"(딤후 3장).

환난에도 굴하지 말고 믿음에 머물라고 권면하며 제자들을 견고하게 세우는 것이 바울의 사역이었으므로, 그 자신도 1차 전도여행을 마치며 귀환할 때 그렇게 산 것이다.

[24]비시디아 가운데로 지나서 밤빌리아에 이르러, [25]말씀을 버가에서 전

하고 앗달리아로 내려가서.

사도는 전도여행을 마치며 돌아가는 길에 비시디아 지역을 통과해 밤빌리아에 이르러 버가에서 설교를 하고, 앗달리아에서 배를 타고 시리아 안디옥으로 갔다. 그리고,

27 그들이 이르러 교회를 모아 하나님이 함께 행하신 모든 일과 이방인들에게 믿음의 문을 여신 것을 보고하고,

이제 시리아의 안디옥으로 돌아와서 사도는 여러 가정교회를 소집한 후, 지금까지 하나님께서 함께 행하신 일[1)]에 대해 보고했다.[2)] 무엇을 보고했다고 했는가? 하나님께서 무슨 일을 하셨는가를 보고했다. 그렇다면 이 1차 전도여행의 주체는 누구인가? 바울인가 바나바인가? 둘 다 아니고 하나님이다. 하나님께서 이방인들에게도 믿음의 문을 열어주셔서 유대인들과 동일하게 하나님 백성이 되게 해주셨다는 것이었다. 유대인들이 이방인과의 사이에 울타리를 쌓고 담을 세운 것과 달리, 하나님은 한 나라와 종족에 한정되지 않고 모든 민족 모든 사람들이 구원받기 원하신다는 것을 그는

1) 여기서 또 우리의 편견을 바로 잡을 몇 가지 사항이 나오는데, 첫째 하나님의 구원 사역을, 즉 사도의 선교사역을 '일(*ergon*, work)'이라고 하고, 둘째 사도가 사역한 것은 하나님의 일을 충만케, 성취한 것으로 표현한다. 그것은 27절에서는 '하나님께서 자신들과 함께 행하신(*poieo*) 모든 것(*hosos*)'이라고 한다. 모든 것은 하나님께서 사도와 함께 행하신 일이라는 표현이다. 성경은 인간이 내가 했다 혹은 하나님이 다 하셨다가 아니라, 하나님께서 우리를 통해 함께 하시는 것으로 표현한다. 우리는 하나님의 일을 충만케 성취하는 도구다.
2) 우리나라 교인들이 생각하듯 교회가 목사에 예속된 것이 아니라, 목사가 교회 앞에 보고를 한다.

보았다. 이런 하나님 나라의 일을 교회에 가르치고 장려하기 위해 사도는 어떻게 했는가?

28제자들과 함께 오래 있으니라.

하나님께서 함께 행하셨듯, 사도도 그들과 충분한 시간 오래 함께 하였다. 그렇게 하여 제자들을 세운 것이다. 그러므로 우리도 하나님 나라의 확장을 원한다면 어떻게 해야 하는가? 나 혼자 오늘 승리하는 것만으로 안 되고, 단기적 전략이 있어야 하는데,

단기적 승리를 위해서는 제자들을 세우고 격려해야 한다(22, 27-28).

사탄의 궤계와 끊임없는 핍박 속에서 하나님 나라 확장을 위해, 오늘의 승리를 위해 우리 그리스도인은 각자 바울처럼 좌절하지 말고 인내로 싸워야 함을 보았다. 그리고 그보다는 조금 긴 호흡으로, 단기적 승리를 위해서는 제자들을 세우고 격려하는 사역을 해야 함을 사도 바울의 사역의 예로부터 보았다.

그러나 하나님 나라 확장을 위해 가장 중요한 장기적인 전략은 무엇일까? 23절을 보자.

23각 교회에서 장로들을 택하여 금식기도하며 그들이 믿는 주께 그들을 위탁하고.

교회의 성패는 각 교회의 지도자에 달렸다. 사탄이 교회를 무너뜨리기 위해 가장 힘쓰는 것이 무엇인가? 목사들을 좌절시키고 넘어뜨리는 것이다.

그러므로 사도 바울은 어떤 전략으로 하나님 나라를 확장해 가느냐면, 23절에서 보듯, 각 교회에 리더를 세운다. 그것은 금식과 기도를 하며 주님께 부탁드릴 중대사다. 사도 바나바와 사울 자신들이 따로 세워질 때도 교회는 금식과 기도로 세웠다(13: 2). 그렇게 세워진 지도자들은 동일한 방식으로 금식과 기도로 다음 지도자를 세우게 되어 있다. 이것이 목회의 패턴이다. 사도 자신들이 보고 듣고 경험한 대로 사역하는 것이다.

사도 바울은 박해에도 불구하고 이처럼 복음을 전하고 교회를 세우는 일을 하고 다녔다. 이제 본교회인 시리아 안디옥교회로 돌아가야 할 때가 되었다. 그런데 교회를 세우고 사역하다가 떠나는 지도자가 할 수 있는 일이 무엇이겠는가? 언제까지 떠난 교회 일에 참견하고 관여할 수 있겠는가? 하나님께 맡기는 수밖에 없다. 하나님께 맡긴다는 것은 나 몰라라 하며 무책임하게 가버리는 것이 아니다. 23절에서 보듯, 사도는 교회의 원로 중에서 그 교회를 책임지고 목양할 지도자를 세웠다. 그리고 주님께 부탁드리고 믿음으로 떠났다. 바울처럼 뛰어난 사도가 볼 때, 세워놓은 각 교회의 장로들이 교회를 맡겨두고 떠날 만큼 마음에 다 차고 흡족한 사람들이었을까? 그럴 리가 없다. 어떤 누구도 자기만큼 자신이 하던 일을 해낼 사람을 찾을 수는 없는 법이다. 떠나며 사도는 그 교회에 계속 어떤 영향력을 발휘하거나 손 안에 두고 장악할 수 있는 심복을 세워 놓는 포석을 깔고 가지 않았다. 반대로 교회에 현지 지도자를 세우고 담담하게 떠났다. (이것이 안 되면 송파의 K교회 사태[3] 같은 문제가 발생할 수 있다.)

이처럼 하나님 나라의 확장을 위해 환난과 핍박 속에서 오늘의 승리를 위해, 우리 각자가 좌절하지 말고 인내로 이겨내야 한다. 둘째로 단기적 승리를 위해서는 제자를 세우고 그들을 견고하게 해줘야 한다고 했다. 셋째로 장기적 승리를 위해 우리는 어떻게 해야 하는가?

☞ 장기적 승리를 위해서는 교회를 세우고 지도자를 세워야 한다(23, 27-28).

그런데 어떻게 그렇게 담담하게 떠날 수 있었을까? 26절을 보면 사도 바울과 바나바 두 사도가 이방인 선교사역을 위해 안디옥을 떠날 때의 모습을 회고한다.

> [26]거기서 배 타고 안디옥에 이르니, 이곳은 두 사도가 이룬 그 일을 위하여 전에 하나님의 은혜에 부탁하던 곳이라.

---

3) K교회 사태의 발단도 은퇴 후에도 90프로 가까운 교인들이 따르던 후임 담임목사가 있는데도 계속 사역에 참견을 하는 데서 시작되었다. 근본은 자신이 떠난 후에 자식에게 세습하려는 것이었고, 교회 건물 소유권을 확보하려는 것 때문이었다. 결국 13년간의 기나긴 법정 소송 끝에 교회는 만신창이가 되고, 예배당에서 양측이 예배를 드리겠다고 싸우는 사이에 유리로 안전벽을 쌓고 싸워 결국 5천 명이던 교회가 후임이 와서 8천 명에 이르렀던 교인들이 이제 2천 명도 안 남고 수천 명이 교회를 떠나게 되었다. 양측 교인들의 상당수가 반복되는 승소와 패소 사이에서 전과자가 되었다. 보다 못한 판사가 양측을 불러 서로 양보하게 했다. 모든 서류를 확보하고 있는 원로목사 측의 손을 들어주는 대신 후임 담임목사가 나가서 교회를 개척할 수 있도록 비용을 지불하게 중재했다. 그것은 무엇을 의미하느냐 하면 얼마 안 남은 원로목사 측 교인들은 담임목사 측을 지원금을 줘서 내보내기 위해 교육관과 사택 11채와 오피스텔과 수양관을 매각하게 되었다. 결국 원로목사의 부적절한 은퇴 방식으로 인해 양쪽 다 진 싸움이 되었고, 수천 명의 교인들이 교회를 떠났고 양쪽 다 교회를 차지하지 못하게 되었다. 이 모든 문제의 근원은 따지고 보면 욕심이다.

성경은 그들이 돌아갈 안디옥을 그 자신들이 하나님의 은혜에 의해 위임받았던 곳이라고 말한다. 우리 개역개정은 사도가 하나님께 부탁했다는 식의 능동형처럼 번역했는데, 원문은 사실 수동태다. 선교사로 나갈 때 두 사도는 하나님의 은혜에 부탁을 드렸다는 말이다. 더 정확히 말하면 부탁한 것이 아니라 위탁되었다.[4] 선교 사역을 위해 하나님의 은혜에 맡겨졌다는 말이다.[5] 교회들에는 22절에서 보았듯 핍박과 환난이 계속 들이닥칠 것이 자명하다. 그렇다고 떠난 사도가 계속 끝까지 해결해 줄 수도 없다. 사도가 할 수 있는 것은 사도 자신이 먼저 하나님의 은혜의 손길을 의지하고 일꾼을 세워서 자신들이 떠난 후 그들이 교회를 감당케 하는 것뿐이다. 그것이 바로 십자가의 수난 후에 부활 승천하시기 전에 주께서 제자들을 세우고 그들에게 교회를 맡기고 가신 방식이었다. 그것은 예수님의 모본이었던 것이다.

23절에서 보듯, 교회에 지도자를 세운 후, 모 교회인 안디옥교회에 돌아온 두 사도는 이런 복음 전파와 교회 세우기, 그리고 교회의 리더 세우기 과정을 성도들에게 설명하고, 하나님께서 그 가운데에서 어떻게 행하셨는

---

4) NIV성경은 이렇게 정확히 번역했다. "From Attalia they sailed back to Antioch, where they had been committed to the grace of God for the work they had now completed."

5) 그런데 바나바와 사울을 따로 세워 파송한 것을 행 13: 2에서 누가 했다고 하는가? "주를 섬겨 금식할 때에 성령이 이르시되, 내가 불러 시키는 일을 위하여 바나바와 사울을 따로 세우라 하시니"라고 말한다. 성령님이 명하신 일이었다. 그렇다면 13: 2의 성령님을 본문 26절은 '하나님의 은혜' 혹은 은총으로 표현한 것이다. 사도 자신들을 선교를 위해 따로 세우고, 복음을 담대히 전하고 교회를 세우도록 한 것은 전적으로 하나님의 은혜인데, 그것은 성령의 역사인 것이다. 그 사실을 경험했기에 두 사도는 1차 선교여행을 마치고 안디옥으로 돌아가며, 이고니온과 더베와 루스드라의 교회들을 기도와 금식으로 세운 장로들에게 믿음으로 맡기고 떠난 것이다.

지를 간증했다.

[27]그들이 이르러 교회를 모아 하나님이 함께 행하신 모든 일과 이방인 들에게 믿음의 문을 여신 것을 보고하고, [28]제자들과 함께 오래 있으니라.

예수님께서 12제자들에게 "자기와 함께 있게" 하셨듯, 사도들도 제자들과 충분한 시간을 오래 함께 하였다. 그것이 성경이 말하는 제자훈련이고 교회를 세우는 방식이다. 잠시 교실에서 배우고, 몇 년간 설교를 듣는다고 사람이 변하는 것이 아니다. 이렇게 함께 지내는 것. 그것이 하나님의 사람을 세우고 교회를 세우는 비결이다. 그것이 교회를 세우는 가장 효과적인 장기 전략이다. 이 시대에 사도행전적 교회를 꿈꾸는 어떤 교회에도 바로 이 전략, 각 교회에 지도자를 세우고 떠나는 일을 회복할 수 있기를 간절히 축복한다.

우리는 정말 하나가 될 수 있을까?

(행15:1-21)

부부가 다툴 때 제일 많이 하는 말 중 하나가, "당신은 아직도 나를 몰라?"이다. 30년을 다른 세상에서 살던 사람 둘이 결혼을 했다고 부부가 갑자기 하나가 될 수 있을까? 그것은 많은 갈등과 토론으로 만들어지는 것이다.

우리 모두에게는 유사한 질문이 하나 더 있다. 오랜 세월 떨어져 살았던 남북이 정말 통일되면 한 민족으로 잘 살 수 있을까? 그게 그렇게 간단하지 않을 것 같다. 지난 수년 간 우리나라는 한 나라지만 사회적 이슈가 생길 때마다 극심한 진보 보수란 편 가르기로 극한 분열로 치달았고, 지금 그 후유증을 심하게 앓고 있다.

과거에는 교인들 사이에 정치적 견해가 달라도 교회는 서로 참아내는 포용력이 있어서 어느 정도 하나됨을 유지할 수 있었다. 그러나 지금은 신앙이 있다는 사람들조차 자신과 정치적 견해가 다르면 도무지 참아내지 못한다. 더 안타까운 것은 이제는 자신의 신앙 색깔, 신앙의 표현 방식이나 예배 문화가 달라도 견디지 못하고 뛰쳐나간다. 과연 예수님을 믿지만 교회도 하나가 될 수 있을까? 이것은 2천 년 전 사도행전 교회가 당면했던 문제이기도 하다.

『사도행전』 11장부터 시작하여 14장에 이르면서 우리는 같은 야훼 하나님을 믿지만 예수 안에서 얼마나 하나님의 백성들이 나뉘어 유대교인들은 바울과 바나바로 대표되는 기독교인들을 미워하고 증오하고 죽이려고 드는지를 보았다. 도대체 그 이유가 무엇일까?

> [1]어떤 사람들이 유대로부터 내려와서 형제들을 가르치되, 너희가 모세의 법대로 할례를 받지 아니하면 능히 구원을 받지 못하리라 하니, [2]바울 및 바나바와 그들 사이에 적지 아니한 다툼과 변론이 일어난지라. 형제들이 이 문제에 대하여 바울과 바나바와 및 그 중의 몇 사람을 예루살렘에 있는 사도와 장로들에게 보내기로 작정하니라(행 15장).

유대인들은 바나바와 바울의 말처럼 더러운 이방인들이 단지 예수를 믿었다고 하나님의 백성인 이스라엘이란 거룩한 선민의 울타리에 그냥 들어온다는 것을 받아들일 수 없었다. 이방인들은 개종하여 이스라엘의 하나님을 믿으면 회당에 와서 유대교식 예배를 드리고 토라를 배울 수 있지만, 그들은 단지 유대교로 개종한 '경건한 이방인'들일 뿐이지 이스라엘 사람이 아니었다. 엄연히 선민 이스라엘과 이방인은 구별되었다.

그런데 이 구별이 바울과 바나바가 전한 예수의 복음으로 무너진 것이다. 복음으로 일어난 유대교와 기독교의 충돌이었다. 그러나 또 한 편으로는 당시 세계화되며 다문화 사회로 넘어가는 교회 안에서 그들이 겪었던 유대인과 이방인 사이의 차별로 인한 민족적 갈등이기도 했다. 앞으로 모든 민족에게 복음이 전해져 한 하나님의 백성이 될 텐데, 이 문제에 대해 어떻게 해야 할지 결정을 내려야 했다. 그것이 오늘의 본문 사건의 발단이었다.

교리적으로 구원을 위해 예수 믿음 외에 또 다른 조건을 요구하려는 이 말도 안 되는 주장은 본교회처럼 생각되던 유대땅 예루살렘교회에서 온 사람들의 가르침이라 심각했다. 리더인 바울과 바나바가 이들과 논쟁하게 놓아둘 것이 아니라, 앞으로 이방인 선교를 위해서도 확실히 해야 할 부분이었으므로 안디옥교회는 바울과 바나바와 교인 대표를 예루살렘교회로 보내 이 문제를 해결하기로 했다.[1)]

3그들이 교회의 전송을 받고 베니게와 사마리아로 다니며 이방인들이 주께 돌아온 일을 말하여 형제들을 다 크게 기쁘게 하더라. 4예루살렘에 이르러 교회와 사도와 장로들에게 영접을 받고 하나님이 자기들과 함께 계셔서 행하신 모든 일을 말하매.

그런데 바울과 바나바 일행은 예루살렘교회를 가면서 또 그냥 가지 않고 세워놓은 교회들을 들러서 형제들을 굳세게 세운다. 베니게와 사마리아 지역의 성도들에게 많은 이방인들이 주께 돌아온 사실을 말하자, 다 크게 즐거워했다. 예루살렘교회에 도착하자 교회 즉 온 성도들과 사도와 장로들[2)]도 나와 기쁘게 환영해 주었다. 그곳에서도 바울과 바나바는 하나님께서 어떻게 그들과 함께 하셨고 어떻게 이방인 구원을 위해 역사하셨는지를 다시 증언했다. 여기까지는 좋았는데, 예루살렘교회에도 예기치 못한 문제가

1) 이 사건이 만일 갈 2장 사건과 동일 사건이라면 1절의 "어떤 사람들"은 거짓 형제들(갈 2:4)이다. 그들이 예루살렘교회에서 온 사람이라고 보지 않도록 그들은 '유대'에서 온 사람들이라고 구별한다.

2) 이때 4절을 보면 교회는 지도자들인 사도와 장로, 그리고 교회 즉 온 성도로 구분된다. 장로는 사도와 구별되는 교회의 원로급 지도자들을 말한다.

발생했다.

> [5]바리새파 중에 어떤 믿는 사람들이 일어나 말하되, 이방인에게 할례를 행하고 모세의 율법을 지키라 명하는 것이 마땅하다 하니라.

유대인들로 구성된 예루살렘교회 안에서도, 의견 차이로 나뉨과 갈등이 생겼다. 수천 년 오랜 세월 모세의 율법이 신앙의 근본이었던 유대교 출신 기독교인들 입장에서는, 이방인들이 예수 믿었다고 갑자기 자신들의 사회 속에 무임승차한다는 것이 못마땅했다. 게다가 당시 초기 교회는 모일 때마다 같이 식사를 했는데, 빵을 같이 잘라 먹고 포도주를 마실 때마다 그들은 너무 거북하고 불편했을 것이다. 이방인도 예수 믿고 하나님의 자녀로 구원받았다는 것을 부정하는 것은 아니다. 그러나 거룩한 하나님의 백성이 되기 위해 필요한 정결례인 할례도 안 받고 음식 규례도 안 지키는 더러운 이방인 출신들과 어떻게 한 가족 공동체로 같이 지내며, 어떻게 한 식탁에 둘러앉아 밥을 먹으며 같이 지낼 수 있느냐는 것이다. 그러니까 예수 믿고 세례를 받았더라도 할례도 받아 정결한 하나님 백성의 표를 갖고, 모세 율법을 지키라는 것이다. 이처럼 예루살렘 본교회의 신앙인들 가운데도 이 문제에 있어서는 충돌과 갈등이 생겼다. 과연 교회는 하나가 될 가능성이 있는가? 있다면 어떻게 해야 하는가?

따지고 보면 예수도 믿지만 할례란 종교적 의례를 무시하면 안 된다는 바리새파 출신 기독교인들의 주장이 극단적이거나 파격적이지 않고 오히려 종교적으로는 자연스럽고 원만한 방법이라고 당시의 유대인 기독교인들에게는 생각될 수도 있음을 알아야 한다. 지금까지 수천 년간 지켜오던 종교의식을 다 없어버리고 예수만 믿으면 된다는 사도 바울과 바나바의 주장이 오히려 그들에게는 너무 진보적 주장이었다. 보수 종교인들 입장에서 볼 때, 그런 급진적 주장보다는 예수도 믿고 전통도 지키는 것이 무난한 접근책으로 보였다.

그렇다면, 바울과 바나바의 급진적 주장과, 예수 믿는 것과 함께 할례도 받고 모세 율법에 따라 신앙생활도 필요하다는 보수적 주장 중 어느 쪽이 맞을까? 그것은 어느 쪽 주장이 더 성경적인가로 판단을 내려야 한다.

우리들은 이방인들 가운데 예수 믿기로 한 사람들에게 할례를 행하고 율법을 지키라는 사람들이 잘못됐다는 결론에 너무 쉽게 도달하겠지만, 사실 성경만 보면 그게 그렇지 않다. 왜냐하면, 『창세기』 17장 13절을 보면, "너희 집에서 난 자든지 너희 돈으로 산 자든지 할례를 받아야 하리니, 이에 내 언약이 너희 살에 있어 영원한 언약이 되려니와"라고 하기 때문이다. 이것은 모세 율법이 주어지기 전에 주어진 규례다. 또한 영원한 언약의 표징이므로 할례 규정은 영속성이 있다.

이렇게 말하면, 이방인의 경우에는 달라야 하지 않느냐고 반론을 제기하고 싶을 것이다. 그럼 유대인과 달리 이방인들은 마음의 할례 즉 예수만 믿으면 될까? 『창세기』보다 나중에 주어진 예언서를 보자. "주 여호와께서 이같이 말씀하셨느니라. 이스라엘 족속 중에 있는 이방인 중에 마음과 몸에 할례를 받지 아니한 이방인은 내 성소에 들어오지 못하리라"(겔 44: 9)고 했다. 이방인이라도 하나님은 마음뿐 아니라 몸에도 할례를 받아야 한다고 말씀하셨다. 그러니까 할례파의 주장이 표면적으로는 더 성경적이라고 볼 수 있다.

이런 상황에서 사도 바울의 가르침, 즉 이방인들도 예수님을 믿기만 하면 구원받는다는 주장은, 10-11장(18절)을 설교를 하며 이미 언급했듯이, 커다란 충격으로 다가왔던 것이다. 지금은 믿기만 하면 구원받는다는 것을 우리 모두 당연하게 받아들이지만, 당시에는 이방인도 믿기만 하면 하나님 나라의 백성이 된다는 것이 가히 충격적인 신학적 혁신이었다.

그때 이런 신학적 혁신이 한 개인의 사적인 주장과 교리가 되지 않으려면 세 가지가 뒷받침해 줘야 한다고 했다. 그때 오늘로 보류했던 세 번째 요소(94쪽 참조)가 무엇인지 알아보기 전에, 신학적 혁신의 근거 두 가지를 오늘 본문을 통해 다시 복습해 보자.

> 6사도와 장로들이 이 일을 의논하러 모여, 7많은 변론이 있은 후에, 베
> 드로가 일어나 말하되, 형제들아! 너희도 알거니와 하나님이 이방인들로
> 내 입에서 복음의 말씀을 들어 믿게 하시려고 오래 전부터 너희 가운데
> 서 나를 택하시고, 8또 마음을 아시는 하나님이 우리에게와 같이 그들에
> 게도 성령을 주어 증언하시고, 9믿음으로 그들의 마음을 깨끗이 하사 그
> 들이나 우리나 차별하지 아니 하셨느니라(15장).

교회 안에는 예수 믿음만으로는 2% 부족하고 뭔가를 더 해야 한다는 종교적인 사람들이 항상 있다. 그래서 6, 7절에 보듯 많은 논쟁이 있었다. 어느 정도 토론이 있은 후 예루살렘교회의 지도자 사도 베드로가 일어나 말하기 시작했다. (바울이 아니라!) 이방인에게 최초로 복음을 전한 사도인 사도 베드로가 그 일을 위해 자신이 일찍이 선택되었음을 먼저 밝힌다. 그리고 10-11장에서 이미 밝혔던 이야기를 다시 요약 정리해 논증한다. 고넬료 환상 사건 전후의 자신의 이방인 선교와 구원받는 것을 본 경험에 기초

하여, 이방인들에게도 '성령'을 주시는 사건을 보니 이제 이방인도 메시아를 믿기만 하면 유태인들과 차별 없이 깨끗케 하심을 받는다는 점을 분명히 했다. 즉 바울과 바나바의 주장이 옳다고 지지 발언을 해준 것이다. 6-9절은 분열된 교회가 그 갈등을 극복하기 위해 모여 많은 토론을 하고 이제 하나님께서 "성령"을 통해 어떻게 일하셨는가를 고찰함으로 신학적 혁신에 도달해 분열을 치유하고 하나되는 과정을 보여준 것이다. 따라서,

교회가 하나되기 위해서는 성령의 일하심에 대한 깊은 통찰을 해야 한다(1-9).

성령을 받음으로 이방인도 유태인과 차별 없이 구원을 받는다는 결론에 도달하게 되자, 사도 베드로는 교회의 지도자로서 할례와 모세 율법 준수를 주장하는 보수 정통주의자들에게 따끔하게 훈계를 하지 않을 수가 없었다. 그것이 10-11절이다.

> 10 그런데 지금 너희가 어찌하여 하나님을 시험하여 우리 조상과 우리도
> 능히 메지 못하던 멍에를 제자들의 목에 두려느냐? 11 그러나 우리는 그들
> 이 우리와 동일하게 주 예수의 은혜로 구원 받는 줄을 믿노라 하니라.

10절은 당신들의 주장은 "하나님을 시험"하는 것이라고 한다. 이제 하나님께서 성령으로 이렇게 행하시겠다 하면 아멘 하고 순종해야 하는데, 왜 이방인을 위한 하나님의 구원에 대해 도전하며, 우리도 능히 메지 못하는 멍에를 부과하려 드느냐고 책망하는 동시에, 우리 유대인들도 감당하기 힘

든 멍에와 부담을 이방인들에게 지우는 행위는 복음의 정신에 위배되기에 하나님을 시험하는 것이라 한다.[3] 그러면서 베드로는 본문 10절에서 이방인 그리스도인들을 자신들과 동일한 "제자"로 지칭한다. 그러자 성도들이 어떻게 했는가?

> 12온 무리가 가만히 있어, 바나바와 바울이 하나님께서 자기들로 말미암아 이방인 중에서 행하신 표적과 기사에 관하여 말하는 것을 듣더니.

베드로의 선언이 있자 교회 즉 온 무리, 전체 회중은 가만히 있었다고 한다. 비로소 모든 갈등과 소란이 잠잠해지고 조용해진 것이다. 그러자 다시 바나바와 바울이 나서서 하나님께서 이방인들을 구원하기 위해 자신들을 통해 어떤 표적과 기사로 행하셨는가를 증언했다.

지금까지 15장의 예루살렘공회 상황을 정리해 보면, 바울과 바나바의 이방인 구원에 대한 선언을 하고 그에 대한 바리새파 출신 기독교인들의 반론이 있었다. 그러자 거기에 대한 사도 베드로의 재반론과 선언이 있었고, 그 후 바나바와 바울의 추가 발언이 이어진다.

이 모든 논의가 다 이루어지자, 13절에서 사도 베드로에 이어 예루살렘 교회의 지도자로 부상해 교회를 이끌던 야고보가 최종 변론과 선언을 한다. 8-9절에서 사도 베드로는 성령께서 어떻게 일하시는가를 통찰하여 신

3) 그리고 예루살렘교회의 지도자요 사도로서, 베드로는 이방인도 유태인들과 동일하게 주 예수님의 은혜로 구원받는다는 사실을 확증해 준다. 이것은 사도 바울이 롬 10: 12-13에서 "유대인이나 헬라인이나 차별이 없음이라. 한 분이신 주께서 모든 사람의 주가 되사 그를 부르는 모든 사람에게 부요하시도다. 누구든지 주의 이름을 부르는 자는 구원을 받으리라" 한 것과 같은 내용이다.

학적 혁신의 첫째 근거를 삼았다면, 13-18절에서 예루살렘교회의 지도자인 야고보는 신학적 혁신의 둘째 요건인 성경의 선례를 지적한다.

[13]말을 마치매, 야고보가 대답하여 이르되, 형제들아 내 말을 들으라.
[14]하나님이 처음으로 이방인 중에서 자기 이름을 위할 백성을 취하시려
고 그들을 돌보신 것을 시므온이 말하였으니, [15]선지자들의 말씀이 이와
일치하도다. 기록된 바, [16]이 후에 내가 돌아와서 다윗의 무너진 장막을
다시 지으며, 또 그 허물어진 것을 다시 지어 일으키리니, [17]이는 그 남
은 사람들과 내 이름으로 일컬음을 받는 모든 이방인들로 주를 찾게 하
려 함이라 하셨으니, [18]즉 예로부터 이것을 알게 하시는 주의 말씀이라
함과 같으니라.

사실 사도 베드로도 11장 16절에서 이방인이 성령을 받는 구원 사건을 예루살렘교회에 보고할 때, 『누가복음』 3장 16절 등 복음서를 인용하여 이미 요한은 물로 세례를 베풀었지만 너희는 성령으로 세례를 받으리라고 예언되었던 말씀을 인용했었다. 이제 베드로와 함께 예루살렘교회의 기둥으로 여겨졌던 지도자 야고보는 이 모든 신학적 혁신의 성경적 선례를 16-17절에서 언급한 것인데, 그것은 15절처럼 "선지자들의 말씀"과 일치하는 것이요, 그것은 18절처럼 예로부터 이것을 알게 하시는 "주의 말씀" 즉 성경이라고 반복해 강조한다.

이 16-17절의 말씀은 선지서 『아모스』 9장 1절 "그 날에 내가 다윗의 무너진 장막을 일으키고 그것들의 틈을 막으며 그 허물어진 것을 일으켜서 옛적과 같이 세우고"의 그리스어 번역 성경을 인용한 것이다. 이런 성경의

선례를 근거로 하여, 예루살렘교회의 지도자인 야고보가 이방인도 예수를 오직 "믿음"으로 구원을 받게 되는 것이 성경적으로도 맞는다며, 교리적 혁신을 일으키는 대선언을 한 것이다. 그렇다면 모든 갈등과 논쟁을 잠재우는 근거는 성령과 함께 말씀의 선례다.

✎ 교회가 하나되기 위해서는 하나님 말씀에 대한 깊은 통찰이 있어야 한다(10-18).

그런데 이런 일련의 과정에는 교리적 혁신을 일으킬 때 갖춰야 할 마지막 세 번째 요소가 내포되어 있다. 그것은 교회 차원의 공회의 결정이다. "사도와 장로들이 모여 이 일을 의논했다"(6절), "많은 변론이 있은 후에 베드로가 일어나 말했다"(7절), 그리고 "온 무리가"(12절) 바나바와 바울의 논지를 경청한다. "말을 마치매 야고보가 대답하여 이르되, 형제들아 내 말을 들으라"(13절)고 지금까지의 논쟁에 대한 정리를 하고 선언을 한다.

이처럼 교회 안에 교리적 문제와 그로 인한 그리스도인들 간의 갈등을 정리하는 것은 교회의 책임 있는 지도자를 중심으로 한 교회 차원의 공회의 몫이다. 그리고 그런 신학적 혁신이란 결론에 도달하게 만든 것은 첫 째 성령의 역사하심과 둘째 성경 말씀의 선례 두 가지다.

그 두 가지가 있어도 셋째 요소인 '지도자들과 교회의 인준'이 있어야 한다. 그래서 13장 1절에서는 안디옥교회의 지도자들은 선지자들과 교사들이라고 하지만, 15장 4, 6, 22절에서는 예루살렘교회의 지도자들을 사도와 장로들이란 차별적인 리더십 용어로 지칭한 것이다. 같은 사람들이지만 구원의 복음을 전하고 가르칠 때는 선지자와 교사들이란 표현을 쓰고, 교회의

중요한 교리적 결정과 방향을 설정하는 이들을 칭할 때는 사도와 장로들이란 용어를 사용한 것이다. 이처럼,

✎ 교회의 하나됨을 위해서는 교회 공동체 차원의 합의 추구가 있어야 한다(19-20).

사도 베드로는 물론, 그 뒤를 이은 야고보가 최종적으로 이렇게 현상을 분석하고 하나님의 일 즉 성령의 역사하심에 민감하게 반응하고, 성경의 선례를 탐구하여 최종적 결론을 내려 공동체의 혼란과 갈등을 잠재우는 것, 그것이 바로 지도자의 역할이다. 교회는 영적 권위를 가진 교회의 리더 베드로와 야고보의 정리와 선언과 결론에 순종하고 따르게 된다. 야고보의 최종 결론인 19절은 10-11절의 사도 베드로의 결론과 동일하다.

> 19그러므로 내 의견에는 이방인 중에서 하나님께로 돌아오는 자들을 괴롭게 하지 말고.

야고보의 이 최종 선언으로 지금까지의 갈등과 그 해결을 위한 긴 논쟁에 종지부를 찍는다. 이렇게 야고보는 리더의 역할을 수행했다.

그러나 세상은 그런 절대 기준이 없고 권위를 인정하지 않기에 끊임없는 혼란의 소용돌이를 경험하게 된다. 문제는 요즘에는 교회에도 그런 영적 권위를 인정하지 않고 사사시대처럼 각자 소견에 옳은 대로 행동하거나 다수결 표결이란 숫자의 논리로 교회의 질서와 권위를 무너뜨리는 일이 발생해 그리스도의 몸된 교회마저 혼란스럽게 되었다. 참으로 안타깝고 가슴이

아픈 일이다.

이제 구원에 대한 명료한 교리적 선언이 내려졌지만, 유태인으로 구성된 예루살렘교회의 지도자인 야고보는 유태계 기독교인들과의 충돌을 피하기 위해[4] 몇 가지 중재안을 덧붙인다. 그것이 20-21절이다.

> [20]다만 우상의 더러운 것과 음행과 목매어 죽인 것과 피를 멀리하라고 편지하는 것이 옳으니, [21]이는 예로부터 각 성에서 모세를 전하는 자가 있어 안식일마다 회당에서 그 글을 읽음이라 하더라.

이방인들이 예수님을 믿고 하나님의 백성이 되면 할례 같은 무거운 짐을 지워 괴롭게 하지는 말되, 다만 함께 성찬의 식사를 나누기 위해 우상에게 드려졌던 고기나, 당시에 유행했던 이방문화인 음란한 삶, 그리고 피와 함께 고기를 요리하는 방식 같은 것은 피해 주기를 부탁하는 것으로 마무리된다.

야고보가 20-21절에서 이런 규정을 추가한 것은 이방인 출신 기독교인들과 유대인 출신 기독교인 사이에 하나된 식탁의 교제를 가능케 하기 위해서였지, 할례를 요구하지 말라해 놓고 또 다른 율법적 규정을 부과하려는 것이 아님을 알아야 한다.

예를 들어 오늘날 우리도 이스라엘 사람들에게 복음을 전하고 함께 하려면, 우리가 아무리 선지 해장국을 좋아해도 그런 것을 피해주는 배려가 있어야 함께 식탁의 교제가 가능하다.

---

4) 이때 14절에서 이방인 구원에 대해 논했던 베드로도 히브리식으로 시므온이라고 부른다.

지난 1월 SNS에 올라 화제가 되었던 포스트잇 사진이 있었다. 매일 아침 커피를 사들고 학원에 온 한 공시생에게 다른 공시생이 "매일 커피 사 들고 오시는 건 사치 아닐까요? 같은 공시 수험생끼리 상대적으로 박탈감이 느껴져서요"라는 메모를 책상 위에 붙여둔 것이었다. 나의 당연한 권리가 누군가에게 큰 박탈감을 준다면 우리는 절제하는 것이 그리스도인의 사랑임을 안다. 그러나 내 박탈감 때문에 남에게 그것을 강요한다면 우리는 또 하나의 갈등과 반목과 나뉨을 겪게 될 것이다. 교회 안에는 술 담배 끊고 신앙생활하는 사람이, 술 담배를 하는 상태로 교회다니는 사람이 못마땅해 비난하는 것과 같다. 그게 구원의 조건이 아닌데 말이다.

하나가 된다는 것은 이처럼 참 힘든 일이다. 같이 예수를 믿는다는 중요한 사실이 있지만, 여전히 세부 실행 지침에 들어가면 갈등이 벌어진다. 이때 하나됨의 원리는 분명하다. 가장 중요한 복음에 동의하고, 부차적인 것은 서로 포용하고 용납해야 한다. 상대를 위해 배려를 하되, 복음의 진리에 있어서는 양보해서는 안 된다. 몇 번의 회의와 난상토론을 거치더라도 복음의 진리는 지켜내야 하고, 하나님의 교회는 복음 안에서 진정한 일치의 터를 가져야 한다. 이 시대에 역사하시는 성령의 일하심에 민감하고, 성경적 선례에 근거하여 교회가 결정한 신앙의 기준에는 순종하고 따라줘야 한다. 이때 복음 진리의 최우선성, 그리고 부차적인 것에는 서로를 위한 사랑의 배려, 그것만이 교회를 하나되게 하는 길이다.

우리가 정말 함께 할 수 있을까?

(행 15: 36-41)

인생에서 가장 큰 기쁨은 함께 할 수 있는 사람을 찾는 것이다. '그러한 분을 찾았습니까'라는 질문은 결혼을 앞 둔 사람들뿐 아니라, 사업 파트너를 찾는 사람들에게도 간절한 질문이다. 특히 함께 주님의 일을 도모하는 사람들에게는 더할 나위 없이 중요한 질문일 것이다.

어떤 경우 함께 할 수 없는 것인지 안다면, 어떨 때 함께 할 수 있는지, 그리고 어떤 사람과 함께 할 수 있는지도 알 수 있을 것이다. 이제 우리는 하나님께서 쓰신 위대한 두 지도자 바나바와 바울 사이의 사건을 통해 그것을 생각해보고 통찰해 보고자 한다.

> 36 며칠 후에 바울이 바나바더러 말하되, 우리가 주의 말씀을 전한 각 성으로 다시 가서 형제들이 어떠한가 방문하자 하고.

『사도행전』의 앞부분에서 보았듯 사도 바울과 바나바뿐 아니라, 교회 안의 많은 사람들이 주님의 말씀을 가르치고 전하는 만인제사장 사역 혹은 전성도 사역이 수행되는 건강한 교회들이 하나씩 세워져가는 것을 확인해 보는 것은 큰 기쁨이다.

바울은 선배 사역자 바나바에게 우리가 복음을 전하고 가정교회를 세웠던 도시들로 가서 그들을 견고히 세우고 돌봐주자고 제안을 했다. 이것이 사도 바울 사역의 핵심 전략이었다. 지금까지 몇 번에 걸쳐 보았듯이, 사도는 항상 복음을 전해 교회를 세운 곳을 버려두지 아니하고 재차 심방하여 굳세게 세우는 일을 열심히 했다. 그것이 목회의 본질이기도 하다. 목회는 단지 설교만 잘 하면 되는 것이 아니다.

그런데 사람들을 돌보고 일꾼을 세우며 교회를 든든히 하는 일은 목사 혼자 할 수 있는 일이 아니었다. 우리가 잘 알듯 바울은 매우 뛰어난 능력의 종이었다. 그럼에도 불구하고 그는 그 사역을 혼자 하지 않았다. 그는 항상 선임 바나바와, 그리고 동료 형제 동역자들과 함께 했다.

그런데 바나바는 아무도 신뢰하지 않던 사울을 자신이 사도들에게 추천하여 사역자로 세웠듯이, 이번에도 젊은 목회자 후보생을 데리고 가서 선교 여행에 봉사도 하며 사역도 배울 수 있게 하고 싶었던 것 같다.

> [37]바나바는 마가라 하는 요한도 데리고 가고자 하나,

그래서 바나바는 마가 요한을 데리고 가려 했다. 그런데 이 부분에서 바나와와 바울 사이에 의견 충돌이 벌어졌다.

> [38]바울은 밤빌리아에서 자기들을 떠나 함께 일하러 가지 아니한 자를
> 데리고 가는 것이 옳지 않다 하여, [39]서로 심히 다투어 피차 갈라서니,
> 바나바는 마가를 데리고 배 타고 구브로로 가고, [40]바울은 실라를 택한
> 후에 형제들에게 주의 은혜에 부탁함을 받고 떠나, [41]수리아와 길리기아

로 다니며 교회들을 견고하게 하니라.

바나바는 마가라 불리는 요한을 바울과 함께 가는 선교여행에 데리고 가고 싶어 했지만, 바울은 선교여행에 마가 요한을 데리고 가는 것에 대해 반대했다.

아무리 바나바가 선임이고, 바울 자신을 사도들에게 소개해 복음의 일꾼으로 사역하게 도와줬다는 점에서 바울은 바나바에 빚을 진 것이 있지만, 이 부분에서 바울은 물러서지 않았다.

바울이 얼마나 단호했던지, 권면과 위로의 사도 바나바도 타협을 해서 대충 원만히 넘어가지 못하고 39절처럼 둘은 심하게 다투어 결국 갈라서게 되었다. 그 결과 바나바는 마가 요한을 데리고 갈라서서 따로 선교를 갔고, 바울은 마가 대신 다른 사람 즉 22절에서 언뜻 소개했던 실라라는 새로운 인물을 데리고 2차 전도여행을 떠났다.

사실 바울은 이것을 2차 전도여행으로 사전 계획해서 떠난 것이 아니었다. 다만 지난 번 전도여행 때 세운 교회들을 다니며 굳건히 세우고 싶었던 것인데, 그것이 2차 전도여행으로 하나님께서 만들어 가신 것이다.

이런 상황을 볼 때 우리 한국교회 교인들은 바나바처럼 행동하는 것이 사랑의 종이 해야 할 모범이라고 생각한다. 그래서 이 사건에 있어서는 바나바가 옳고, 바울은 깐깐한 원칙주의자인데다가 목회 경험이 짧은 젊은 사람이라 그런 실수를 한 것으로 이해하는 경향을 보인다.

그런데 이 사건을 바나바 대 바울의 인격과 성숙도 문제로 보면 안 된다. 그렇다고 바나바의 관계중심적 리더십이 옳은지 아니면 바울의 원칙중심적 리더십이 옳은지에 대한 대결 구도로 생각해서도 안 된다. 이 사건의 근원이 된 마가의 문제가 무엇이었는지, 고찰해보는 데서부터 생각해 봐야 한다. 이 사건의 발단인 마가의 잘못은 아무 관계없이, 발생한 갈등에 대한 반응으로 바나바처럼 너그럽고 착하게 행동해야 한다든지, 바울처럼 못되게 굴면 안 된다는 식으로 생각하면 안 된다는 말이다. 도대체 문제의 근원이 무엇이었길래 이런 문제가 발생했으며, 어떻게 해결하는 것이 좋은지 생각해 보는 것이 더 중요하다. 즉 마가의 어떤 행동에서 이런 문제가 발생했는지부터 먼저 점검해 보고, 그 후에 그에 대한 바울과 바나바의 대응에 대해 논의하는 것이 정당한 것이다.

38절을 보면, 그 갈등의 이유가 간단히 소개되는데, 바울은 자기들을 떠나 함께 사역하러 가지 않은 마가를 데리고 가는 것은 옳지 않다며 반대했다고만 『사도행전』은 기록한다.

안디옥교회는 성령의 명령에 순종해 바나바와 사울을 안수해서 선교사로 파송했는데(행 13: 2-3), 13장 5절에 의하면 그들이 과거에 키프러스 섬의 살라미에 도착해 회당을 다니며 복음을 전할 때 마가 요한을 수행원으로 삼았다. 그런데 13장 13절을 보면, "바울과 및 동행하는 사람들이 바보에서 배 타고 밤빌리아에 있는 버가에 이르니 요한은 그들에게서 떠나 예루살렘으로 돌아가"버렸던 것이다. 『사도행전』은 마가 요한이 왜 돌아가 버렸는지 말하지 않아 그 이유를 정확히 알 수 없다. 다만 선교여행이 너무 힘들어 수행하다가 두 사도를 남기고 돌아가 버렸든지, 아니면 키프로스 섬의 회당에서 두 사람이 전하는 복음을 들어보니 이방인들은 모세의 율법을 지킬 필요도 없다거나 할례도 받을 수 없다고 하는 것이 유대인으로서는 도저히 받아들이기 힘든 교리적 갈등이 생겨서 예루살렘교회에 물어보기 위해 갔을 수도 있다고 학자들은 추정해 보기도 한다.

분명한 것은 함께 선교를 다니다가, 수행원이 두 사도를 내팽개치고 예루살렘으로 가버렸다는 것은 누가 봐도 좋게 받아들이기 힘든 일이다. 그렇다고 마가를 전혀 신앙이 없거나 믿음이 형편없는 사람이라고 쉽게 판단하면 안 된다. 베드로가 옥에서 풀려나자마자, 자신을 위해 기도하고 있었던 교회를 찾아갔는데 그곳이 어디였는가? 『사도행전』 12장 12절에 보면, "깨닫고 마가라 하는 요한의 어머니 마리아의 집에 가니, 여러 사람이 거기에 모여 기도하고 있더라"고 한 곳이다. 그러니까 마가 요한은 그 어머니 집에서 모이던 사람이었고, 당시 상황으로 볼 때 마가는 기도하는 신앙의 사람이었을 것이다.

본문 15장 38절은 바울이 바로 그 점, '자기들을 떠나 함께 사역하러 가지 않은' 것이 다음 사역인 제2차 선교여행에 그를 데리고 가면 안 되는 이유라고 밝혔다면, 그것은 사역 차원에서 그리고 마가 요한 그 자신을 위해서도 중요한 문제라는 것이다.

그러면 바나바 같은 권면의 사람이 왜 끝까지 동의하지 않고 싸웠을까. 더 궁금해진다. 정확히는 알 수 없지만, 『골로새서』 4장 10절에서, 바울은 마가 요한이 바나바의 사촌이란 사실을 넌지시 밝혀 놓았다. 바울과 바나바가 마가 요한을 만나 수행원으로 삼았던 구브로 섬 키프러스는 바나바의 고향이었고, 마가 요한은 당시 그 지역에 머물고 있었던 바나바의 친척이었다.

『사도행전』 15장에서 저자 누가는 바나바가 친족주의자 혹은 연줄로 일하는 사람으로 비춰질까 봐 그 사실에 입을 다물었을 수도 있다. 그렇다면 그 위대한 복음의 일꾼이요 두 선교사 사이에 갈등이 생긴 또 다른 이유 중 하나는 바나바가 마가 요한의 잘못에도 불구하고 조카니까 데리고 가려고 한 것이고, 바울은 하나님의 복음 사역 입장에서 볼 때 그리고 사역자로서의 마가 요한을 생각해서도 이 일은 그렇게 봐 줄 일이 아니라고 주장했기 때문일 수도 있다.

만일 이런 추정처럼 동역자 바울의 반대에도 불구하고 굳이 마가 요한을 데리고 가려한 것이 조카였기 때문이라면 바나바는 부정적인 의미에서 전형적인 관계 중심 리더였고, 바울은 원칙 중심 리더라고 말할 수도 있을 것이다. 현대 리더십 측면에서 볼 때, 한국이나 중국 사람들뿐이 아니라 이탈리아 남부 지중해의 시실리 사람도 지연과 혈연을 매우 중시하는 사람들이고, 그래서 원칙 중심적인 문화를 가진 나라보다 부패가 강한 것으로 보는데, 시리아 서쪽 지중해의 섬 키프러스 사람 바나바도 그런 요소가 강했던 것 같다. 그러나 이것은 여전히 성경 전체에 나타난 정황에 의한 추정일 뿐이다.

성경은 바울이 왜 실라를 동역자로 택했는지에 대해서도 입을 다물고 있다. 도대체 그에게 어떤 장점이 있고, 어떤 면에서 선교여행에 도움이 되는 사람이었는지는 중요하지 않다. 다만 22, 27절을 보면 그는 예루살렘교회에서도 인정받는 훌륭한 지도자였고, 32절에 의하면 선지자로 하나님 말씀을 잘 가르친 말씀의 교사였다는 것만 알 수 있을 따름이다. 그렇다면 그는 바울의 2차 선교 사역에 적합한 인물이었다고 추정하는 것이 크게 잘못되지 않을 것이다.

그럼에도 불구하고 우리 한국 문화에서는 바나바와 같이 행동하는 게 사랑 많은 목사의 모습이며, 바울은 인간 관계를 맺는 데 서툰, 융통성 없고 지나치게 깐깐하게 구는 괴팍한 사람으로 몰아 버리는 경우가 많다. 그런데 바울은 정말 이런 문제 하나 그냥 못 넘어간 정말 지나치게 꽉 막히고 답답한 원칙주의자였을까?

『갈라디아서』 2장 11절 이하를 보면, 바울은 바나바와 또 다른 갈등을 겪었던 것을 알 수 있다. 『갈라디아서』 2장의 사건은 게바 베드로가 안디옥에 와 있을 때, 야고보가 이끌던 예루살렘교회에서 어떤 사람들이 오자, 이방인들과 식사를 잘 하고 있던 베드로가 그 할례자들, 즉 유태인들을 두려워하여 식탁의 교제에서 떠나 물러가 버렸었다. 이런 사실에 분노한 바울은 『갈라디아서』 2장 14절에서 보듯, 예루살렘교회의 위대한 지도자요 12제자 중 하나인 사도 베드로를 모든 사람들 앞에서 크게 책망했었다. 예루살렘 본 교회의 위대한 지도자를 많은 사람들 앞에서 선임인 베드로를 공적으로 비난한 바울은 한국 정서로 보면 인간관계상 매우 불리한 위치에 서게 된다.

문제는 베드로를 따라 나머지 유대인들도 그랬는데, 그 중에 『갈라디아서』 2장 13절 후반부를 보면, 바나바도 그들의 외식에 유혹되었다. 그것을 바울은 뭐라고 표현했느냐면, 『갈라디아서』 2장 14절에서 "그러므로 나는 그들이 복음의 진리를 따라 바르게 행하지 아니함을 보고", 그래서 복음의 진리를 수호하기 위해 선임이지만 사도 베드로에게 일갈한 것이었다.

그러나 바울 입장에서는 자신들이 열심히 전했던 복음 진리에 어긋나게 베드로와 바나바가 이방인들 앞에서 했던 이런 행동에 이어, 바나바가 또 다시 복음의 정신과 사역의 본질보다는 인간관계에 끌려다니는 이 모습을 더 이상 묵과할 수 없어서 단호하게 나왔을 수도 있음을 알아야 한다.

이때 바나바는 관계 중심이고, 바울은 원칙 중심이라고 날카롭게 나누면 안 된다. 바나바나 바울 둘 다 그런 행동을 한 데에는 각기 나름대로의 원칙이 있었을 것이다. 그렇다면 바나바의 원칙은 무엇이고, 바울의 원칙은 무엇이었을까?

바나바는 그의 성향대로, 힘든 일 앞에서 쉽게 도피했던 연약한 그에게(13: 13) 다시 훈련의 기회를 주는 것이 중요하다고 생각했을 수도 있다. 그런 것이 관계 중심 리더십으로 움직이는 것처럼 보이는 사람들이 나름대로 가지고 있는 원칙이다.

그러나 바울은 하나님의 일에서 또 다른 원칙에 근거해 단호했던 것이다. 왜 그랬을까? 조금 힘들다고 피하는 사람을 계속 주님의 일에 쓰면 그것은 사역은 물론, 그 사람 자신을 위해서도 안 좋을 것이라고 생각했을 수도 있다. 38절을 보면, "바울은 밤빌리아에서 자기들을 떠나 함께 일하러 가지 아니한 자를 데리고 가는 것이 옳지 않다 하여"란 표현을 보면 바울은 단지 화가 나서 그런 것이 아니라, 사역의 본질상 옳지 않은 즉 마땅한 일이 아니라고 확신했기 때문이다. 아마도 잘못을 깨닫고 분명히 달라진 것이 없는 상태로 눈 감아 주고 계속 주의 일을 하게 하면 그는 돌아설 기회가 없이 계속 그 상태로 갈 것이 자명하기 때문에 그랬을 것이다. 바울의 행동은 선임 바나바에 대한 무시나 모욕이 아니라, 단지 사역에 관련된 원칙과 근원적 확신 때문에 그런 것뿐이다. 이 일로 둘 사이에는 다툼과 갈라섬이 있었다.

그런데 『갈라디아서』 2장 12절을 보면, 바울와 베드로 사이에 이방인들과의 식탁 교제로 인한 갈등이 있었지만, 그 일로 둘 사이에 불화와 나뉨이 있었던 것 같지는 않다. 바나바에 비해서도 훨씬 선임이요 고참인 사도 베드로는 한참 후배인 바울에 의해 많은 교인들 앞에서 톡톡히 망신을 당한 셈인데, 오래 전 예수님께 훈련받을 때 보이던 불같은 성격은 어디 갔는지, 요즘 어떤 목사들이 그러듯 바울에게 앙심을 품고 괘씸죄로 앙갚음을 하지 않았다. 오히려 지난주에 보았듯이 예루살렘 모교회에 와서 교리 문제로 보고하다가 위기에 몰린 바울을 도와주는 성숙한 모습을 보인다. 마가 요한 문제로 바나바와 바울은 심히 다투고 갈라섰지만, 이방인과의 식탁 교제 때 위선을 보여 후배한테 심한 책망을 받은 베드로는 바울과 서로 대치하지 않았다. 당시 바울도 미숙한 점이 있었겠지만, 베드로와의 사건에 비추어 볼 때 마가 요한 문제에서 바나바만 관계 중심이라 옳고 잘했고, 바울만 잘못했다고 보기는 어렵다는 말이다.

본문 39절이 "서로 심히 다투어"라고만 했지 누구의 잘못 때문이라고 하지 않는 것은 이 본문에서 말하고 싶은 것은 누가 잘했고 누가 잘못했는가가 중요한 것이 아니기 때문이다.

바울 노후에 쓴 『디모데후서』에서 바울은 "누가만 나와 함께 있느니라. 네가 올 때에 마가를 데리고 오라. 그가 나의 일에 유익하니라"(딤후 4: 11)고 마가를 각별히 아끼는 것을 볼 수 있다. 신학자 헨첸은 그 마가가 같은 마가인지 불명확하다고 하지만, 만일 같은 마가 요한이라면 바울은 2차 선교여행 출발 당시에 어떤 원칙에 의해서 그렇게 결정하고 주장한 것이지 마가 자체를 거부하거나 미워한 것이 아니다. 그리고 후에 마가가 변화되었을 때는 기꺼이 동역했고 귀하게 대했음이 분명하다. 『빌레몬서』 24절을 보면 바울은 마가를 자신의 귀한 동역자로 칭하는 것을 보게 된다. 『골로새서』 4장 10절에서도, "나와 함께 갇힌 아리스다고와 바나바의 생질 마가와 (이 마가에 대하여 너희가 명을 받았으매 그가 이르거든 영접하라)"고 하면서 바나바의 사촌 마가를 환대해줄 것을 부탁하는 것을 보게 된다.

우리 한국 사람들은 본문 『사도행전』 15장에서는 바울이 젊어서 혈기가 넘쳐서 실수한 것이고, 나이가 들며 너그러워져서 원칙 중심성이나 더러운 성질을 고쳤을 것이라고 생각한다. 그렇다면 바울만 나이들며 성숙했고 마가 요한은 달라지지 않았다는 말이 된다. 그렇지 않다. 그리고 나이가 들어가면서 괴팍함이 없어지고 부드러워진다는 가정이 사실일까? 꼭 그렇다고 말하기도 어렵다. 오히려 나이들며 더 자기 확신에 차고 고집스럽고 괴팍해지는 사람도 있다.

시간이 지나며 마가 요한도 당시에 자신이 힘든 일이 있다고 사역하다 말고 바울과 바나바 목사님들을 내버려두고 고향으로 가버린 일이 얼마나 미성숙한 행동이었는지를 하나님의 도우심으로 깨닫고, 사도 바울에게 사과하고 더 열심히 섬기고 충성스럽게 일하는 성숙한 사역자가 되었을 수도 있다.

이처럼 모든 것을 다 자기 입장에서만 해석하면 안 된다. 바울은 『사도행전』 15장 당시에도 복음의 원칙과 사역의 본질이란 측면에서 분명한 기준을 가지고 행동한 것일 수도 있다.

이 사건이 우리에게 말해주는 교훈은 무엇인가? 전후 상황을 이제 정리해보자. 유대에서 온, 다시 말해 예루살렘교회가 공식적으로 보낸 적 없는 거짓교사들로 인해 안디옥교회가 갈등을 겪었지만, 그것은 예루살렘교회의 공회를 통해 정리가 되고, 해결이 되고, 교회는 안정된 지 얼마 되지 않았다. 그런데 또 다른 문제가 시작되었는데, 이것은 교회 내부, 그것도 지도자들 사이에서의 갈등이었다.

예루살렘교회 공회의 결정으로 구원에 관한 어떤 문제는 정리가 되어도 선교를 앞두고 사역의 모든 부분에 문제가 생기지 않을 것으로 기대하면 안 된다는 것을 우리는 본문을 통해 본다.

교회와 교단이 어떤 결정을 내려도 사역하면서 벌어지는 모든 상황, 모든 결정, 모든 인간 관계를 다 통제할 수는 없는 것이다.

이처럼 초대교회 혹은 『사도행전』의 모범적인 교회로 알려진 안디옥교회도 계속되는 갈등이 있었다는 사실에 우리는 주목해야 한다. 어떤 사람들은 아무 문제가 없는 평화로운 교회를 찾아 헤매겠지만 그런 교회는 한 군데 빼고는 없다. 공동묘지에서만 다들 말없이 누워 있을 뿐이다. 살아 움직이는 교회는 어디를 가 봐도 문제가 있고 갈등이 발생하는 법이다.

어떤 교회와 공동체에도 갈등이 있음을 알고 성경적 원리에 근거해 갈등을 잘 해결하려고 함께 기도하고 말씀을 같이 읽고 서로 대화를 하며 바른 길로 가도록 노력해야 한다.

우리에게는 바울과 바나바가 심히 다투어 39절처럼 "피차 갈라섰다"는 것이 가장 슬프고 가장 거슬리는 부분일지도 모른다. 그러나 바나바와 바울은 지금까지 복음을 위하여 얼마나 함께 협력하고 도와가며 일해 왔는가? 25절에 의하면, 그들은 그리스도의 이름을 위하여 생명을 아끼지 아니하는 종으로 예루살렘교회로부터 인정을 받은 위대한 종들이었다. 그런데도 동역자를 선정하는 데에는 이견이 있었다. 그 문제는 어떤 목회적 원칙과 신념이 걸려 있었기에 심히 다투고 서로 갈라선 것이다. 의견 차이 없는 만장일치를 꿈꾸는 이상주의에 젖은 사람들은 이런 상황을 이해할 수 없겠지만 바울과 바나바 같은 위대한 주의 종들도 이처럼 다툴 수 있고 때로는 갈라설 수 있음도 우리는 받아들여야 한다.

그렇다면 교회의 존경받는 두 지도자 사이의 불화와 결별이 그럼 하나님의 일을 방해하고 막히게 했는가? 그렇지 않다. 오히려 선교는 양쪽으로 나뉘어서 양쪽 다 잘 진행된 것으로 볼 수도 있다. 본문 15장 39절을 보면, 바나바는 마가라 불리던 요한을 데리고 그들의 고향인 구브로 즉 키프로스 섬으로 가서 사역을 했고, 바울은 시리아와 길리기아 지방으로 가서 사역을 했다. 둘 다 간 곳에서 열심히 복음을 전했을 것이다.

다만 묘한 것은 우리 한국 교회는 관계 중심인 바나바가 옳고 원칙 중심 리더인 바울은 문제가 있다고 생각하지만, 바나바는 이 사건 이후로 『사도행전』에서 무대 뒤로 사라지고, 이제부터는 바울을 중심으로 세계복음화가 전개되는 것도 생각해 볼 필요가 있다.

마지막으로 한 가지 더 짚고 넘어가야 할 것은, 우리는 경건한 그리스도인이라고 모두가 모든 일에 항상 함께 갈 것으로 기대할 필요가 없다는 점이다. 중요한 것은 현재 겪고 있는 갈등을 어떤 관점으로 이해하고, 하나님 나라를 위해 이것을 기회로 삼아 주님의 복음 사역에 더욱 힘쓸 수 있느냐이다.

과연 우리가 함께 할 수 있을까? 우리는 과연 함께 동업할 수 있을까? 그리고 우리는 과연 함께 사역할 수 있을까? 한 테이블에 같이 앉아 있고, 같이 밥을 먹는다고 함께 사역할 수 있는 것은 아니다. 함께 할 수 있는 요건은 무엇일까? '조건 없다'라고 말할 수 있으면 좋겠지만 그것은 이상일 뿐이다.

현실은 무엇을 하든 함께 하려면 가장 중요한 것은 같은 가치관, 같은 비전을 갖는 것이다. 그것은 같은 말씀을 보고, 한 성령을 마시는 데서 오는 것이다. 그리고 실현 방법도 같으면 더 좋겠지만, 그것은 사람마다 다를 수 있는 것이므로 오히려 적용의 다양성은 열어주고 서로 품어 주는 넓은 마음을 갖는 것이 중요하다. 그것은 믿음에서 나온다. 그렇지 않으면 다투고 갈라서게 된다. 그때 중요한 것은 성경적 원칙에 대한 합의다. 그것은 주께서 주신 비전과 목적의 공유에서 나온다.

그 다음에는 서로를 향한 배려가 있어야 한다. 그것은 사랑에서 나온다. 그리고 나부터 먼저 희생하고 헌신의 모본을 보이는 것이다. 그것은 예수님의 십자가의 길에서 나온다. 그러면 우리는 함께 할 수 있을 것이다. 그때 우리는 함께 사역할 수 있을 것이다.

하나님의 일은 성령이 친히 이끄신다

(행 16: 1-10)

큰 일을 할 때 혹은 가장 중요한 순간에 지도자가 내려야 할 결정 중 하나는 누구와 함께 가고 누구를 차에서 내려 주느냐이다. 훌륭한 회사를 넘어 위대한 회사로 만든 위대한 지도자들을 연구한 짐 콜린스 같은 경영학자에 의하면 그들의 특징은 버스를 잘못 탄 사람 즉 다른 곳을 가야 할 사람들을 얼른 내려놓고, 같은 목적지에 가는 사람들을 태우는 일을 하는 버스 기사와 같다고 했다.

사도 바울도 세계 복음화를 위한 선교 사역을 시작하며 바로 그 일에 봉착했었다. 일부 한국 교인들의 표피적 접근처럼 바울은 인간관계를 잘못하고 미숙해서 15장 38절에서 보듯 마가 요한과 함께 일할 것을 거부하다가 바나바와 크게 다투고 헤어진 것이 아니다. 분명한 선교적 이유가 있었다. 15장 40절처럼 마가 요한 대신 실라를 선택한 바울은 여전히 시리아와 길리기아 지방으로 다니며 교회를 견고케 하는 사역을 잘 감당했다고 성경은 말한다. 그렇게 시작된 바울의 제2차 전도여행의 초기 사역의 핵심은 1차 전도여행에서 개척한 교회들을 다시 방문해 성도들을 양육해 견고히 세우는 것이었다. 그 중차대한 사역을 하던 바울은 1절에서 보듯 더베와 루스드라에 이르렀다.

[1]바울이 더베와 루스드라에도 이르매 거기 디모데라 하는 제자가 있으니, 그 어머니는 믿는 유대 여자요 아버지는 헬라인이라. [2]디모데는 루스드라와 이고니온에 있는 형제들에게 칭찬 받는 자니, [3]바울이 그를 데리고 떠나고자 할새, 그 지역에 있는 유대인으로 말미암아 그를 데려다가 할례를 행하니, 이는 그 사람들이 그의 아버지는 헬라인인 줄 다 앎이러라(행 16장).

바울은 14장 8절 이하에서 방문했던 더베와 루스드라에 세운 교회를 다시 찾아갔는데, 거기서 디모데를 만나 그를 선교여행의 동역자로 데려갔다. 아니 선임 목회자 바나바가 그렇게 데려가기를 원했던 마가 요한을 둘이 다투고 헤어질 정도로(15: 38) 완강히 거부했던 바울이, 실라에 이어 디모데를 불쑥 2차 선교여행에 데려가겠다고 하는 이유는 도대체 무엇일까? 해외 관광 가는 것도 아니고, 하나님의 일을 하러 가면서 누구는 데려가고 누구는 데려가지 않을 때 그 기준은 무엇이어야 할까? 내 입 안의 혀처럼 내게 예쁜 말 잘하고 살랑거리는 사람이나 친한 사람을 선호하는 리더도 있겠지만, 정말 중요한 일을 위해서라면, 그런 개인적 취향과 관계없이 전문성과 능력을 볼 것이다. 그러나 실제 일을 해 보면 리더가 실력 부분을 조금만 커버해줄 수만 있다면, 성실함과 진실함이 있는 사람을 팀원으로 택하는 것이 낫다는 것을 알게 될 것이다. 20여 년 전 목회를 할 때, 교회에 모 신학교를 수석졸업한 사람이 둘 있었는데, 한 사람은 사역도 잘해 시기 질투로 어려움을 겪었지만 나중에 아주 귀한 주의 종으로 쓰임 받았다. 다른 한 사람은 당시에 리더의 인정을 좀 받았지만 곧 말썽꾸러기임이 드러났다. 그럼 나머지 여러 평범한 목회자들은 어땠을까? 그들 대다수는 공부는 좀 못했지만, 그래도 주님의 일에 귀히 쓰임을 받았다. 제가 지난 28년간 사역하며 발견한 것은 약간의 실력과 똑똑함보다는 충성스러움과 진실함과 겸손함이 훨씬 더 중요하다는 사실이다. 내『변혁적 기독교 리더십』(도서출판 대서)에서 리더십 다이아몬드 모델로 설명했듯이 리더로서의 전문성을 말하는 'Doing Side'와 함께 반대편 꼭지점에 있는 'Being Side'가 균형 잡혀야 함을 강조한 것이 바로 이런 맥락이다. 특히 하나님의 사역을 위해, 복음 전도를 위해서는 약간의 머리와 지식보다는 인격과 영성이 훨씬 더 중요하다.

바울이 디모데를 동역자로 선택한 이유를 보여주는 2절은, 더베와 인접한 루스드라라는 도시는 물론 이고니온 사람들까지 모두 디모데를 알고 칭찬했다고 한다. 그것은 그의 신앙과 삶이 그가 살던 동네는 물론 인근 도시까지 소문날 정도로 훌륭했음을 의미한다. 그 지역에서 그리스도인들에게 칭찬받고 인정받는 삶의 증거를 우리는 평판이라고 한다. 리더십의 자격 중 하나는 주변 사람들에게 좋은 평판을 받는 것이다.『디모데전서』3장 7절은 리더의 자격을 언급하며, "외인에게서도 선한 증거를 얻은 자라야 할지니"라고 했고, 새번역은 "감독은 또한, 교회 밖의 사람들에게도 좋은 평판을 받는 사람이라야 합니다"라고 했다. 이런 이유로 3절 전반부에서 보듯 바울은 디모데를 자신의 전도여행에 데려가려고 했던 것이다.

사도 바울의 선택은 옳았다. 바울이 나이 들어 주님께 갈 때가 가까웠을 때 그에게는 추종자나 동생처럼 지내던 사람도 많았겠지만 디모데는 그에게 어떤 존재였을까?『고린도전서』4장 17절 전반부에서 바울은 그를 "주 안에서 내 사랑하고 신실한 아들 디모데"라고 부른다. 바울이 디모데를 사랑하고 아낀 이유는 당시 마가 요한과 달리 신실함이 있었기 때문이었다.

오랜 세월 후에도 디모데는 여전히 신실함을 증명했던 것이다. 사랑하는 친구와 아끼는 동생은 많지만, 아들이라고 부를 만한 사람은 인생에서 많지 않다. 디모데는 그런 사람이었고 그래서 쓰임 받은 것이다.

신실함으로 쓰임받는 사람되자(1-3).

디모데를 신실하다고 한 또 다른 이유가 있는데, 그것은 무엇일까? 『고린도전서』 4장 17절 후반부에서, 바울은 "내 사랑하고 신실한 아들 디모데를 너희에게 보내었으니 그가 너희로 하여금 그리스도 예수 안에서 나의 행사 곧 내가 각처 각 교회에서 가르치는 것을 생각나게 하리라"고 하였다. 사도 바울의 사역과 가르침의 DNA를 그대로 재생산해낼 믿을 만한 사람이기 때문이다. 그런 면에서 바울은 디모데와 떨어져 있어도 그를 믿었다. 그래서 『디모데전서』 1장 2절을 보면, 바울은 "믿음 안에서 참 아들 된 디모데에게 편지하노니"라고 했다. 여러분에게는 그런 믿음 안에서 참 아들과 딸이 있는가?

또한 주의 종에게 여러분은 어떤 존재인가? 주의 종이 하나님의 일에 함께 하고 싶은 사람인가, 아니면 사람은 똑똑한데 영 성실함이 보이지 않고, 복음의 정신이 다른데다가, 만나는 사람들마다 추천을 꺼리고 심지어 뒤에서 욕먹고 있는 사람인가? 돌아봐야 한다.

디모데의 집안은 어떠했는가? 디모데, 즉 '티모테오'란 헬라어는 '신을 경배하는 사람'이란 뜻인데, 3절에서 아버지가 헬라인이라는 부분의 동사가 원래 과거형인 것으로 봐서 이미 사망했고 기독교로 개종한 유대인 어머니가 기른 것으로 학자들은 본다. 디모데가 기독교 신앙을 갖게 된 것도 어머니의 영향 때문이다. 『디모데전서』 2장 5절에 의하면, 디모데의 어머니 유니게는 유대인이지만 예수님을 믿게 된 그리스도인이고, 외할머니 로이스도 기독교인으로, 디모데의 신앙은 어머니와 외할머니의 영향을 받은 것이다.

이상한 것은 3절을 보면 바울은 그를 데려다가 할례를 주었다는 점이다. 원래 유대인은 이방인과의 결혼이 금지되었지만 해외에 나가 살게 된 디아스포라들 사이에는 그런 상황이 많았던 것 같다. 디모데의 경우 엄마는 유대인 기독교인이고, 아버지는 헬라인이어서 어렸을 때 할례를 받지 못한 어정쩡한 상태였다. 나중에 후대 미쉬나 전통은 국제결혼을 한 유대 여자의 자식도 모계의 전통에 의해 유대인으로 인정해 주었지만.[1] 그 당시에는 그렇지 않았기 때문이다.

그런데 성인인 그를 데려다가 할례를 준 것이다. 15장에서 열띤 논쟁 끝에 예루살렘교회까지 가서 타결한 교리가 무엇이었느냐면, 즉 할례를 받지 않아도 하나님 백성이 될 수 있다는 것인데, 그에 배치되는 것 아닌가 하는 생각이 들 수도 있다. 『사동행전』 15장 2절에서 할례가 필요없음을 강조했고, 『갈라디아서』 5정 3절에서도 할례를 강력 반대하는 사람인데, 디모데에게는 할례를 받게 한 이유는 무엇일까? 그 이유를 3절 후반부는 "그 고장에 있는 유대인들 때문"이라고 한다.

우리는 베드로를 유대인의 사도로, 바울은 이방인의 사도라고 여기지만, 『사도행전』 9장 32절 이하와 10장에서 본 것처럼, 베드로가 이방인 선교에 첫 번째로 쓰임 받은 사도였고, 바울은 『사도행전』 9장 20절 등 많은 곳에서 보듯 이방 지역 어디로 선교를 가든지 가장 먼저 유대인 회당에 가서 유

1) 브루스, 콘첼만, 폴힐 등은 그래서 디모데를 유대인으로 본다.

대인 전도부터 한 사람이었다. 그래서 바울은 유대인 전도를 위해서 이방 문화에서 자랐지만 유대인인 디모데를 필요로 했다. 그런데 할례를 안 받았으므로 유대인 사역에 장애가 되지 않게 하기 위해 디모데의 경우에는 할례를 받게 한 것이다. 따라서 이 할례는 구원의 조건이 아니라, 『고린도전서』 9장 20절에서 말했던 것처럼, 유대인을 얻기 위해 유대인같이 될 필요가 있었기 때문에 베푼 것이다. 이런 이유로 할례를 받게 된 디모데는, 실라와 함께 바울의 든든한 동역자가 되어 길고 힘든 선교여행을 함께 다녔다.

4여러 성으로 다녀갈 때에 예루살렘에 있는 사도와 장로들이 작정한 규례를 그들에게 주어 지키게 하니.

바울은 선교여행을 다니며 복음을 전할 뿐 아니라, 예루살렘교회가 부탁한 것처럼 야고보가 제시한 세 규정을 함께 전했다고 한다. 그 규례를 지칭할 때에 '사도'라는 단어가 16장 4절에서 마지막으로 사용된다. 이제 후로는 예루살렘교회의 전통적 12사도에 대한 언급은 무대에서 사라질 것이다. 다만 바울 일행의 사역에 의해 교회들은 건강하게 자라가게 되었음만 강조할 것이다.

5이에 여러 교회가 믿음이 더 굳건해지고 수가 날마다 늘어가니라.

바울은 교회가 15장 40절처럼 주님의 은혜 가운데 시작된 것을 잘 알고 있었다. 그래서 많은 사람이 모여 예배를 드리며 교회가 커진 것만 성공이 아니라, 교회의 믿음을 은혜 가운데 더 굳건하게 서도록 돕는 것이 더 중요했다. 그래서 전에 세워 놓은 교회를 방문해 예루살렘교회의 규례를 그들에게 전했을 뿐 아니라, 그들을 든든히 잘 양육해 든든한 군사로 세웠다. 그것은 매일 아침 일어나서 말씀을 읽고 정기적으로 기도하는 전통적인 종교훈련이 잘 되어 있는 유대인 출신 기독교인들의 신앙생활이 전부가 아니었으므로, 다시 찾아가 또 다른 땀과 기도와 눈물의 훈련을 더한 것이다. 그 결과 5절처럼 여러 교회들은 믿음이 굳건해지고, 그 기초 위에서 재생산이 일어났다. 성숙 없는 성장도, 성장 없는 성숙도 다 바람직하지 않다. 성숙에 기초한 재생산이 있을 때 건강한 교회라 할 수 있는 것이다.

『사도행전』 16장 6절 이하에서는 바울의 2차 전도여행이 본격적으로 펼쳐진다. 마가 요한 대신 선택한 실라에, 주변 그리스도인들에게 칭찬 받는 디모데란 뛰어난 동역자를 더해 팀을 보강한 바울은 아시아 지역에 복음을 전하려고 했던 것 같다. 왜냐하면 소아시아 특히 에베소는 당시 로마의 총독이 상주하던 대도시였고, 바로 그런 요지를 복음화하는 것이야말로 목회자라면 누구나 갖는 꿈일 것이다. 그런데 예상치 못한 일이 벌어졌다.

> 6 성령이 아시아에서 말씀을 전하지 못하게 하시거늘, 그들이 브루기아와 갈라디아 땅으로 다녀가.

성령이 서쪽 소아시아에서 말씀을 전하지 못하게 하셨다. 그래서 바울 일행은 북쪽으로 방향을 틀어 브루기아와 갈라디아 지방을 다니며 복음을 전했다. 그곳을 지나 7절처럼 이번에는 무시아를 지나 계속 북쪽의 비두니아로 가려고 했다.

[7]무시아 앞에 이르러 비두니아로 가고자 애쓰되, 예수의 영이 허락하
지 아니하시는지라. [8]무시아를 지나 드로아로 내려갔는데.

바울의 계획과 달리 7절은 다시 예수의 영이 허락하지 아니하셨다고 한다. 그래서 바울 일행은 8절에서 보듯 무시아를 지나 산악 지대로 직진해야만 했다. 그리로 가면 알렉산더 대왕의 후계자 중 하나인 안티고누스 1세가 건설해 대왕의 이름을 따서 헌정한 알렉산드리아라는 거대한 인공 항구 도시가 나온다. 이곳은 북아프리카 이집트 북부의 알렉산드리아와 헷갈리기 때문에 알렉산드리아 트로아스라고 불렀는데 그곳이 드로아다.

이처럼 선교여행의 방향을 그렇게 몰아가게 한 것은 누구인가? 바울인가, 실라인가, 디모데인가? 성령님이셨다. 그런데 6절의 성령을 7절에서는 누구라고 불렀는가? '예수의 영'이라고 불렀다.

사실 성령님은 『로마서』 8장 9절을 보면, "만일 너희 속에 하나님의 영이 거하시면 너희가 육신에 있지 아니하고 영에 있나니, 누구든지 그리스도의 영이 없으면 그리스도의 사람이 아니라"고 하듯이, 그리스도의 영을 하나님의 영이라고 부른다. 『로마서』 8장 14절, 『고린도전서』 3장 16절; 12장 3절에서도 하나님의 성령이라고 한다. 더 놀라운 것은 본문 16장 10절에 이르면, 『사도행전』의 저자 누가는 성령을 "하나님"이라고 한다. 그러면 성령은 예수의 영이고, 하나님의 영이시며, 동시에 삼위일체 하나님 그분 자신이란 말이다. 이 모든 일은 결국 성령 하나님의 작품이었다. 그러므로 우리 모두는,

성령의 인도하심에 민감함으로 쓰임받는 사람이 되자(6-8).

그래서 어떤 사람들은 사도행전이 아니라 성령의 행전이라 부르는 것이 더 적절하다고 주장하는 것이다. 그럼 하나님이 다 하시면 우리가 할 일은 무엇인가? 하나님이 일 하시는 것을 분별하여 그 일에 동참하며 순종하는 것이다.

이렇게 성령께서 바울 일행을 드로아로 몰아가신 이유는 하나님께서 다음 선교 여정을 위한 아주 중요한 계획을 가지고 계셨기 때문이다. 성령께서 그 계획을 아주 구체적인 환상으로 보여주시는 것이 9-10절 내용이다.

> 9밤에 환상이 바울에게 보이니, 마게도냐 사람 하나가 서서 그에게 청
> 하여 이르되, 마게도냐로 건너와서 우리를 도우라 하거늘, 10바울이 그
> 환상을 보았을 때 우리가 곧 마게도냐로 떠나기를 힘쓰니, 이는 하나님
> 이 저 사람들에게 복음을 전하라고 우리를 부르신 줄로 인정함이러라.

9절에서 드러난 것은 무엇인가? 하나님께서는 당시 이방 문화의 본거지인 그리스의 북쪽 마케도니아 지역을 복음화하고 위에서 아래로 그리스를 복음화하려는 플랜을 가지고 계셨던 것이다. 그것을 어떻게 알리셨나? 베드로는『사도행전』10장 9절 이하에서 대낮 점심 시간에 꿈속에서 보자기에 싸여 있는 짐승과 기는 것과 새들을 먹으라는 환상과, 고넬료가 보낸 사람의 초청을 받아 이방인도 이제 차별 없이 구원받아 하나님 백성으로 만들 것이란 주님의 플랜을 깨달은 적이 있었다.

반면 바울은 밤에 꿈속에서 환상을 보게 된다. 바울이 꿈을 꾸었는데, 마게도냐 사람 하나가 그에게 나타나 건너와서 우리를 도와달라고 초청한 것이다. 욥바에 있던 베드로의 환상 사건과 유사한 패턴이다. 성경이 완성

되지 않았던 고대 사회에서 꿈은 하나님께서 종종 커뮤니케이션하던 방법이었다. 이처럼 9절의 꿈으로 말미암아, 왜 6절에서 성령께서 바울이 소아시아에서 복음을 전하려는 것을 못 가게 막고, 갈라디아에서 비두니아로 가려고 해도 막고, 7절에서 보듯 드로아로 몰아가셨는가 하는 이유가 밝혀졌다. 그것이 주께서 주신 환상인 것이 분명한 이유는, 10절에서 보듯 그 꿈의 의미가 무엇이고 주의 뜻이 무엇인지 즉각 알게 되었기 때문이다.

텐트메이커 제자 훈련가로 살던 내게 풀타임 목회자로 부르실 때였다. 오랜 세월 소명을 거부하며 미국에서 컴퓨터공학으로 박사과정을 하던 중 강한 부르심과 함께 평소에 안 꾸던 꿈을 꾸게 되었다. 예비군 훈련소 매점에 갔는데, 그곳은 서점도 아닌데 책이 가득 진열되어 있고, 한 쪽에는 떡고물이 있었다. 매점 주인이 실컷 먹고 책 보고 놀다가 가라며 웃는데, 아주 음흉한 웃음이었다. 책도 보고 수수팥떡 고물도 먹으며 놀다가 늦게 훈련장으로 가는데, 동료들은 벌써 내려오고 있는 것이다. 제가 원래 땡땡이꾼이 아니고 성실하게 살던 사람인데, 꿈속의 나는 본래 내 모습이 아니었다. 정말 이상한 꿈이었다. 훈련을 마치고 내려오는 사람들에게 어떻게 된 거냐고 물었고, 조교가 무섭고 훈련이 빡세다던데라고 하자, 아니다. 얼마나 맘씨 좋은 조교인데 그러냐? 시험만 보고 붙은 사람들에게 은혜로 일찍 마치고 보내줬다는 것이다. 그런데 너처럼 예비군복 입고 가면 안 되고, 전투복 입고 가야 한다는 것이다. 거기 예비군 훈련소인데 무슨 소리인가? 내가 갖고 있던 선입관과 달리 모든 게 다 이상했다. 얼른 뛰어가서 조교에게 나도 시험치게 해달라고 했는데, 예비군훈련소 시험 문제가 뭐였냐면 "광원과 스크린 사이에서 너의 위치 변동에 따른 함수 관계를 논하라"였다. 예비군 훈련소에서 이게 무슨 말도 안 되는 소리냐 하는데 깼다. 잘 때 꿈꾸는 일도 별로 없지만, 깨면 꿈을 기억 못하는데, 30년이 더 지난 지금도 너무도 선명하게 기억난다. 그리고 깨자마자 그 꿈의 의미가 무엇인지 즉시 명료하게 깨달아졌다. 그게 이상했다.

이 일 후에 하나님께서 나를 전임 사역자로 부르시는데 내 역할이 무엇이고, 그렇게 겁먹고 버티거나 도망갈 필요가 없다는 것을 알게 되었다. 이런 것이 주께서 주신 환상의 꿈이다.

사도 바울은 바울 나름대로 주님을 위해 헌신했고, 주를 위해 충성스럽게 살았지만, 하나님은 환상의 꿈을 통해 하나님 자신의 플랜과 그가 가야 할 길을 일러주신 것이다.

바울이 하려고 했던 소아시아의 중심지 에베소 선교는 주께서 나중에 허락하실 것이고, 지금은 그리스 북부 지역인 마케도니아 지역의 빌립보, 데살로니가, 베뢰아를 선교하고, 17장에서 보듯 그 아래, 당시 문화의 중심지 그리스 아테네로 바울을 이끄셔서 그곳에서 복음을 전하게 했던 것이다.

우리는 당장 하나님의 모든 계획을 다 청사진처럼 꿰뚫어 볼 수는 없다. 소아시아 에베소 선교는 왜 응답하시지 않느냐고, 언제 허락하실 것이냐고 묻고 싶지만 그것은 하나님의 영역이다. 우리는 그때를 19장에 가서 볼 것이다. 이 사건을 통해 깨닫는 마지막 교훈은:

하나님의 일은 성령의 부르심에 순종할 때 성취됨을 아는 사람이 되자 (6-10).

그럼 우리가 할 일은 무엇인가? 오늘 주의 이끄심에 민감하고, 그 일에 순종하여 하나님께서 인도하시는 오늘의 일에 믿음으로 동참하는 것뿐이다.

당신은 바울처럼 항상 성령의 인도하심에 민감하고 순종할 수 있겠는가? 그리고 디모데처럼 선한 평판으로 오늘 쓰임 받을 준비가 되어 있는가?

단편적인 생각과 깊이 있는 생각

(행 16: 11-40)

사도 바울 일행이 빌립보를 처음 방문하여 빌립보교회를 세우게 된 이야기가 본문이다. 『빌립보서』를 보면 이 교회는 바울이 매우 많은 애정을 가진 교회 중 하나였는데, 사도행전 이야기와 중복되는 부분이 별로 없다.

[11]우리가 드로아에서 배로 떠나 사모드라게로 직행하여 이튿날 네압볼
리로 가고, [12]거기서 빌립보에 이르니, 이는 마게도냐 지방의 첫 성이요,
또 로마의 식민지라. 이 성에서 수일을 유하다가, [13]안식일에 우리가 기
도할 곳이 있을까 하여 문 밖 강가에 나가, 거기 앉아서 모인 여자들에
게 말하는데, [14]두아디라 시에 있는 자색 옷감 장사로서 하나님을 섬기는
루디아라 하는 한 여자가 말을 듣고 있을 때, 주께서 그 마음을 열어 바
울의 말을 따르게 하신지라. [15]그와 그 집이 다 세례를 받고 우리에게 청
하여 이르되, 만일 나를 주 믿는 자로 알거든 내 집에 들어와 유하라 하
고 강권하여 머물게 하니라.

드로아에서 배를 타고 신도시란 뜻의 네아폴리스로 가서, 거기서 마케도니아 지역의 첫 번째 중요한 방문 도시 빌립보로 가게 되었다. 항상 그랬듯

이 바울은 유대인 회당이나 기도처를 찾아가 기도하고, 그곳에 모인 유대인들에게 복음을 전한다. 13절에서 보듯 유대인 기도처가 있을 것으로 여겨진 강가에서 모인 사람들에게 복음을 전했는데, 그 가운데 두아디라 출신 루디아라는 자색 옷감 장수가 귀를 기울여 들었다. 원래 자색 옷감은 사치품으로 페니키아의 두로가 주산지였지만, 그 다음으로 두아디로에서 많이 생산되었다. 그 옷감을 수입해 팔던 여류 옷감 상인 루디아는 하나님을 공경하는 이방인이었는데, 바울의 복음에 귀를 기울이자, 15절에 보듯 주께서 그 여인의 마음을 열어 거듭나게 해주셨다.

당시에는 한 사람이 예수님을 믿으면 그 집안이 다 믿는 것이 자연스러웠다. 물론 그 경우 부모의 영향력과 권위가 살아 있는 것이 전제되는 것이지만 말이다.

루디아의 회심과 가족 전도로 인해 가족이 다 예수님을 믿게 되었고, 15절처럼 집안사람이 모두 다 세례를 받았다. 강가를 언급한 이유는 세례, 당시의 침례 때문이었을 것으로 추정된다.

그 경우 자연스러운 다음 행동은 복음을 자신들에게 전한 주의 종을 집을 열어 모시고 섬기는 것이다. 바울이 구원을 준 것이 아니다. 말씀의 종일 뿐이다. 그러나 은혜를 입는 통로요 도구로 쓰임을 받은 분에게도 감사의 마음을 갖고 섬기는 것은 자연스러운 반응이다. 복음 전하는 선교여행 중인 바울을 집에 초청해 머물게 하고 대접했다. 그것이 변화된 사람의 섬김의 자세이고, 은혜 입은 사람의 감사의 삶인 것이다. 이렇게 해서 유럽 최초의 교회 빌립보교회가 세워지게 된 것이다.

그러면 『사도행전』이 보여주고 싶어 하는 믿음은 무엇이고 교회란 무엇인가?

믿는다는 것은 예배를 잘 드리고 나 혼자 신앙생활 곧 종교생활 잘 하고 있는 것이 아니다. 그것은 표면적 신앙이요 편견이요 단편적 생각이다. 그렇다면 깊이 있는 생각, 성경이 말하는 진정한 신앙생활이란 무엇인가? 구원이 무엇인가? 자신만의 공간을 열어 주님을 영접하여 모셔 들이는 것이다. 그 일을 행한 사람은, 자신만의 사적 공간인 가정을 열어 그리스도의 영을 가진 사람들, 곧 그리스도인을 환대하는 것이다. 그것은 귀찮고 싫은 일이지만, 그것이 바로 거듭난 사람들의 특징이다. 그렇게 형성된 모임을 교회라고 한다. 그렇게 하여 루디아의 집에 형성된 공동체를 우리는 빌립보교회라고 부르는 것이다. 그러면 본문의 교훈은?

☞ 진정한 회심 후 자신의 공간을 오픈할 때 교회는 시작된다(11-15, 33-34).

이런 사역을 하게 된 데에는 사도의 정기적 경건생활이란 기초가 있었다. 16절을 보면 다시 기도하는 곳으로 가는 길이었다.

> 16우리가 기도하는 곳에 가다가 점치는 귀신 들린 여종 하나를 만나니, 점으로 그 주인들에게 큰 이익을 주는 자라. 17그가 바울과 우리를 따라와 소리 질러 이르되, 이 사람들은 지극히 높은 하나님의 종으로서 구원의 길을 너희에게 전하는 자라 하며, 18이같이 여러 날을 하는지라. 바울이 심히 괴로워하여 돌이켜 그 귀신에게 이르되, 예수 그리스도의 이름으로 내가 네게 명하노니 그에게서 나오라 하니, 귀신이 즉시 나오니라.

어떤 사람들은 "당신은 지극히 높은 하나님의 종이며 구원의 길을 너희에게 전하는 자"라고 귀신도 인정해 주면 얼마나 멋진 일이냐, 귀신도 알아주는 종이니 좋겠다고 생각할지도 모른다. 그것이 사람들의 첫 번째 단편적인 생각이다.

그 여자가 한 말, "이 사람들은 지극히 높은 하나님의 종"이란 말의 하나님은 성경의 번역이고 헬라어 그대로 번역하면 '이 사람들은 가장 높은 신의 종'이라는 말일 뿐이지 꼭 이 부분의 헬라어 *theos*가 야훼 하나님이나 예수를 의미하는 것은 아니다. 그 귀신들린 여종의 입장에서는 그리스의 최고신인 제우스로 생각했을 수도 있다. 그 점쟁이가 말하는 구원의 길도 예수님의 구원이라기보다, 그리스 신들의 구원의 길을 의미하는 것이다.

아무튼 귀신들린 점쟁이로부터도 최고 신의 종이라고 인정받는 것은 놀라운 일이지만, 그게 그렇게 감사할 일은 아니다. 사실 귀신이 칭송해 주는 것은 괴로움이다. 게다가 그 여자가 예수의 구원의 복음을 말하는 것도 아니고, 바울이 볼 때는 귀신들려서 그리스 예언 방식으로 점을 치는 말을 하는 것을 용납할 일도 아니었다. 그래서 너무도 괴로워서 그 귀신을 쫓아버린 것이다.

우리는 얼른 생각하기에 이렇게 신통하게 잘 맞추고, 바울 일행이 얼마나 대단한 존재인가를 증언해 주면 선교에 도움이 될 것이라고 생각할 수 있지만, 그것은 너무나 단편적인 생각이라고 했다. 아무리 좋은 이야기라도 계속 따라다니며 하는 행동과 큰 소리를 지르는 행동은 질서에 어긋나고 무례한 행동으로 상대에게 피해를 주는 힘든 일이다. 누구나 한 번은 잘못할 수 있다. 그러나 선의라 할지라도 지속적인 스토킹이나 팬의 마음으로 한다고 핑계를 댈지라도 상식선을 넘는 행동은 상대편에게 피해를 주는 것임을 알아야 한다.

표면적인 사람들이 알 수 없는 것을 꿰뚫어보는 이런 능력을 16절과 18절 후반부는 귀신이 하는 일이라고 한다. 점치러 가는 사람들은, 용하다 신통하다 하는데 그 말은 신이 통했다, 귀신이 한다는 뜻이다.

어떤 힘을 이용하든 점을 치고 미래를 꿰뚫어보는 일이 도움이 되는 일이라면 다 좋은 것이 아닌가 하는 것은, 세상 사람들이 갖는 두 번째 단편적인 생각이다.

이와 같이 사람들이 갖는 단편적 생각은, 신통한 능력을 갖고, 장래와 영계(靈界)를 보는 능력을 가지고 많은 사람들의 칭송을 받으면 행복하고 모든 문제가 다 해결될 것이라는 생각이다. 그러나 진정 깊이 있는 생각은 주께서 주시는 궁극적 만족과 기쁨 없이는 행복할 수 없다는 것이다.

✎ 남이 알아주는 것과 칭송이 궁극적 만족과 기쁨을 주지는 못한다 (16-18).

사람들의 단편적 생각과 달리, 어떤 능력을 가지고 있으며, 사람들이 그 능력을 인정해 주는데도 우리가 행복할 수 없고, 바울도 행복할 수가 없는 까닭은 무엇인가?

그것은, 구약의 표현으로 말하면, 접신 즉 귀신과 접촉하는 일이고, 그것은 하나님만 의지하지 않고 다른 신을 섬기는 악한 일이요 잘못된 일이기 때문이다. 16절은 그 여자를 점치는 귀신 들린 여종이라고 했는데, 원문은 *pneuma pythona*(영이 들린 여자)라는 뜻인데, 퓌쏜은 그리스 신화에서 델피신전을 지키는 뱀 혹은 용이다. 그 여종은 신전에서 예언을 담당하는 뱀/

용의 영으로 점을 치는 것이었기에 악한 것이고, 사도는 예수의 이름으로 그 귀신을 내쫓은 것이다. 그런데 그 결과는 어떻게 되었는가?

> [19]여종의 주인들은 자기 수익의 소망이 끊어진 것을 보고 바울과 실라를 붙잡아 장터로 관리들에게 끌어갔다가, [20]상관들 앞에 데리고 가서 말하되, 이 사람들이 유대인인데 우리 성을 심히 요란하게 하여, [21]로마 사람인 우리가 받지도 못하고 행하지도 못할 풍속을 전한다 하거늘, [22]무리가 일제히 일어나 고발하니, 상관들이 옷을 찢어 벗기고 매로 치라 하여, [23]많이 친 후에 옥에 가두고 간수에게 명하여 든든히 지키라 하니, [24]그가 이러한 명령을 받아 그들을 깊은 옥에 가두고 그 발을 차꼬에 든든히 채웠더니.

귀신을 쫓아내 주었더니 사람들이 바울과 실라를 잡아다가 무고를 하고 감옥에 집어넣어 버린 것이다. 귀신을 쫓아내면 좋은 것 아닌가? 사람들이 좋아해 줄 것이라 생각한 사람이 있다면, 그것이 또 하나의 단편적인 생각이다.

사람들은 자신에게 도움이 되는 일을 해줘도 고마워하지 않고 미워할 수도 있다. 사람들은 장기적으로 그것이 얼마나 고마운 일인가를 생각하기보다는 당장 눈앞의 이익만 생각한다. 그 여종은 뱀/용의 귀신 영으로 점을 쳐서 주인에게 많은 돈을 벌어 주고 있는데, 바울 때문에 그 능력을 잃게 되었으니 얼마나 화가 나겠는가? 점치는 여종은, 19절을 보면, 여러 명이 관리를 한 모양인데, 그 주인들이 화가 나서 바울과 실라를 잡아서 아고라 장터 혹은 광장으로 끌고 가서 관리들에게 모함을 했다. 이 사람들은 유대인들인데, 우리 로마 사람들의 풍속과 다른 것을 전한다는 것이다. 그것은 아마도 그리스 로마인들의 예배 방식과 다른 종교 활동을 전했다는 뜻일 것이다. 실제로 키케로의 기록에 의하면, "공식적으로(국가로부터) 인정받지 않는 한, 그 누구도 새로운 신이나 외국의 신이나 스스로 신들을 모실 수 없다"는 규정이 있었다고 한다.

받아들일 수 없는 풍속을 전한다는 21절의 내용은 20절에서 우리 도시를 심히 요란케 한다는 정치적 포장으로 고발되었다. 이런 정치 종교적 고발은 사람들을 가장 크게 격동시키는 요소다. 그래서 22절에 보듯 군중들이 일제히 가세해 공세를 펴자, 당황한 행정관들은 옷을 찢고 태형을 하도록 명령해 무리들의 흥분을 달랬다. 이것은 군중의 눈치를 보며 한 매우 정치적인 행동으로 나중에 문제가 될 것이다.

우리의 단편적인 생각은 상대에게 좋은 일을 해주면 고마워할 것이란 가정이다. 그러나 상대에게 유익한 일을 해준다고 모두가 고마워하지는 않는다(19-24). 오히려 박해를 받을 수 있다.

강도 높은 처벌 후 그들을 철통 같은 감옥 깊숙이 집어넣고 잘 지키라고 간수들에게 명하자 그들은 발에 차꼬까지 채웠다.

25한밤중에 바울과 실라가 기도하고 하나님을 찬송하매, 죄수들이 듣더라. 26이에 갑자기 큰 지진이 나서 옥터가 움직이고 문이 곧 다 열리며 모든 사람의 매인 것이 다 벗어진지라.

사도 베드로와 요한도 복음을 전하다가 감옥에 갇히고 죽을 고비를 여러 번 넘겼지만, 사도 바울과 실라도 복음을 전하다가 감옥에 갇히고 억울한 일을 당하고 매를 맞아 죽을 고비를 겪는다.

그런데 바울과 실라는 예상치 못한 놀라운 반응을 보인다. 그 깊은 감옥에서 같이 기도하더니 하나님을 찬송했다. 적막한 깊은 감옥의 죄수들이 모두 그들의 기도와 찬양을 들었다고 한다. 그 순간 갑자기 큰 지진이 일어났다. 감옥 터가 흔들리더니 문이 다 열리고 바울과 바나바뿐 아니라, 모든 죄수들의 차꼬가 다 풀려버렸다. 하나님의 역사로 모든 죄수들까지 그 기적의 은혜를 입었다.

하나님께서 자신의 종을 풀어주기 위해 기적을 베푸실 때 때로는 쇠사슬이 그냥 벗어지고 나가면 문이 그냥 열리게 하기도 하지만, 때로는 지진이 일어나 감옥터가 흔들리고 문이 열린 후 죄수들의 손발을 묶어놓은 쇠사슬들이 다 느슨해져 버렸다.

> [27]간수가 자다가 깨어 옥문들이 열린 것을 보고 죄수들이 도망한 줄 생각하고, 칼을 빼어 자결하려 하거늘, [28]바울이 크게 소리 질러 이르되, 네 몸을 상하지 말라. 우리가 다 여기 있노라 하니.

하나님께서 자신의 종을 풀어주기 위해 기적을 일으키지만, 주의 종은 자신이 경험한 기적으로 간수들이 피해를 보는 일도 최소화되게 한다. 전에 베드로(?)의 출옥으로 여러 사람이 사형당한 적이 있었다.

간수들은 죄수들이 탈옥하면 어차피 죽을 목숨이라고 생각해 칼을 빼 자결하려고 하자, 바울이 큰 소리를 질러 말렸다. 우리가 다 여기 있고 도망가지 않았다고.

바울은 하나님께서 풀어줘도 사도 베드로 때와 달리 그냥 나가지 않았다. 그리고 그것을 간수를 구원하는 기회로 삼았다.

[29]간수가 등불을 달라고 하며 뛰어 들어가 무서워 떨며, 바울과 실라
앞에 엎드리고, [30]그들을 데리고 나가 이르되, 선생들이여, 내가 어떻게
하여야 구원을 받으리이까 하거늘, [31]이르되, 주 예수를 믿으라. 그리하
면 너와 네 집이 구원을 받으리라 하고, [32]주의 말씀을 그 사람과 그 집
에 있는 모든 사람에게 전하더라.

하나님의 기적은 모두에게 좋은 일이 될 것이라는 것이 우리의 단편적인 생각이다. 그러나 현실은 어떤 사람들에게는 고난이 되기도 한다. 마치 하나님의 아들 구원자가 동정녀 탄생으로 세상에 나셨을 때 수많은 사람들이 첫 아들을 잃었던 것과 같다. 그렇다면 깊이 있는 생각은 무엇인가? 가능하다면 그 은혜의 순간이 모두에게 은혜의 시간이 되도록 우리도 애써야 한다는 것이다. 바울 일행은 그 기적으로 이루어진 기회를 이용해 도망치지 않았다. 당연히 누릴 수 있는 특권과 권리를 간수와 가족을 구원하는 기회로 삼기 위해 자신에게 주어진 특권 누리기를 포기했다. 이처럼,

☞ 내가 받은 은혜와 구원이 남에게도 구원과 은혜가 되게 해야 한다 (25-32).

[33]그 밤 그 시각에 간수가 그들을 데려다가 그 맞은 자리를 씻어 주고
자기와 그 온 가족이 다 세례를 받은 후, [34]그들을 데리고 자기 집에 올
라가서 음식을 차려 주고, 그와 온 집안이 하나님을 믿으므로 크게 기뻐

하니라.

구원받은 간수 역시 15절의 루디아처럼 은혜를 입은 것에 감사해서 바울 일행을 자기 집으로 데려가서 식사를 대접하고 온 집안이 다 믿고 세례를 받은 것에 감사하고 기뻐했다. 이것이 은혜 받고 구원받은 사람들의 일반적인 패턴이다.

35날이 새매, 상관들이 부하를 보내어 이 사람들을 놓으라 하니, 그 다
음 날 이 모든 상황을 보고 받은 행정관들은 부하를 보내어 사도 일행을
풀어주라고 했다. 36간수가 그 말대로 바울에게 말하되, 상관들이 사람을
보내어 너희를 놓으라 하였으니 이제는 나가서 평안히 가라 하거늘, 37바
울이 이르되, 로마 사람인 우리를 죄도 정하지 아니하고 공중 앞에서 때
리고 옥에 가두었다가 이제는 가만히 내보내고자 하느냐? 아니라. 그들
이 친히 와서 우리를 데리고 나가야 하리라 한대, 38부하들이 이 말을 상
관들에게 보고하니, 그들이 로마 사람이라 하는 말을 듣고 두려워하여,
39와서 권하여 데리고 나가 그 성에서 떠나기를 청하니, 40두 사람이 옥
에서 나와 루디아의 집에 들어가서 형제들을 만나보고 위로하고 가니라.

그런데, 22절의 로마 관리들의 정치적 행동은 잘못된 것이었다. 그들은 상황을 확인하고 피고발인들의 변명과 상황을 파악하고 처리했어야 했는데, 자신들의 힘만 믿고 독단적인 행동을 한 것이다. 사도 바울은 그 부분을 짚고 넘어간다. 그 이야기가 37절이다. 그렇다고 외국인으로서 그들을 처벌하려고 하는 것이 아니다. 잘못을 지적하고 정의와 질서를 바로 잡고

자 할 뿐이다. 잘못된 과거를 바로 잡지 않으면 바른 미래는 없다.

대중의 요구와 권력자의 힘의 남용은 큰 과실을 유발할 수 있다. 그러나 바울은 그냥 모른 체하고 넘어가도 될 텐데, 그렇게 하지 않고, 자신이 가지고 있는 힘과 권력을 또 다른 핍박받을 사회적 약자들과 사회 정의를 위해 사용했다. 그러므로,

☞ 우리에게 주신 힘과 권세로 정의를 바로 세워야 한다(33-40).

이것이 바로 『사도행전』이 보여주는 그리스도인의 세상 속에서의 자세, 교회의 사명과 교회의 태도인 것이다.

우리 가운데 참된 성경 강론이 있다면

(행 17: 1-14)

『사도행전』 16장에서 우리는 빌립보교회가 어떻게 세워졌는지 그 과정을 보았다. 유럽 첫 교회의 개척이란 기쁨도 있었지만, 그 와중에 귀신의 힘을 빌려 점치던 여자의 귀신을 쫓아내자 돈줄이 막힌 사람들이 바울을 모함하는 바람에 옥살이를 하는 억울한 일도 있었다. 결국 주의 도우심으로 잘 풀려났지만, 어떻게 로마 시민권자를 임의로 체벌을 하고 옥에 가둘 수 있느냐고 바울이 항의하자, 난처해진 당국자들은 그의 요청대로 책임자가 부하들을 데리고 와서 사과를 했다. 동시에 더 이상 소란이 생기지 않기를 원해서 바울 일행에게 빌립보를 떠나달라고 간청했다. 당장 어디로 가야 할지 결정된 바는 없었지만 바울 일행은 발걸음을 옮겼다.[1] 그들의 발

1) 이 시점에서 우리는 두 가지 관점에서 일의 진행을 바라볼 수 있다. 하나는 주의 종이지만 사람의 마음이 어떻게 움직이는가를 볼 수 있다. 빌립보를 떠나 마케도니아 지역을 계속 선교여행을 하면서, 바울 역시 소아시아의 중심 도시 에베소 선교를 꿈꿨던 것처럼 당시 마케도니아 지역의 중심 도시였던 데살로니가에 가서 복음을 전하고 싶었을 것이다. 가장 유력한 도시의 복음화는 항상 모든 목회자의 소망이기 때문이다. 또 하나는 하나님의 인도하심, 즉 성령의 이끄심의 관점이다. 빌립보에 미약하지만 교회가 세워지자 하나님은 이제 마케도니아의 중심 도시인 데살로니가 선교를 위해 빌립보 도시 당국자들을 움직여 바울 일행을 그곳에서 끄집어내 보내시는 것이다.

걸음은 어디에 이르렀을까?

[1]그들이 암비볼리와 아볼로니아로 다녀가 데살로니가에 이르니, 거기 유대인의 회당이 있는지라. [2]바울이 자기의 관례대로 그들에게로 들어가서 세 안식일에 성경을 가지고 강론하며.

바울 일행은 마케도니아 남부 지역 초기 수도였던 암피폴리스와 그곳에서 서남쪽 40킬로미터 떨어져 있는 아폴로니아를 거쳐 50킬로미터를 더 진행해 데살로니가에 도착했다. 데살로니가는 알렉산더 대왕 수하의 카산드로스 장군이 대왕의 이복누이 이름을 따서 봉헌한 도시로, 당시 로마 원로원 원로가 다스리던 그 지역의 수도였다.

바울은 13장 5절과 14절에서 비시디아 안디옥에 갔을 때부터 두 가지 방식으로 선교를 했다. 먼저 회당에 가서 기도하고, 그곳에 모인 사람들에게 복음을 전했었다. 14장 1절은 물론 16장, 그리고 본문 17장 2절에서도 그것을 볼 수 있다. 회당에는 유대인들도 있었지만, 4절에서 "경건한 헬라인"이라고 불렸던 유대교의 하나님을 믿는 이방인들도 있었으므로 그것은 바울의 주요 선교 전략이었다. 2절은 그 방식을 바울의 관례 즉 습관이라고 부른다. 그는 기도와 전도가 습관이 된 삶을 살고 있었다. 여러분은 그리스도인으로서 어떤 삶의 방식이 있는가?

그런데 2절이 보여주는 바울의 선교와 교회 개척의 핵심 전략이 또 하나 등장하는데, 그것은 성경 강론이었다. 그것도 한 회당에 머물며 세 안식일에 걸쳐 지속적 강론을 한 것이다. 세 안식일이란 연속적 3주를 말하는지, 상당 기간 머물면서 안식일 중 세 번 가서 말씀을 가르쳤는지는 정확히 알 수 없다. 다만 『빌립보서』 4장 16절을 보면, 데살로니가에 있을 때 빌립보 교인들이 두 번이나 쓸 것을 보내왔다는 사실에 미루어, 3주 정도가 아니라 더 긴 기간 그곳에서 사역했을 확률이 매우 높다.2)

이때 했던 강론이란 강해나 일방적 설교가 아니었다. 강론을 가리키는 헬라어 '*dialeksato*'란 단어인데, 그 어근은 *dialegomai*로 영어의 dialogue란 말이 거기서 나온 것이다. 즉 사도 바울은 성경 말씀을 펴서 사람들과 연구하고 함께 대담, 즉 다이얼로그를 했다.3) 그렇다면 무슨 대담을 했을까?

> 3뜻을 풀어 그리스도가 해를 받고 죽은 자 가운데서 다시 살아나야 할 것을 증언하고, 이르되 내가 너희에게 전하는 이 예수가 곧 그리스도라 하니.

바울이 일정 기간 이상을 머물며 한 일은 성경을 열어 하나님의 구원이 결국 어떻게 예수님의 십자가의 죽음과 부활을 통해 완성되었는가를 풀어 증언하는, 즉 성경을 열어 보여주는 것이었다.4) 그런 의미에서는 오늘날의 강해(exposition)라 할 수 있을 것이다. 복음을 믿지 못하는 사람들에게 성

---

2) 그렇다고 사도 바울이 빌립보 교인의 선교 헌금에만 의지해서 데살로니가 지역 선교를 한 것은 아니다. 살전 2: 9을 보면; 이 기간 동안 바울이 복음을 전할 때 사도 일행은 아무에게도 폐를 끼치지 않으려고 일을 구해서 밤낮으로 일하면서 복음을 전했다고 하기 때문이다. 보내온 선교 헌금도 도움이 되었지만 텐트메이커로 일하며 선교를 했다는 말이다.

3) 이처럼 한 지역을 전적으로 책임지고 지속적으로 강해를 하는 바울과 실라와 디모데 같은 전임사역자 팀이 없이 일주일에 하루 예배 시간에만 왔다가는 사람들로 교회가 든든히 세워지기는 힘들다.

4) 바울이 한 것이 강해 설교는 아니지만, 만일 그것을 설교로 했다면, 설교학에서는 그것을 구속사적 설교 혹은 그리스도 중심적 설교라고 할 것이다.

경을 펴서 예수님의 대속적 죽음의 의미와 부활을 논증하는 강해와, 2절처럼 대담을 병행했다. 사실 이런 사역은 평범한 교인들에게는 쉽지 않을 것이다. 성경 전체를 흐르는 하나님의 구속사적 해석 훈련이 필요하기 때문이다. 그래서 하나님은 말씀의 종들을 따로 세우시고 훈련하는 것이다. 그러나 보통 성도들도 성경을 통해 어느 정도는 그리스도를 증거할 수 있어야 한다. 그것을 위해 훈련받고 준비하기 바란다.

이렇게 몇 주에 걸쳐 강해와 함께, 사람들과 성경 연구와 토론의 다이얼로그를 한 결과 헬라 사상에 사로잡혔던 데살로니가 사람들 사이에서 확실한 변화가 일어났다. 그것을 『데살로니가전서』 1장 7-8절은 이렇게 말한다.

> 7그러므로 너희가 마게도냐와 아가야에 있는 모든 믿는 자의 본이 되었느니라. 8주의 말씀이 너희에게로부터 마게도냐와 아가야에만 들릴 뿐 아니라 하나님을 향하는 너희 믿음의 소문이 각처에 퍼졌으므로, 우리는 아무 말도 할 것이 없노라.

이와 같이 마게도냐와 남부 그리스까지 소문이 날 정도로 데살로니가 교인들이 분명한 변화를 겪게 만든 것은 무엇 때문이라고 결론을 내릴 수 있을까? 2절처럼 바울이 그들 가운데 들어가 세 안식일에 걸쳐 성경을 가지고 강론, 즉 강해식 성경 공부와 토론을 했기 때문이다. 이처럼,

깊고 지속적인 성경 연구와 강해가 참된 변화를 낳는다(1-3).

사람의 본질적 변화는 자신이 좋아하는 방식의 설교를 많이 듣고 감상하

는 데서 오지 않는다. 변화는 깊이 있고 지속적인 성경 연구와 토론에서 오는 것이다.

『데살로니가전서』 1장 5절을 보면 데살로니가 교인들을 변화시킨 바울의 사역을 단순한 사람의 말로 인한 것이 아니라, 성령의 능력과 확신에서 왔다고 하는데, 그것을 본문 『사도행전』 17장 2-3절은 어디서 온 것이라고 말하는가? 지속적인 성경 강해와 강론 즉 성경 연구와 토론 같은 숙고(reflection)에서 왔다는 것이다. 그러므로 제대로 된 변화를 원한다면 더 깊은 성경 연구와 토의에 참여할 기회를 가져야 한다. 그때 성령이 역사하신다. 그런 지속적 성경 강해와 토론이 행해지면 어떤 일이 생길까?

> 4그 중의 어떤 사람 곧 경건한 헬라인의 큰 무리와 적지 않은 귀부인도 권함을 받고 바울과 실라를 따르나.

변할 것 같지 않은 사람들이 변했다. 경건한 헬라인의 큰 무리와 적지 않은 귀부인들이 설득되어 주님께 돌아온 것이다. 그 놀라운 변화를 설명한 것이 『데살로니가전서』 1장 9절이다.

> 그들이 우리에 대하여 스스로 말하기를, 우리가 어떻게 너희 가운데에 들어갔는지와, 너희가 어떻게 우상을 버리고 하나님께로 돌아와서 살아 계시고 참되신 하나님을 섬기는지와.

그 변화가 얼마나 급진적이었는지, 그들이 살던 사회로부터 핍박을 받을 정도였다. 그것이 『데살로니가전서』 2장 14절이다.

형제들아 너희가 그리스도 예수 안에서 유대에 있는 하나님의 교회들을 본받은 자 되었으니, 그들이 유대인들에게 고난을 받음과 같이 너희도 너희 동족에게서 동일한 고난을 받았느니라.

그 상황이 오늘 본문에서는 5-6절이다.

[5]그러나 유대인들은 시기하여 저자의 어떤 불량한 사람들을 데리고 떼를 지어 성을 소동하게 하여, 야손의 집에 침입하여 그들을 백성에게 끌어내려고 찾았으나, [6]발견하지 못하매, 야손과 몇 형제들을 끌고 읍장들 앞에 가서 소리 질러 이르되 천하를 어지럽게 하던 이 사람들이 여기도 이르매,

4절에서 보듯, 열심히 전도해서 하나님을 믿게 되었던 경건한 헬라인들의 상당수와 적지 않은 그 지역 유력 인사들의 부인들까지 예수님을 믿게 되자, 유대인들은 화가 나고 시기와 질투에 사로잡혔다. 그래서 저자의 불량배들을 데리고 와서 떼를 지어 소동을 일으키고, 야손의 집에 모이던 가정교회를 급습하여 바울 일행을 잡아내려고 했다. 이때 5절의 '저자'란 아고라인데, 그것은 시장일 수도 있고, 시민법정 역할을 하던 '광장'을 의미할 수도 있다. 전도자 바울 일행을 잡지 못하자 가정교회로 자기 집을 내줬을 것으로 보이는 야손과 몇 교인들을 읍장들 앞에 잡아 갔다고 6절은 말하는데, 이때 읍장은 시당국의 행정과 치안을 담당하던 비(非)로마계 *politarkai* (행정관리)란 전문용어를 쓴 것을 보면 저자는 시민법정 역할을 하던 아고라일 가능성이 높다.

우리는 오늘 본문을 통해 근본적 변화는 말씀 강론에서 오는 것임을 알았지만, 깊은 성경 강해는 이처럼 큰 저항을 불러일으킨다는 것도 4-6(12-14)절에서 보게 된다.

그런데 사람들이 그리스도인들을 미워한 근본적 이유는 무엇 때문인가? 그리스도인의 삶이 세상 사람들의 삶과 분명한 차이를 보이기 때문이다.

> 7야손이 그들을 맞아 들였도다. 이 사람들이 다 가이사의 명을 거역하
> 여 말하되, 다른 임금 곧 예수라 하는 이가 있다 하더이다 하니, 8무리와
> 읍장들이 이 말을 듣고 소동하여.

표면적으로는 야손이, 16장 21절 표현으로는, "우리가 받지도 못하고 행하지도 못할 풍속"을 전하는 기독교인들을 영접해 들였다고 고발했다. 그러나 문제가 된 것은 17장 7절 후반부다. 자신들이 왕으로 섬기는 로마 황제에게 충성하지 않는다는 것이다. 자신들처럼 살지 않는 그들이 거슬렸다. 단지 종교 생활의 문제가 아니라, 로마 황제 카이사르가 아닌 다른 왕을 섬기는 반역으로 보였기 때문에 사람들은 8절에서 보듯 흥분하여 소동을 일으킨 것이다.

세상 사람들이 기독교인들에게 제일 싫어하는 것이 무엇일까? 우리들끼리 교회 잘 다니고 신앙 생활하는 것은 상관하지 않는다. 다만 자신들과 다른 삶을 살고, 그 삶이 자신들의 삶이 어둠이라는 것을 증거할 때 화가 나는 것이다. 그것은 자신들이 왕으로 여기고 빌붙어서 사는 로마의 카이사르 대신 예수를 왕으로 삼아 자신들과 대조되는 삶을 살기 때문이었다. 예수를 임금과 주로 삼은 삶은, 오늘날의 표현으로 예수의 주재권(Lordship)

이 분명한 삶이다. 그럴 때 6절에서 기독교인들이 비난받은 것처럼 "천하를 어지럽게 한" 사람들이라는 말을 듣게 된다. NRSV 성경은 그것을 "turning the world upside down"한 사람들이라고 직역했다. 예수님을 주로 삼은 사람들은 세상을 뒤엎고, 세상 질서를 뒤엎어 버린다. 그래서 잡아 없애고 싶었던 것이다. 세상에는 오직 두 부류의 사람이 있다. 7절처럼 카이사르의 명대로 사는 사람과, 카이사르의 명령을 거역하며 사는 사람들이다. 그리스도인들은 어떤 사람인가? 십계명대로 하나님 외에 또 다른 신을 섬기지 않는 사람이고, 예수 외에 또 다른 왕을 두지 않는 사람이다. 오늘날에도 바빌론과 로마와 같은 세상에 속한 사람들은 세상 왕의 명령대로 살기에, 세상 왕의 명을 거역하며 사는 사람들을 미워한다. 종교가 기독교라고 해도 자신들과 똑 같이 살면 세상은 뭐라고 하지 않는다. 다만 자신들과 다른 대조적인 삶을 살면 미워한다. 자신들의 삶이 어둠이라는 것을 보여주는 빛의 삶이 싫은 것이다.

깊은 성경 강해의 결과는 세상 세력들로부터의 저항을 겪지만, 6-8절이 보여주는 그 본질적 이유는 제대로 된 성경 강론은 우리들로 하여금 이처럼 예수님을 주인으로 삼는 삶, 주재권을 분명하게 형성해 준다. 그러면 본문이 말하려는 둘째 교훈은 무엇이겠는가?

☞ 깊은 성경 연구와 강해는 주재권이 분명한 삶을 낳는다(6-8).

세상 사람들은 자신들과 구별된 삶을 사는 그리스도인들이 싫어 고발하고 핍박한다. 그러나 그들이 사랑하는 돈이면 이 모든 문제도 해결된다.

[9]야손과 그 나머지 사람들에게 보석금을 받고 놓아 주니라.

그들의 고발대로 로마의 왕을 거역한 가장 중죄인 반역자요 역적들인데도 돈을 받고 야손과 성도들을 놓아주었다면, 그것은 정말 부패한 세력이라는 이야기다. 아니면 로마 황제 말고 다른 왕을 섬긴다는 고발이 잘못되었다는 것이 확인되었기 때문일 것이다. 이 사건을 통해 성도들은 그들이 언젠가는 교회 지도자들을 찾아서 죽이려고 들 것임을 알았기 때문에, 사도를 위협에서 피신시킨다.

[10]밤에 형제들이 곧 바울과 실라를 베뢰아로 보내니, 그들이 이르러 유대인의 회당에 들어가니라.

데살로니가교회 성도들은 바울과 실라를 밤에 베뢰아로 보내기로 결정했다. 데살로니가 남서쪽 베뢰아에 도착한 그들은 다시 유대인의 회당으로 갔다. 그렇게 핍박을 받고 쫓겨났으면 몸을 사릴 만도 한데, 또 전도를 감행한다. 대단한 사람들이다. 그게 바로 복음에 사로잡히고, 예수가 주가 된 사람들의 특징이다.

[11]베뢰아에 있는 사람들은 데살로니가에 있는 사람들보다 더 너그러워서 간절한 마음으로 말씀을 받고, 이것이 그러한가 하여 날마다 성경을 상고하므로.

사도는 베뢰아에 도착하자 데살로니가에 있을 때보다 오히려 더 열심히,

주일마다가 아니라 '매일' 성경을 강론했다. 참된 전도자는 핍박하면 할수록 더 뜨거워진다.

그런데 감사한 것은 그곳에서 사도가 만난 사람들이다. 거기서 만난 베뢰아 사람들은 데살로니가 사람들보다 더 대단했다. 사도가 강해를 하면, 즉 성경 공부를 통해 복음을 논증하면 사람들은 그것이 과연 그러한가 성경을 펴서 열심히 스스로 확인해 보았다고 한다. 그것도 매일, 날마다! 그 태도를 개역은 신사적이라고, 개역개정은 더 너그러워서라고 번역했는데, 그것은 새번역이 보여주듯 명문가 출신 귀족층들이 갖고 있던 고상한 자태를 뜻하는 단어다. 그럼 그리스도인이 보일 수 있는 가장 고상한 자태는 무엇이란 말인가? 사도가 강해를 하면 '간절한 마음으로' 받고, 또 그 말씀이 과연 그러한가 성경을 펴서 스스로 열심히 확인해보고 묵상하는 것이다! 여러분에게는 그런 고상한 태도가 있는가?

지난 20-30여 년간 사역에서 삶이 크게 변한 사람들을 가만히 보면 공통점이 있다. 그들은 단순히 좋은 설교를 즐기는 사람들이 아니었다. 설교를 들으며 성경을 펴서 과연 그런가 찾아보고 확인하고, 심지어 집에 가서 설교 메모한 것을 정리하고 다시 묵상한 사람들이다.[5] 심지어 믿은 지 얼마

5) 목사도 그렇지만, 교인들도 설교에 각기 취향이 있기 마련이다. 여러분이 아무리 좋아하는 설교자라도 어떤 사람들은 시큰둥해 하고, 우리가 정말 별로라고 생각하는 설교를 그렇게 좋아하고 은혜를 받았다고 하는 것을 보면 신기할 따름이다. 그런데 정말 깊이 성숙해가는 사람들의 공통적인 특징은 설교 스타일이 아니라, 본문을 제대로 강해하는 것을 중요하게 여긴다. 물론 설교는 강의가 아니다. 설교는 본문이 원래 말하고자 하는 것이 무엇인가를 밝혀내서 그것이 오늘의 삶에서 어떻게 살아낼 수 있는 것인지 연결해 주되, 성도들이 본문의 핵심을 알아듣고 기억하기 쉽게 커뮤니케이션하는 것이다. 그러므로 책별로 혹은 장절 별로 순서대로 쭉 풀어가는 것도 강해가 아니고, 히브리어 헬라어를 쓰며 신학적으로 뭐 좀 아는 척하는 것이 강해가 아니라, 본문이 원래 말하고자 하는 바를 찾아내 교인들의 삶에

안 되는 사람들도 확실하게 변한 경우 그 특징을 보니 성경 연구를 했는데, 특히 권 아무개 자매 같은 경우 유치원 원장실이 주석과 신앙서적으로 가득할 정도였다.

따라서 성도 여러분이 신앙 생활할 때 꼭 알아두어야 할 것이 있다. 자기가 좋아하는 스타일의 설교 감상 습관에만 빠지면 안 된다. 그렇다고 성경 공부가 답이라는 말이 아니다. 다만 과연 그 말씀이 성경이 말하는 바와 같은가, 성경을 펴서 확인해 보는 습관을 가져야 한다는 것이다.

반대로 교회에서 문제가 있는 사람들은 목사가 설교 본문 봉독을 한 후 내내 설교자 자신이 하고 싶은 소리를 하며 할렐루야 아멘을 강요하면 그게 하나님 말씀인지 목사가 주장하는 소리인지 분별도 하지 못하며 그저 아멘 하는 부류들이다. 특히 축복과 성공을 외치면 무조건 아멘 하고 보는 사람들이다. 그들은 성경을 덮어놓고 믿는 사람들이다. 설교 시간 내내 성경을 펴서 확인해 볼 필요가 없게 하는 재담꾼들도 문제지만, 자기 감정만 울컥해도 은혜받았다고 착각하는 사람들이 설교자와 교회, 그리고 결국은 자신들의 신앙까지 왜곡시킨다.

그리고 설교를 들을 때나 가르침을 받을 때 그것이 과연 그러한가 상고해 본다는 것은 단순히 말씀을 비판하는 것이 아니다. 인도자를 통해 주시는 하나님 말씀에 순종하지 않거나 자기 기준에 비춰 가르침이 잘못되었다고 비판하는 것은 잘못된 것이지만, 그 말이 과연 성경이 하고자 하는 말인지 설교자나 인도자의 생각인지를 판단하는 비평은 정당하고 성경이 요구하는 것이다. 하나님 말씀 위에 올라서서 성경을 비판하는 것은 잘못이지

적용 가능하게 드러내 보여주는 것이 강해다. 그래서 너도나도 강해설교를 한다고 하지만 참된 강해 설교는 드물다.

만, 믿음 안에서 성경이 원래 말하려고 하는 것이 무엇인지를 찾아내고 설교자나 성경 연구 인도자의 말이 과연 그것인지 확인하는 것은 성경이 장려하는 중요한 태도다.

우리나라 정치 경제 사회를 망치는 것 중 하나가 지도자가 말하면 수첩 꺼내들고 받아쓰기하는 것이다. 제대로 된 회의라는 것이 없다. 안건을 놓고 같이 토론하는 것 없이 일방적 받아쓰기를 잘하는 착한 학생 수준들이 요직에 포진되니, 발전이 없다. 교회도 마찬가지다. 한국 교회를 망치는 몇 가지가 있는데, 설교자 쪽을 보면 석의(釋義) 훈련이 안 되어 성경을 제 마음대로 풀고 성경을 빙자하여 자신의 생각을 일방적으로 주장하는 것이다. 교인들 측면을 보면 그 설교와 가르침이 과연 성경이 말하는 바인지 상고해 보는 과정 없이 무조건 받아쓰기하고 아멘 하는 사람들이다.

또한 아무리 오래 교회를 다니고 아무리 설교를 많이 들어도, 설교자의 말이 내 신앙과 같은가를 확인하기 위해 설교를 듣는 사람들은 더 나아지지 못한다. 그런 사람들은 교회를 얼마나 오래 다녔든지, 일방적 성경 공부를 얼마나 많이 했든지, 설교를 얼마나 많이 들었든지 관계없이 변하지 않는다. 그들은 가르침이 자신의 신념과 부딪힐 때 과연 그러한지 말씀을 펴서 확인하고 상고하거나 그 말씀 앞에 무릎을 꿇지 않고, 거부하거나 교회를 옮겨버리기 때문에 아무리 교회를 오래 다니고, 설교를 많이 들어도 소용없고 변하지 않는다. 자신의 신앙을 뒷받침해주고 자기 생각을 격려받기 위해 교회를 찾아다니는 사람들은 『디모데후서』 3장 7절처럼, "항상 배우나 끝내 진리의 지식에 이를 수 없느니라." 그들은 교회를 오래 다니고 배울수록 더 완고해지고 더 굳은 신앙을 갖게 될 뿐이다. 그럼 어떤 사람이 온전한 성숙, 바른 성숙으로 나갈 수 있을까?

가르침을 스스로 확인해 볼 때 제대로 성숙한다(4, 11절).

교회 안에 이처럼 깊이 있는 말씀 강론이 있고, 성도들은 그 말씀을 확인하고 토론하고 깊이 묵상하게 되면 그 결과는 두 가지인데, 첫째는 12절이고 둘째는 13절이다.

12그 중에 믿는 사람이 많고 또 헬라의 귀부인과 남자가 적지 아니하나,
13데살로니가에 있는 유대인들은 바울이 하나님의 말씀을 베뢰아에서도 전하는 줄을 알고 거기도 가서 무리를 움직여 소동하게 하거늘.

한 쪽에는 많은 사람이 예수님을 제대로 믿고, 헬라의 귀부인들뿐 아니라 유력한 인물들까지 변하는 일이 생기고, 다른 쪽에는 베뢰아까지 좇아와 거기서도 군중들을 충동질해서 소동을 일으키는 적대 세력이 발생한다. 참으로 끈질긴 사람들이다.[6] 이것이 『사도행전』에서 지금까지 계속 보아온 사도들의 복음 전도 시에 발생했던 전형적인 패턴이다. 그럴 때마다 교회는 말씀의 종들을 보호해 줬다.

14형제들이 곧 바울을 내보내어 바다까지 가게 하되, 실라와 디모데는

---

6) 여러분도 알아두어야 할 것이 있다. 처음에는 자신이 성경 진리를 위해 기독교를 위해 그런다고 생각하며 어떤 가르침을 방해하지만, 시간이 지나며 그 사람을 스토킹하듯이 좇아다니며 방해하고 싶은 마음이 계속 드는 것은 그 가르침이 아니라 그 사람을 미워하는 것임을 알아야 한다. 이미 그 사람이 하는 말이 아니라, 그 사람이 무조건 싫어진 것인데, 그것은 인간의 악한 죄성(罪性)의 발현이다. 다음 단계는 그를 내 영역에서 제거하고 싶은 것일 것이다.

아직 거기 머물더라. [15]바울을 인도하는 사람들이 그를 데리고 아덴까지 이르러, 그에게서 실라와 디모데를 자기에게로 속히 오게 하라는 명령을 받고 떠나니라.

교인들은 그들의 추적 대상인 리더 바울을 내보내야 했고, 그들은 다시 땅 끝 바닷가까지 피신시켰다. 그러나 실라와 디모데는 여전히 핍박의 장소 영적 전쟁터 베뢰아에 남아 복음 증거를 계속했다.

지금까지의『사도행전』방식을 보면 사도 바울은 이제 그 경계선인 바다를 넘어 다음 사명을 위해 다시 보냄을 받을 것이다. 그것이 사도들의 행전인 것이다.

지난 번 16장 8, 9절에서 드로아 바닷가에 선 것은 마게도냐에 건너와 우리를 도와달라는 비전을 받기 위함이었고, 그래서 빌립보와 데살로니가 교회가 세워졌다면, 이번에 베뢰아 바닷가에 선 것은 마게도냐 남쪽 그리스의 수도 아테네 선교를 위해 보냄을 받기 위함이다.

그런데 사도 바울이 아무리 위대한 주의 종이지만 그 위대한 일은 사도 혼자 할 수 있는 일이 아니었다. 그것을 누구보다 잘 아는 바울은 실라와 디모데를 속히 자기에게 데려다달라고 부탁을 한다. 그렇다. 복음의 불모지 아테네 선교는 바울과 함께 실라와 디모데 팀으로 도전해야 할 우상숭배의 본거지였던 것이다.

나는 스스로에게 묻는다. 나와 함께 할 나의 바울과, 혹은 나의 실라와 디모데는 누구인가? 그들은 어디에 있는가? 혹시 나는 내 힘과 능력에 의지해 혼자 하려고 하는 것은 없는가? '주여, 내게도 실라와 디모데를 주시고 한 마음으로 복음을 위해 말씀 강론을 동역할 동역자를 허락하소서.' 이렇게 기도하자!

꽤 지적인 사람들을 위한 복음

(행 17: 16-34)

얼마 전 어느 목사님과 대화 중 「노무현입니다」란 영화를 본 소감을 열심히 말해주는 것을 들었다. 사실 노무현 전 대통령은 학벌 좋고 배경 좋고 힘 있는 사람들이 그렇게 우습게 여기고 싫어했던 것처럼 잘난 것 하나도 없고 대통령이 될 수 있는 기반도 하나도 없었는데, 독특하게 수많은 평범한 지지자들이 후원하고 밀어줘서 대통령이 된 케이스였다는 것이다. 그 영화감독 자신이 소위 노빠는커녕 참여정부에 비판적이었던 사람인데, 시간이 흘러도 멈추지 않는 추모 열기가 의아해 인터뷰를 시작했다가 만든 다큐영화라 한다. 나는 그 영화를 보지 못했지만 그 목사님은 그 영화를 통해 새로운 사실을 많이 알게 되었다고 했다. 그 영화에 나오는 인터뷰에 의하면 일단 미워함 없이 그와 직접 만나고 이야기해 본 사람들은 대개 그의 열렬한 지지자가 되었는데, 왜냐하면 그에게는 묘한 매력이 있었다 한다. 그게 뭐냐면 그의 가슴 속 깊이 스며 있는 약자에 대한 연민과 정의에 대한 불타오르는 뜨거움과 불의에 대한 분노가 있었는데, 그 분노 속에 깊은 슬픔이 있었다는 것이다. 그것을 느끼면 그에게 중독된다는 것이다.

자기 앞 길과 성공과 출세에만 눈이 먼 세상에서, 약자에 대한 배려와 정의에 대한 불타오름과 부정에 대한 깊은 분노와 슬픔은 예수님이 보였던 특성이요 사실 성경이 말하는 그리스도인의 것 아닌가? 그런데 그것을 노무현 속에서 보았다는 것이 영화 속 인터뷰한 사람들의 공통적 답변이었다는 것이다. 그 목사님은 성경이 말하는 참된 그리스도인이 가져야 할 덕목인 불의에 대한 분노와 약자에 대한 슬픔과 연민을 교회 밖에서 보는 것이 신비롭고 가슴 아픈 일이라고 했다. 참 많은 것을 생각하게 한 대화였다.

노무현 전 대통령처럼 선호가 극명히 갈리는 사람에 대한 영화 이야기를 왜 하느냐면, 오늘 본문에서 의로운 분노에 불타오른 또 한 사람을 우리는 보기 때문이다. 짐작하겠지만 그는 사도 바울이다. 사도 바울은 데살로니가와 베뢰아에서 복음을 전하다가 위험에 빠지자, 사람들은 15절에서 보듯 바울을 바닷가까지 피신을 시켰는데, 거기서 배를 타고 아덴으로 갔다. 바울은 실라와 디모데를 속히 데려와 함께 팀사역을 하기를 원했다. 그러나 그것은 금방 해결될 일이 아니었다. 바울이 고린도에서 선교할 때에야 합류할 수 있었다. 그렇지만 홀로 남은 바울은 그들을 기다리면서 손 놓고 있지 않고, 아덴을 둘러보았다.

16바울이 아덴에서 그들을 기다리다가, 그 성에 우상이 가득한 것을 보고 마음에 격분하여.

아덴은 어디인가? 에덴을 잘못 쓴 것도 아니고, '아덴만 여명 구출 작전'으로 알려진 예멘의 아덴항이 아니라, 그리스의 수도 아테네다. 아테네는 플라톤과 아리스토텔레스 등의 인물과 신전, 극장 등의 건축물로 전성기를 구가했지만,[1] BC 4세기 말엽에는 마케도니아의[2] 알렉산더 대왕에게 정복되었다가 BC 3세기에 잠시 영광을 회복하는 듯하더니, BC 1세기에 로마제국의 지배를 받으며 몰락했다.[3] 그러나 아테네는 여전히 정치, 철학, 신화 측면에서 과거의 명성과 추억에 의지하여 사는 교만한 사람들의 도시였다. 아테네란 도시명 자체가 보여주듯, 아테나 여신을 수호신으로 모시는 그 도시는, 종교적으로는 수많은 신들을 모시는 신전과 우상으로 가득한 곳이었다. 아테네를 둘러보던 바울은 그 현실을 목도하자 16절에서 "마음에 격분했다'"고 한다. 직역을 하자면, "그 안에 있는 영이 분노했다"는 것이다.

세상의 약자에 눈물 흘리고 정의에 불타오르고 부정에 분노한 것이 노무현의 특징이라는 것이 노사모 사람들의 증언이라면, 우상숭배와 죄에 가득한 아테네를 볼 때 그 안에 있는 영이 분노한 것이 바울의 특징이란 것이 성경의 증언이다!

복음에 사로잡힌 사람은 그런 우상숭배를 볼 때 우리 안에 있는 그리스도의 영이 동일하게 분노하는 것을 경험하게 된다. 세상이 어떻게 돌아가든, 이 시대의 교회가 어떻게 돌아가든, 하나님을 믿는다는 사람들이 어떻게 살든 아무 상관없고 분노가 없는 것은, 복음에 사로잡히지 않고, 하나님 사랑이 적고, 우리 안에 계신 성령에 민감하지 않기 때문이다. 하나님을 진정으로 사랑한다면 하나님께서 사랑하는 것을 나도 사랑하고, 하나님께서 미워하시는 것이 밉기 마련이다. 하나님이 그토록 사랑하는 세상이 망가져 가는 것에 무감각하고 약자들의 아픔에 무감각하고 불신앙에 무감하다는 것은 그 심령이 건강하지 못한 상태에 있음을 말한다.

---

1) 주전 5세기에는 페르시아 군대에 의해 상당수가 파괴되었지만 다시 물리치고 더 크게 세운 시설도 많다.
2) 그리스는 당시 마케도니아의 필리포스 왕조에 의해 지배를 받기 시작했다.
3) 그래서 다음 장 행 18장에 나오는 고린도가 아테네를 능가하는 중심지가 된 상황이다.

그래서 바울은 어떻게 했는가? 모든 기회를 통해 복음을 전하려 애썼다.

17회당에서는 유대인과 경건한 사람들과, 또 장터에서는 날마다 만나
는 사람들과 변론하니, 18어떤 에피쿠로스와 스토아 철학자들도 바울과
쟁론할새, 어떤 사람은 이르되 이 말쟁이가 무슨 말을 하고자 하느냐 하
고, 어떤 사람은 이르되 이방 신들을 전하는 사람인가보다 하니, 이는 바
울이 예수와 부활을 전하기 때문이러라.

의분이 탱천한 바울은 회당에 가서는 유대인이나 하나님을 믿는 경건한 그리스인들에게 이런 세상에서 어떻게 살아야 할지 분명한 복음을 전했을 것이다. 뿐만 아니라 베뢰아에서 그랬듯, 17절처럼 날마다 아고라에 나가서 그리스 사람들에게 복음을 전했는데, 18절에서 보듯 바울은 이상한 외국 신을 소개하는 사람 정도로 취급당했다. 왜냐하면 도무지 이해할 수 없는 예수 부활에 대해 전했기 때문이다. 당시 그리스 사람들은 죽으면 영혼이 하데스로 가는 그림자가 되고, 다시 생명세계로 돌아올 수 없다고 생각했으니, 부활은 이해할 수 없는 넌센스라 반박을 했고, 바울과 격론을 벌였을 것이다. 18절은 그들 가운데 대다수가 당대의 양대 철학파인 에피큐리언 학파[4]와 스토아학파[5] 사람들이었다고 한다. 그래도 이런 철학적 사고를

4) 에피쿠루스와 제자들은 신은 존재하지 않고 우주는 우연의 산물이고 인간은 죽어야 할 운명이라 생각했기에 신을 찾는 우상숭배와 미신을 조롱한 물질주의자였다. 그렇지만 잘못 알려진 것처럼 세속적 쾌락주의자는 아니었고, 이 땅에서 좋은 삶의 기준으로 수준 높은 즐거움과 평정을 통해 참된 기쁨을 추구하던 사람들이다.

5) 스토아학파는 BC 320년 경 구부로 키프로스 출신 제노가 창시했다. 그들은 욕망으로부터의 자유를 추구하며, 이성에 의거해 자연과 조화를 이루는 삶을 최상의 선으로 여겼다. 그러다보니 영적으로는 범신론적 세계관을 가지고 있었고, 자연의 기본

하는 사람들은 다행히 바울이 전하는 복음이 어떤 것인지 자세히 말해 보라고 변증할 기회를 주었다. 그 이유는 무엇 때문일까?

> [19]그를 붙들어 아레오바고로 가며 말하기를, 네가 말하는 이 새로운 가르침이 무엇인지 우리가 알 수 있겠느냐. [20]네가 어떤 이상한 것을 우리 귀에 들려주니, 그 무슨 뜻인지 알고자 하노라 하니, [21]모든 아덴 사람과 거기서 나그네 된 외국인들이 가장 새로운 것을 말하고 듣는 것 이외에는 달리 시간을 쓰지 않음이더라.

주전 4세기 그리스 웅변가요 정치가였던 데모스테네스조차 항상 새로운 이야기에 목말라하는 그리스 사람들에게 왜 이렇게 여기저기 돌아다니며 새로운 이야기를 찾느냐며, 도대체 '더 새로운 일이 있겠는가?'라고 도전할 정도였다. 그게 그리스 사람들의 특징이었다.

베뢰아 사람들에게는, 설교를 들으면 그게 과연 그러한가 성경을 펴서 확인하는 고상함이 있었다면, 그리스 사람들에게는 21절에서 보듯 단지 항상 새로운 것을 배우는 데 목말랐던 사람들이었다. 주의해야 할 것은 바울에게 더 듣고 배우고 싶어 한다고 전도가 된 것은 아니란 사실이다. 그들은 단지 새로운 것에 호기심을 갖고 알고 싶었던 것뿐이다.

이처럼 새로운 것 배우는 것만 즐기는 사람들은 2천 년 전 그리스에만 있는 것이 아니라, 오늘날 우리나라에도 많다. 국내에서 100만 부가 넘게

원리요 우주를 지배하는 자연법칙인 로고스란 지식을 중시하며 이성과 의무의 명령에 순종을 요구한 사람들이다. 종교적으로는 인류의 하나됨과 함께, 신과의 관계성을 강조하므로 금욕적 절제를 예찬하고 높은 도덕성과 엄격성을 추구했다.

팔린 책 중에 '지대넓얕'이란 게 있다. '지적 대화를 위한 넓고 얕은 지식'의 축약어다. 그 책이 많이 팔린 이유는 뭔가 좀 아는 척하고 싶은데 제대로 깊이 공부하기는 싫고 빨리 아는 척하게 만들어주는 책이기 때문이다. 전문성도 정확도도 떨어지는 잡학다식 자랑이 어떻게 '지적 대화'라 불릴 수 있는지 의아하지만, 그것이 이 시대의 풍조다. 그리스 사람들은 그런 지적 욕구에 사로잡힌 사람들이었다.

오늘날 교회 안 기독교인들도 크게 다르지 않다.[6] 항상 뭔가 새로운 것을 듣고 배우러 다니는 열심당원들이 있다. 그러니까 우리 기독교계도 '지대넓얕 스타일'의 설교를 원한다.

교회 밖 사람들도 마찬가지다. 이 시대의 그런 풍조에 맞춰 성공한 연예 프로그램 중 하나가 모 유명 피디가 만든 '알쓸신잡'이다. 알쓸신잡은 '알아두면 쓸데없는 신비한 잡학사전'의 축약어다. 그래도 그 PD는 양심이 있어서 알아둬도 쓸데없음을 인정한 게 기특하다.

유행과 맛집과 카페 이야기만 하고 살다가, 어떤 사회적 이슈에 대해 대화가 시작되면 내가 왜 이렇게 아는 게 없이 무식한지 창피했던 사람들을 위한 족집게 과외 족보 책이 '지대넓얕'이었다면, 그나마 그런 책 한권 읽기도 싫고 소파에 누워 맥주 한 잔에 감자칩을 먹으며 TV에서 시시콜콜 연예인 루머 소식을 보다가 드라마 채널이나 돌리는 이 시대의 아테네 사람들

6) 4부류의 기독교인이 있는데 1. 아무 것에도 관심없고, 그저 주일성수하며 최소한의 출석부 도장만 찍으면 되는 종교인이 대다수이고, 2. 영적 신비적인 집회를 좋아하는 부류가 있고, 3. 그런 것을 무시하는 사람들 가운데 상당수는 그저 감동적인 이야기를 하면 은혜 받았다고 좋아하는 부류고, 마지막 네 번째로 우리나라에 특히 많은 부류인데 4. 항상 뭔가 새로운 것을 듣고 배우러 쫓아다니는 열심당원들이 있다.

의 최소한의 지적 호기심을 채워줘 성공한 프로그램이 '알쓸신잡'이다.

그런데 여러분이 정작 위기에 처하게 되면 알게 될 것이다. 그 많은 새롭고 흥미로운 지식들이 왜 아무 쓸데없는 지식들이었는지. 인생의 위기에서 정작 빛나는 것은 쓸데없는 잡다한 얇은 지식이 아니라, 법이라면 변호사의 전문적 법 지식이, 음악이라면 정말 깊이 있고 영혼이 있는 음악이, 쉽고 재밌는 과학 지식이 아니라 에이즈와 췌장암 치료제를 개발하는 전문성만이 세상을 바꿀 수 있다는 것을. 정말 죽음과 삶의 문턱에 서서 고뇌하는 사람에게는 세계 3대 종교에 대한 '썰전'이 아니라, 살아계신 하나님의 그 십자가와 부활의 복음만이 우리를 살릴 수 있다는 것을 발견하게 될 것이다. 문제는 그 날이 오기 전에 다시 돌아올 수 없는 곳으로 갈 수도 있다는 것이다.

그리스 사람들은 바울을 아크로폴리스 북서쪽 아고라가 내려다보이는 아레오파고[7] 언덕으로 데려가 도대체 당신이 말하는 그 이상한 이야기가 뭔지 자세히 설명해 보라고 변증 기회를 줬다. 이어지는 22-32절은 그런 요구에 대한 바울의 답변 설교다.

22바울이 아레오바고 가운데 서서 말하되, 아덴 사람들아! 너희를 보
니 범사에 종교심이 많도다. 23내가 두루 다니며 너희가 위하는 것들을
보다가 알지 못하는 신에게라고 새긴 단도 보았으니, 그런즉 너희가 알
지 못하고 위하는 그것을 내가 너희에게 알게 하리라.

---

7) 아레오파고는 그리스 전쟁신인 아레스의 언덕이란 야외 광장인데, 과거에 시민법정이 있던 자리라서 사람들이 자신의 주장을 펼치는 연설을 하던 곳이었다.

아레오파고 설교의 가치는 무엇일까? 현대의 지적인 불신자들에게 복음을 전할 때 생각해 봐야 할 부분들을 보여준 것이다. 바울은 "아테네 시민 여러분, 여러분을 보니 신적 존재에 대한 공경심이 대단하군요. 특히 '알지 못하는 신에게'까지 예배하는 것을 보니 참 종교성이 대단하십니다"고 우선 치켜세워주며 독특한 변론 설교를 시작한다.

수많은 신들을 섬기던 그리스인들은 아직 자신들이 이름 붙이지 못한 아직 규명되지 않은 신들을 향해 '미지의 신이라고 부르며 제물을 드렸든지, 아니면 아시아 유럽 아프리카 무역상들을 통해 알게 된 외국의 신들에게도 제사를 드렸던 것을 출발점으로 삼는다. 사실 바른 하나님 신앙을 갖는 데에 가장 큰 방해물이 이런 종교성이다. 고대 그리스 사람들뿐 아니라, 무교(巫教)라는 우리나라 사람들도 큰 나무나 바위에 절하고, 정월대보름 달님에게 소원을 빌곤 했다. 이런 자연신론이나 현대의 뉴에이지 사상을 극복하며 복음을 전하는 것이 전도자에게 힘든 과제다.[8] 그러면 이 아레오바고 설교에서 바울이 강조했던 핵심 포인트들은 무엇일까?

> [24]우주와 그 가운데 있는 만물을 지으신 하나님께서는 천지의 주재시니, 손으로 지은 전에 계시지 아니하시고, [25]또 무엇이 부족한 것처럼 사람의 손으로 섬김을 받으시는 것이 아니니, 이는 만민에게 생명과 호흡

---

8) 기독교 신앙은 그 미지의 신을 알려주는 것이다. 그런데 이 아레오파고 설교는 그리스식 논리적 철학적 변증도 아니고 그렇다고 바울의 전형적인 복음전도 설교 방식과도 다르다. 다만 그런 전형적 헬라 종교 문화 속에 사는 사람들에게 여호와 하나님을 연결시키려는 독특한 방식으로 보인다. 이하의 메시지는 우리 그리스도인들에게도 우리의 믿음이 세상의 다른 종교들과 어떤 차이가 있는 것인지 알게 해준다는 점에서 도움이 된다.

과 만물을 친히 주시는 이심이라.

바울이 전하려는 기독교 신앙의 첫 번째 핵심적 가르침은 24절:

♧ 하나님이 창조주시라는 것이다(24).

그리스에 창조주 개념이 없었던 것은 아니다. 플라톤과 에픽테투스의 저술에도 나오지만, 바울은 지금 자신이 말하는 야훼 하나님이 바로 그 창조주임을 전하려는 것이다.

그러면서 야훼 하나님이 창조주라면(창 1: 1), 하나님을 성전에 묶어두는 신앙을 벗어나야 한다는 것이다. 이것은『사도행전』7장 48절에서 스데반이 예루살렘성전에 대해 설교했을 때도 강조되었던 사상이다. 그때도 언급했지만, 구약 시대 솔로몬도 성전 봉헌예배를 드리며 기도하던 중 이 사실을 깨달았다. "하나님이 참으로 땅에 거하시리이까? 하늘과 하늘들의 하늘이라도 주를 용납하지 못하겠거든, 하물며 내가 건축한 이 성전이오리이까"(왕상 8: 27) 하나님은 인간이 지은 성전에 가둘 수 없고, 그곳에 갇혀 계시지 아니한 분이란 것이다.

그런데 지금 바울은 이 개념을 거대한 그리스 신전들에 둘러싸인 아레오파고 언덕에서 외치는 것이다. 일부 뛰어난 그리스 철학자들도 이미 그것을 알고 있었다. 플루타르코스의 글을 보면, 스토아철학의 창시자 제논 역시 인간이 신들을 위한 신전을 세워서는 안 된다고 가르쳤고, 에우리피데스도 "건축가가 세운 어느 건물이 신을 벽으로 둘러싼 내부에 모셔 들일 수 있겠냐"고 주장했었기 때문이다. 그러나 대부분의 사람들은 거대 신전에서

신을 섬기는 종교성에 빠져 있었기에 바울은 참된 성경적 신앙으로 도전하는 것이다.

이 가르침은 오늘날 우리 한국 기독교인들도 기억해야 할 진리다. 성전 건축과 성전 지상주의 신앙에 빠져 있기 때문이다. 그렇다고 공적 예배를 위한 고정된 예배 처소가 필요없다는 말은 아니고, 하나님은 성전에만 계신 것처럼 생각하지 말라는 것이다.

그리고 25절을 통해, 창조주 신앙은, 하나님은 인간의 섬김 받지 않는 충족성(self-sufficiency)을 가진 분(시 50: 9-12)임을 우리에게 알게 해준다.

간혹 내가 하나님을 위해 무엇을 해드렸고, 어떻게 해드리겠다는 말을 하는 사람들이 있는데, 그것은 정말 가당치 않은 소리다. 그 종교심과 열심은 기특한데, 온 세상을 다 지으시고 모든 것을 다 가지고 계신 분이 무엇이 부족해서 사람의 도움을 받겠는가? 하나님이 돈이 없으니 헌금을 내놓으라고 하겠나, 배가 고프니 고기 제물을 달라고 하겠나, 살 곳이 없어서 집을 지어 달라거나 신전과 성전을 더 크게 지어 달라, 인테리어를 화려하게 해달라고 하겠는가, 도대체 하나님이 무엇이 부족해 어떤 것을 해달라고 하시겠는가? 24-25절을 통해 바울이 가르치고자 하는 것은, 하나님은 그런 것을 필요로 하는 불완전한 존재가 아니라 완전 충족한 분이라는 것이다.[9] 그리스철학에서도 아까 언급한 스토아철학 창시자 제논은 물론 에우리피데스도 "그가 진정 신이라면 아무 것도 필요로 하지 않아야 한다"고 간파한 적이 있는데, 오늘날 우리 한국 기독교인들은 이것을 제대로 이해하

9) 이것은 시 50: 9-10에서도 볼 수 있는데, "[9]내가 네 집에서 수소나 네 우리에서 숫염소를 가져가지 아니하리니, [10]이는 삼림의 짐승들과 뭇 산의 가축이 다 내 것이며"라고 한다.

지 못하고 하나님께 뭘 많이 드려야 복을 많이 받는다고 생각한다. 모든 것을 가진 창조주요 자기 충족성과 완전성의 하나님은 우리에게 무엇을 달라고 하시는 분이 아니라, 오히려 만민에게 생명과 호흡은 물론 만물을 친히 주시는 분(God the Provider)이다.[10] 그러면서 26-28절에서 두 번째 포인트를 전한다.

> 26 인류의 모든 족속을 한 혈통으로 만드사 온 땅에 살게 하시고 그들
> 의 연대를 정하시며 거주의 경계를 한정하셨으니, 27 이는 사람으로 혹 하
> 나님을 더듬어 찾아 발견하게 하려 하심이로되, 그는 우리 각 사람에게
> 서 멀리 계시지 아니하도다. 28 우리가 그를 힘입어 살며 기동하며 존재하
> 느니라. 너희 시인 중 어떤 사람들의 말과 같이 우리가 그의 소생이라
> 하니, 29 이와 같이 하나님의 소생이 되었은즉 하나님을 금이나 은이나 돌
> 에다 사람의 기술과 고안으로 새긴 것들과 같이 여길 것이 아니니라.

하나님은 세상의 창조주(God the Creator)며, 한 사람 아담으로부터 세상 모든 민족을 만드신 분이고(26), 우리를 유지하고 존재케 하시며(28), 우리는 그 하나님을 힘입어 살고 기동하고 존재하게 된다(God the Sustainer).

그리고 그 하나님이 바로 모든 인류의 아버지(26, 28절)란 헬라철학의 인식을 공유한다. 여기서 흥미로운 것은 유대인들에게 복음 전할 때처럼

10) 당시에는 생명은 신중의 신인 제우스가 준다고 생각했지만, 제우스가 아니라 예수가 주는 것임을 사도는 강조한 것이다. 지금 바울이 펼치고 있는 이 말씀은 사 42:5의 메시지이기도 하다. "하늘을 창조하여 펴시고 땅과 그 소산을 내시며 땅 위의 백성에게 호흡을 주시며 땅에 행하는 자에게 영을 주시는 하나님 여호와께서 이같이 말씀하시되."

구약성경을 인용하는 대신 28절처럼 바울은 그들이 잘 알고 있는 그리스 시인 아라투스이나 클레안테스의 제우스 찬가의 일부를 인용했다는 점이다. 당시 세네카[11]로 대표되는 후기 스토아학파의 사상, 즉 인간은 로고스의 지배를 받는 우주의 한 부분이고, 그 지배는 이성을 통해 이루어지므로 이성을 소유하고 있는 모든 인간이 신의 자녀요 백성이란 보편적 세계시민 국가 개념 중 일부 인용이다.

바로 이런 헬라 사상, 자신들이 신의 후예/소생이라는 그리스 정신을 연결고리로 삼아, 바울은 인간은 성경이 말하는 하나님의 형상이요 창조주 하나님의 자녀라는 개념으로 나아가고, 이어서 회개와 믿음을 촉구한다. 27절처럼 하나님은 알 수 없는 분이 아니라 우리 가까이 계시고, 모든 것 속에 하나님을 알 만한 것들을 보이셨다면,

☞ 인간은 그 분이 심어준 이런 본성의 흔적을 통해서라도 하나님을 더듬어 찾아야 한다(26-29).[12]

는 점을 분명히 한다. 그러나 사람들은 하나님을 찾지 않았다. 대신 29절처럼 우상숭배로 전락했다. 이것은 나중에『로마서』1장에서 확장된다.

> [19]이는 하나님을 알 만한 것이 그들 속에 보임이라 하나님께서 이를 그들에게 보이셨느니라. [20]창세로부터 그의 보이지 아니하는 것들 곧 그

11) 세네카는 네로가 통치하던 1세기 중엽의 실질적 통치자요 철학자였다.
12) 시 145: 18도 "여호와께서는 자기에게 간구하는 모든 자 곧 진실하게 간구하는 모든 자에게 가까이 하시는도다"라고 하지 않았던가?

의 영원하신 능력과 신성이 그가 만드신 만물에 분명히 보여 알려졌나니, 그러므로 그들이 핑계하지 못할지니라. [21]하나님을 알되 하나님을 영화롭게도 아니하며 감사하지도 아니하고, 오히려 그 생각이 허망하여지며 미련한 마음이 어두워졌나니, [22]스스로 지혜 있다 하나 어리석게 되어, [23]썩어지지 아니하는 하나님의 영광을 썩어질 사람과 새와 짐승과 기어 다니는 동물 모양의 우상으로 바꾸었느니라.……[25]이는 그들이 하나님의 진리를 거짓 것으로 바꾸어 피조물을 조물주보다 더 경배하고 섬김이라 주는 곧 영원히 찬송할 이시로다. 아멘(롬 1장).

참으로 아이러니한 것은 가장 지적이고 깨어 있다는 그리스인들이 가장 미신적인 우상숭배를 한다는 사실이다. 명문대 나오고 세상에서 똑똑하다는 사람들도 미신적인 데서 벗어나지 못하는 것을 우리도 세상에서 보지 않는가? 그들에게 바울은 회개의 복음을 제시했다.

[30]알지 못하던 시대에는 하나님이 간과하셨거니와, 이제는 어디든지 사람에게 다 명하사 회개하라 하셨으니, [31]이는 정하신 사람으로 하여금 천하를 공의로 심판할 날을 작정하시고 이에 그를 죽은 자 가운데서 다시 살리신 것으로 모든 사람에게 믿을 만한 증거를 주셨음이니라 하니라.

지금까지 하나님을 알지 못해서 찾지 못했던 시대, 그래서 하나님께서 넘어가 주시던 이전의 은혜를 베풀던 시대는 갔고, "이제"로 표현된 사도들로 인해 복음이 전파된 그리스도의 시대가 도래했다는 것이다. 따라서 이제는 몰라서 그랬다는 핑계, 무지의 핑계를 대던 이전 시대는 끝났다. 그러

므로,

⇧ 복음을 들은 사람들은 모두 회개하고 예수를 믿어야 한다(30-31).

많은 사람들이 묻는다. 이순신 장군은 어떻게 되고 세종대왕은 어떻게 되는 거냐? 답은 모른다이다. 그것은 하나님께서 하실 영역이지 우리가 이렇다 저렇다 할 부분이 아니다. 그러나 성경이 자명하게 가르쳐주고 있는 것이 있다. 일단 어떤 전도자나 설교자를 통해 예수가 우리의 구원자이며 그 분이 우리의 죄를 용서하시고 구원하기 위해 십자가를 지시고 대신 돌아가셨다가 하나님께서 일으키사 사흘 만에 살아나셔서 우리의 죽음과 심판을 이기고 구원을 주셨다는 증언을 듣게 된 사람들은, 그 분을 거부하면 그 분 정하신 이 즉 심판자인 예수로 하여금 공의로 심판하실 것이지만, 그 분을 믿으면 구원자 예수로 인해 구원받는다는 사실이다. 복음이 전해지지 않던 이전 시대에는 하나님이 눈감아 주셨을지라도, 이제 사도나 전도자를 통해 복음 증언을 들음으로 예수를 알게 된 이상 누구나 회개하고 믿어야 한다는 것이 30절에 나타난 하나님의 말씀인 것이다.

그러나 죄인들은 여전히 이 복음을 받아들이기 싫어하고, 기독교를 거부한다.[13)]

13) 그들은 31절의 심판 날 이야기가 싫고, 32절의 죽은 자의 부활 이야기는 이성적으로 지적으로는 걸림돌인지라 기독교를 조롱했다. 그들의 눈에 비친 바울은 18절처럼 말쟁이. 새로운 소문을 물어다 주는 수다쟁이, 어디서 별 쓰잘머리 없는 것 조금 배운 것 가지고 아는 체하는 떠벌이로 여겨졌을 뿐이다. 참된 하나님의 종을 알아보지 못하는 비극이다. 그럴지라도 하나님은 바울을 통해 이렇게 이방 종교성 속에 그 분 자신의 구원 계획을 선포하셨다.

[32]그들이 죽은 자의 부활을 듣고 어떤 사람은 조롱도 하고, 어떤 사람은 이 일에 대하여 네 말을 다시 듣겠다 하니.

누가는 아레오파고 설교를 이방인을 향한 바울의 설교의 백미로 그려냈다. 이 아레오파고 메시지[14]는 유대교적 신관이 전혀 없는 이방 그리스 사람들에게 유대교적 기독교의 핵심을 지적 철학적 논리적으로 볼 때 꽤 잘 제시한 설교다. 그럼에도 불구하고 지적인 아테네 사람들을 향한 바울의 이런 논리학과 설득 측면에서 뛰어난 복음 전도는 큰 열매를 거두지 못했다는 사실에 주목해야 한다. 그들은 조롱을 하거나, 다음 기회에 듣겠노라고 예의 있게 넌지시 거절했다. 그렇다. 아무리 위대한 사도 바울이 복음을 전해도 모두가 믿는 것은 아니다. 후에 사도 바울은 『고린도전서』 1장 22-23절에서 자신이 전한 십자가와 부활의 복음을 'foolishness to Greeks(그리스인들에게는 어리석은), 바보 같은 소리라고 했을 정도다. 그렇다고 절망하지는 말자.

[33]이에 바울이 그들 가운데서 떠나매, [34]몇 사람이 그를 가까이하여 믿으니, 그 중에는 아레오바고 관리 디오누시오와 다마리라 하는 여자와 또 다른 사람들도 있었더라.

14) 어떤 사람들은 죄와 회개, 예수님의 십자가의 죽음과 부활 등이 선명하게 나타나지 않아 바울의 일반적인 복음 전도 메시지와 너무 다르고 지나치게 문화적이고, 또는 지나치게 문학적이지 않나 의구심을 품기도 하지만. 아레오파고 설교는 비유대문화권 이방인을 겨냥해 작성된 설교가 분명하며 유대적 기독교 정신이 현지 문화의 옷을 입고 표현된 것을 부정해서는 안 된다.

유대인들에게 복음을 전하다가 모함당해 옥에 갇혔던 박해는 지적이고 교양 있는 그리스 아테네 사람들 사이에서는 없었지만, 그 굳게 닫힌 마음을 보고 이번에는 바울이 그들을 떠났다. 그러자 이상한 일이 생겼다. 그가 떠나자 그에게 다가오는 사람이 생긴 것이다. 그 가운데는 아레오파고 시민법정 관원 디오누시오 같은 유력하고 똑똑한 사람도 있었다. 이것이 신비한 일이다. 최선을 다한 후 다 내려놓고 떠날 때 주께서 일하시는 것이다. 사역이 망했다고 생각될 때, 하나님은 몇 사람을 구원하시고 붙여주셨는데, 전설에 의하면 그때 나온 디오누시오가 후에 아테네교회 초대 감독이 되었다고 한다.

그러므로 복음을 전할 때 당장 거절당하고 열매 없음에 낙담하지 말자. 당신의 능력 없음에 너무 좌절하지 말라. 바울 같은 위대한 사도가 전해도 안 믿는 사람은 안 믿는다.

하나님은 니느웨가 주님께 돌아왔듯이 아테네가 통째로 뒤집어지고 모두가 구원받는 것을 약속하신 것이 아니라, 방해와 저항이 있지만 소수의 선택된 사람이 믿게 됨을 보여준다. 그 작은 불꽃, 한 줌의 사람들이 후에 하나님 나라에 크게 쓰임받기도 한다. 그 사실에 우리는 만족하고 기뻐할 수 있는 우리 모두가 되기를 축복한다.

최고의 선물, 가장 큰 위로

(행 18: 1-17)

우리가 힘들 때 가장 큰 위로가 되는 것은 무엇일까? 멋진 레스토랑 가서 맛있는 식사를 얻어먹거나, 술 한 잔하며 얄미운 직장 상사 뒷담화하며 실컷 떠드는 것일까? 그렇다면 힘들 때 최고의 선물은 무엇일까? 내가 갖고 싶었던 것 사고 싶었던 그것인가?

오늘 본문은 바울이 그 유명한 아레오파고 설교를 했는데도 불구하고 한 줌의 사람만 얻고 아테네 사람 대부분의 시큰둥한 반응을 보며 아테네를 떠났을 때 생긴 일이다. 사실 바울의 마음은 씁쓸하고 힘이 빠졌을까?

> 1그 후에 바울이 아덴을 떠나 고린도에 이르러, 2아굴라라 하는 본도
> 에서 난 유대인 한 사람을 만나니, 글라우디오가 모든 유대인을 명하여
> 로마에서 떠나라 한 고로 그가 그 아내 브리스길라와 함께 이달리야로부
> 터 새로 온지라. 바울이 그들에게 가매, 3생업이 같으므로 함께 살며 일
> 을 하니, 그 생업은 천막을 만드는 것이더라.

고린도는 BC 27년에 로마 속주인 현재 그리스 남부인 아카이아 지방의 수도가 되었고, 아테네에서 가까운 도시로, 지중해 건너편 소아시아의 에베

소와 쌍벽을 이루는 당대의 대도시였다. 고린도는 해상 무역으로 부유해지자 부도덕한 도시의 대명사가 되었다. 거기서 바울은 로마의 또 다른 속주였던 폰투스 출신 유대인 아길라를 만났다. 아까 힘들 때 가장 큰 힘이 되어주고 가장 큰 위로가 무엇이냐고 물었는데, 광고처럼 '박카스'나 '비타500'이 아니라 그 박스에 담긴 '현찰'도 아니다. 지난 삶을 돌아보니 그 어떤 것보다, 같은 마음으로 함께 일할 사람을 얻는 것처럼 귀한 것은 없다는 생각이 든다. 사람처럼 귀한 선물이 없고, 함께 할 사람을 만나는 것보다 귀한 축복이 없다.

브리스길라와 아길라 부부가 고린도로 온 것을 2절은 클라우디오 황제가 로마에서 유대인들을 추방한 사건 때문이라고 한다. AD 49-50년 경에 크레스토(크레스투스)란 유대인 노예의 선동적 설교 사건으로 로마 거주 유대인들의 폭동이 있었는데, 그 일로 인해 일부 유태인 기독교인들이 추방되었다. 히브리어 메시아를 헬라어로 '기름 부음 받은 자 크리스토'라 했으므로, 타키투스에 의하면, 당시 그리스도인들을 '크리스티아니'라 했었다. 문제는 친절하고 쓸 만한 놈이란 뜻의 노예 이름 크레스투스나 크리스투스가 둘 다 발음이 비슷한 것이다. 그래서 크레스토란 노예의 선동을 크리스천들이 일으킨 폭동으로 오해했었다. 당시 역사 기록에 의하면, 4만에 이르는 유대인을 다 추방한 것은 아니고 핵심 인물만 추방했는데, 그렇다면 브리스가와 아굴라는 로마의 영향력 있는 기독교 지도자였던 것 같다. 『사도행전』 19장 21절을 보면 바울이 나중에 로마로 선교를 가는 비전을 품고 있었지만, 그 전에 이미 일부 기독교인들에 의해 로마에도 복음이 전해졌고 브리스길라와 아굴라처럼 크리스천들이 있었던 것으로 보인다.

아무튼 그 부부를 만나 비전을 나눈 후 바울은 그들과 함께 하기 위해 그들의 집으로 거처를 옮겼다. 예수 복음의 동역자인 데다가 생업도 바울과 같이 천막을 만드는 일이었으므로 그렇게 한 것 같다. 천막 만드는 사람이(*skenopoios*)란 단어를 교부들은 가죽 제품 제작자(*skiotomos*)로 생각했으므로 지금도 그렇게 여기지만, 원래 의미는 천막에 사용하는 천을 짜는 사람이란 뜻이다. 만일 천막 짓는 바울이 가죽 일을 하는 사람이라면 9장 43절, 10장 6절 등에 나오는 욥바의 시몬처럼 무두장이(*byrseus*)라고 했을 것이다. 그런데 동물 가죽을 다루는 일은 아무리 바울이지만 유대인 랍비가 하기에는 곤란한 점이 많은 일이었을 것이다.당시 로마시대 지중해 지역에서는 천막을 만들 때 염소 가죽과 킬리키움이라 하는 염소털로 짠 천을 많이 썼는데, 그것은 바울의 고향 길리기아 지방의 특산물이었다. 그래서 바울은 자연스럽게 텐트메이커를 하게 되었던 것으로 보인다. 이것은 당시 유대 제사장이나 헬라문화권의 순회 철학자들과 달리 랍비들은 말씀을 가르칠 때 보수를 받지 않고 생업이 있었는데, 바울과 아굴라 부부도 복음을 전하기 위해서 직업을 가졌다. 그것도 '3D업종'이라 할 만큼 힘든 천막 짓는 일도 마다하지 않았던 것을 보면 대단하다.

바울은 아굴라와 브리스길라 부부와 함께 살며, 일도 같이 하고 사역에 대한 비전도 함께 나누고 교제하는 시간을 충분히 가졌을 것이다. 그 부부 이야기를 언급한 것은 18장 18, 26절에서 두 사람의 사역이 본격적으로 다루어질 것이고, 그들은 소아시아 에베소의 가정교회 지도자 역할도 했기 때문일 것이다.『로마서』16장 4절에 의하면, 그 부부는 바울을 위해 목숨도 아끼지 않을 귀한 동역자로 소개된다. 아테네 선교에서 반응이 적어 실망한 바울에게 하나님은 아굴라와 브리스길라 부부란 동역자를 선물로 주신 것은 큰 힘이 되고 위로가 되었을 것이다.

4안식일마다 바울이 회당에서 강론하고 유대인과 헬라인을 권면하니
라. 5실라와 디모데가 마게도냐로부터 내려오매 바울이 하나님의 말씀에
붙잡혀 유대인들에게 예수는 그리스도라 밝히 증언하니.

바울은 고린도에 있는 이방인들에게 복음을 전할 뿐 아니라, 그렇게 계속 유대인들에게 당했으면서도 아굴라와 브리스길라 부부와 함께 살며 힘을 얻어서 4절에서 보듯 안식일만 되면 또 회당에 가서 복음을 논증하며 아테네에서 그랬듯이 유대인과 헬라인들을 설득하기 위해 노력했다. 개역개정은 강론했다고 했지만, 원래 의미는 논증했다는 의미고, 권면했다라고 한 '*peitho*'란 단어도, 논쟁으로 설득하는 것을 말한다.

때마침 아테네에 가면서 불러달라고 했던 실라와 디모데가 도착해(고후 1: 19) 팀이 보강되었다. 브리스길라와 아굴라 같은 동역자와의 만남과 동역이 고린도 선교를 위해 외롭게 수고하던 바울을 향한 하나님의 첫 번째 선물이요 위로였다면, 두 번째 선물이 기다리고 있었다. 그토록 기다리던 실라와 디모데까지 와서 동역하게 된 것이다. 더욱 힘을 얻은 바울은 5절에 보듯 유대인들에게 예수가 그리스도임을 더 분명하게 증언했다.

이때 개역 5절은 바울이 "하나님 말씀에 붙잡혀"라고 번역해 놓았지만, 다른 성경들이 잘 번역해 놓았듯이 하나님 말씀 전하는 일에만 '전념'했다는 뜻이다. 무슨 상황을 의미하는 것일까? "또 내가 너희와 함께 있을 때 비용이 부족하였으되 아무에게도 누를 끼치지 아니하였음은 마게도냐에서 온 형제들이 나의 부족한 것을 보충하였음이라. 내가 모든 일에 너희에게 폐를 끼치지 않기 위하여 스스로 조심하였고 또 조심하리라"(고후 11: 9)는

말씀처럼, 바울은 고린도 교인들에게 부담을 주지 않고 폐를 끼치지 않기 위해 텐트메이커로 일하며 복음을 전해 왔는데, 실라와 디모데가 마게도냐 지역의 교회에서 가져온 선교 헌금이 큰 도움이 되었다는 것이다. 『빌립보서』 4장 15-16절에 의하면, 디모데는 마게도냐 지역의 빌립보교회의 연보를 가져왔는데, 그 결과 바울은 텐트메이커로 생업에 시간을 들이지 않고 그리스도의 복음을 전파하는 일에 전념할 수 있었던 것이다.

성도들의 입장에서는 목사들이 바울처럼 텐트메이커로 일하며 목회를 하면 사례비 부담도 없고 좋을 것처럼 보일지 모르지만, 그런 텐트메이커인 이중직 말씀 선생인 랍비의 삶을 모든 풀타임 목회자에게 똑같이 강요하는 것은 곤란하다. 바울은 복음의 사도인 자신의 직분을 『로마서』 15장 16절에서, “이 은혜는 곧 나로 이방인을 위하여 그리스도 예수의 일꾼이 되어 하나님의 복음의 제사장 직분을 하게 하사, 이방인을 제물로 드리는 것이 성령 안에서 거룩하게 되어 받으실 만하게 하려 하심이라”고 하며, 복음의 제사장적 직분으로 봤기 때문에, “어찌 나와 바나바만 일하지 아니할 권리가 없겠느냐고 주장하며, 말씀전하는 자가 사례를 받고 일하는 것은 모세의 율법에도 기록된 것처럼 곡식 떠는 자와 함께 얻을 소망”(고전 9: 10)을 가진 레위계 제사장 직무로 보았다. 따라서 성도들의 십일조와 제물로 사는 것이 당연하다는 입장이었다.

그럼에도 왜 자비량선교를 했나? 바울은 “이 권리를 쓰지 않는 것은 그리스도의 복음에 아무 장애가 없게 하려 함이라”(고전 9: 12)고[1] 이유를 밝혔는데, 이것은 당시 돈 받고 지혜의 로고스를 팔던 그리스 문화권의 순회

1) 이것을 고후 6: 3에서는 “우리가 이 사역이 비방을 받지 아니하려고 무엇에든지 아무에게도 거리끼지 않게 하려고”라고 반복했다.

철학자들과 거짓 교사들 때문에 선교적 차원에서 그런 것뿐이었다. 그래서 『고린도후서』 8~9장에서 복음 사역을 위한 마게도냐교회의 선교 헌금으로 사역에 전념해서 고린도교회가 세워지게 된 것에 대한 감사를 길게 언급한 것을 보면, 하나님의 말씀을 전하는 것은 일에 얽매이지 않고 전념하는 것이 정상이고 바람직한 일이며, 텐트메이킹을 한 것은 선교적 특수 상황이라는 말이다. 분명한 것은 이것이다. 선교적 상황으로 자비량하든, 헌금에 의지해 전임사역하든, 전도에서 가장 중요한 것은 무엇인가?

✍ 자비량의 수고든, 어떤 기회든, 복음 증인의 삶에 '전념'하자(1-5).

파트타임으로 해도 될 일이 있고 풀타임으로 해야 되는 일이 있는데, 복음을 증언하는 것은 누구나 파트타임으로 해도 되지만 일단 교회를 세우고자 한다면 목회자는 그 일에 전념해야 한다.

경제적으로 풍요롭지 않은 상황 가운데서도 선교를 위해 풍성한 연보를 보내준 마게도냐교회들의 헌신으로 바울은 열심히 복음을 전하는 일에 전념할 수 있었지만, 최선을 다해 논리적으로 설득했으나 또 다시 유대인들이 대적하고 비방하는 어려움을 당했다.

> 6그들이 대적하여 비방하거늘, 바울이 옷을 털면서 이르되, 너희 피가 너희 머리로 돌아갈 것이요 나는 깨끗하니라. 이 후에는 이방인에게로 가리라 하고.

복음 전할 때마다 바울이 겪는 동족 유대인들의 대적 행위는 이제 전형적인 패턴처럼 반복된다. 차라리 불신 이방인 전도가 낫지, 신앙생활 조금 하던 사람들이 더 무섭고 힘들다. 30년 가까이 목회하며 느낀 것인데, 다른 데서 어설픈 신앙생활하다 온 사람들을 가르치면, 자신의 확신과 전통과 신념에 근거해 당신 설교가 맞느니 틀리니 하거나 나쁜 목사라며 미워하기도 한다. 차라리 불신자를 전도해 초신자에게 말씀 가르치는 게 훨씬 낫다. 나는 주중에 신학대학원 교수로 섬기는 것이 주사역인데, 신학생도 두 종류가 있다. 일반대학 나오고 직장 생활하다가 소명을 받아서 온 사람들이 한 부류인데, 그들은 대부분 어떻게 말씀 전해야 할지 모르겠다며 항상 두렵고 떨림으로 자신들의 부족함을 염려하는데, 그들을 가르치면 열심히 배우고 제대로 훈련받아서 그들 자신의 걱정보다 훨씬 잘하는 것을 보고 서로 놀란다. 또 한 부류는 어디 어설픈 신학교나 학부에서 신학을 조금 배우고 어설픈 목회 좀 하다가 신학대학원에 들어온 사람들인데, 다 그런 것은 아니지만 어떤 학생들은 수업 시간에도 종종 저 교수가 맞네 틀리네 해 가면서 교만을 떨고 자기 생각과 다르거나 마음에 안 들면 대들기도 하는데, 그런 학생들은 제대로 훈련받지 않으니까 졸업은 하고 나가도 성숙한 사역을 하지 못해 참 안타깝다. 그럴 때마다 나는 "차라리 백지를 가져다주세요. 그러면 내가 그려주겠습니다"라 한다. 자신들이 끄적거리며 잔뜩 낙서해 놓은 종이를 가지고 와서 거기에 그림을 그려달라고 하면, 그 낙서를 다 지워버리기 전에는 제대로 그려주기 힘들다.

똑 같은 일을 바울이 겪은 것이다. 이방인들 전도도 쉽지 않지만 그들은 일단 믿으면 확 달라지는데, 평생 신앙생활을 좀 했고, 성경을 좀 안다는 유대인들은 예수가 그리스도임을 성경으로 증명하면 얄팍한 성경 지식을 가지고 반박하다가, 논쟁에서 밀리게 되면 왜 그런지 배울 생각을 하기보다는 대들고 당신이 나쁜 놈이라며 죽이려 든다.

그런데 바울은 옛날의 바울이 아니다. 모함당하고 쫓겨나던 바울이 아니다. 그는 이제 강해졌고 단호해졌다. 그냥 도망가지 않고, 옷을 털고 일어나 떠난다. 그것은 하나님 말씀에 불순종할 때 하나님께서 제거해 버리실 것을 상징하는 심판의 선언이다. "내가 옷자락을 털며 이르기를, 이 말대로 행하지 아니하는 자는 모두 하나님이 또한 이와 같이 그 집과 산업에서 털어 버리실지니, 그는 곧 이렇게 털려서 빈손이 될지로다"(느 5: 13). 그 행동의 의미를 6절 자체도 설명하고 있다. "너희 피가 너희 머리로!" 이제 나는 책임이 없다는 선언이다. 그 배경은 『여호수아』 2장 19절의 "누구든지 네 집 문을 나가서 거리로 가면 그의 피가 그의 머리로 돌아갈 것이요, 우리는 허물이 없으리라"이다. 이 선언을 하며 바울은 그들의 죄로 받을 피의 심판에 더 이상 책임이 없이 결백함을 선언하는 것이다.

그리고 바울은 이제 단호하게 결단하고 선포한다. 이방인을 향해 가겠다는 것이다. 사실 이전 13장 46절에서도 그 결심을 한 바가 있었지만 동족 유대인을 향한 긍휼과 사랑 때문에 그러지 못했다. 그러나 수차례에 거쳐 이런 일을 당하자, 이제는 소명대로 이방인에게로 가기로 한 것이다. 『로마서』 11장 13절에서도 밝혔듯 자신의 소명은 이방인의 사도임을 알고 있지 않았던가? 바울은 선언한 것처럼 함께 사역을 하던 유대계 기독교인 브리스길라와 아굴라 집을 떠나 이방인에게로 갔다. 그러고 나서 그는 거처를 어디로 옮겼는가?

> 7거기서 옮겨 하나님을 경외하는 디도 유스도라 하는 사람의 집에 들어가니, 그 집은 회당 옆이라. 8또 회당장 그리스보가 온 집안과 더불어

주를 믿으며 수많은 고린도 사람도 듣고 믿어 세례를 받더라.

바울이 이사를 간 곳은 디도 유스도의 집이다. 'Titus Justus'란 로마식 이름에서 알 수 있듯이 그는 유대교로 회심한 이방인이다. 고린도 사람들 전도를 위해서는 현지인 집으로 가는 것이 낫다. 그런데 바울이 옮겨간 디도 유스도의 집을 7절은 어디라고 하는가? "회당 옆"이라고 한다. 이방인에게 복음을 전하겠다며, 회당 가까운 집으로 들어간 것은 여전히 유대인을 포기할 수 없다는 애증과 함께, 유대교로 전향해 회당 예배에 참여하는 이방인들을 전도하는 것이 효과적이란 이중적 이유 때문으로 보인다. 그 결과 8절처럼 회당장 그리스보와 그 가족이 모두 주님을 믿게 되었고, 고린도의 이방인들도 많이 믿고 세례를 받았다.

이런 열매를 거두었다고 하여 바울 사역에 어려움이 없었던 것은 아니었다. 고린도전후서를 보면 알겠지만, 바울은 당대의 유명한 철학자들처럼 멋진 모습에 지적인 말을 하는 것도 아니고, 언변도 별로 좋지 않았으며, 심지어 교인들에게 사도성을 의심 받는 어려움까지 겪었으니 얼마나 힘들었겠는가? 그런 바울에게 이번에는 세 번째 위로와 큰 선물을 주셨다. 밤에 꿈/환상 가운데 주께서 친히 오셔서 격려와 위로와 약속의 말씀을 주신 것이다.

9밤에 주께서 환상 가운데 바울에게 말씀하시되, 두려워하지 말며 침
묵하지 말고 말하라. 10내가 너와 함께 있으매, 어떤 사람도 너를 대적하
여 해롭게 할 자가 없을 것이니, 이는 이 성중에 내 백성이 많음이라 하
시더라, 11일 년 육 개월을 머물며 그들 가운데서 하나님의 말씀을 가르
치니라.

어떤 격려와 위로와도 비교할 수 없는 가장 큰 약속은 무엇인가? 하나님께서 내가 너와 함께 있겠다는 것이다. 이것은 구약에서 하나님께서 그의 종에게 주시던 말씀이고, 『여호수아』 1장 5절처럼, 전쟁에 나갈 때 주시는 승리의 약속이기도 하다. 그러므로 두려워하지 말고, 침묵하지 말라는 것은 계속 담대히 복음을 전파하라는 명령이다. 그 말씀에 순종하여 바울은 11절처럼 참고 1년 6개월을 고린도에 머물며 하나님의 말씀을 가르쳐 강해했다.

『고린도전서』를 보면, 이때 바울은 아테네에서처럼, 그리스 종교 철학 문학적 색깔이 짙은 지적 강론(행 17: 22-31)이나, 고린도 선교 초기에서 보여준 논리적 설득처럼(18: 4-6), 사람의 지식과 이성에 호소하는 방식으로는 근본적으로 사람을 회개에 이르게 하고 구원받는 믿음에 이르게 하지 못함도 깨달았던 것 같다. 회개와 구원에 이르는 믿음은 『고린도전서』 2장 4절에서 고백했듯, 오직 성령의 나타나심과 능력에 의한 것이지 사람의 지혜의 권하는 말과 지적 설득으로 되는 것이 아님을 깨닫고 그렇게 사역했다. 지난번 『사도행전』 17장 전반부를 설교하며 강조했듯이, 성령의 능력과 큰 확신에 의지한다는 것은 다른 것이 아니라, 성령 안에서 지속적으로 하나님 말씀을 깊이 있게 강해하는 것이었다. 그것과 같은 것이 본문 11절 후반부에서는 "그들 가운데서 하나님 말씀을 가르친" 것이다. 이때부터 시작하여 바울은 복음의 씨만 뿌리고 떠나 돌아다니는 방식보다는 일정 기간 한 곳에 머물며 지속적으로 말씀을 강해하고 사람을 세우는 방식의 사역을 택한다. 이것은 일꾼을 세워 교회를 개척하는 바울의 중요한 전략적 수정이고, 앞으로도 계속 볼 것인데, 오늘날 현대교회도 고려해야 할 사항이다.

어떤 대적과 저항이 와도 '지속적'으로 말씀을 가르치자(6-11).

앞의 9절에서 하나님께서 "두려워하지 말라"고 하신 이유는 내가 너와 함께 하므로 누구도 너를 대적해 해롭게 할 자가 없을 것이기 때문이었다(10절). 그리고 고린도 시 안에 내 백성이 많다고 하셨다. 그런데 이 약속에도 불구하고 바울이 당장 겪은 일은 무엇인가?

> [12]갈리오가 아가야 총독 되었을 때에 유대인이 일제히 일어나 바울을 대적하여 법정으로 데리고 가서, [13]말하되, 이 사람이 율법을 어기면서 하나님을 경외하라고 사람들을 권한다 하거늘.

아카이아 지방의 신임 총독으로 갈리오가 부임하자, 뭘 모를 이때가 좋은 기회라고 생각한 유대인들이 12절에서 보듯 일제히 바울을 대적해 총독이 있던 아고라의 법정(*bema*) 앞으로 그를 데려가 고발했다. (로마에서는 호민관이 있던 호민관 자리를 법정으로 여기기도 했다.)

지난주에 본 아테네 선교 때는 철학자들이 복음을 거부해도 이렇게 못되게 굴지는 않았다. 그러나 고린도에서 하나님을 믿는다는 유대인들은 거부 정도가 아니라, 대적하고 비방하더니(6절), 기회가 되자 다시 대적하여 세상 법정에 고발하는 핍박을 가한다(12절). 앞에서도 잠시 언급했지만, 종교적 확신 때문에 불신자보다 신앙인들이 때로는 더 무섭다.

그렇지만 아무리 이렇게 대적해도 10절의 하나님 약속처럼 바울을 해치지 못할 것이다. 10절의 약속은 대적하는 일이 없고 환난을 면케 해준다는 말이 아니라, 누가 너를 대적해도 아무도 너를 해치 못한다는 것이었다. 정확히 읽어야 한다. 우리의 애창곡 중 하나인「하나님은 너를 지키시는 자」라는 정성실 전도사의 곡이 있다. 가사 중 "하나님은 너를 지키시는 자 너의 환난을 면케 하시니"라는 부분은 『시편』 121편 7절 "여호와께서 너를 지켜 모든 환난을 면하게 하시며 또 네 영혼을 지키시리로다"란 개역에서 따온 것인데, 새번역이나 공동번역은 물론 NIV나 NLT 등 모든 주요 영어 성경이 다 공통적으로 옮겼듯이 환난을 면케 해준다는 말이 아니라 모든 환난에서 너를 '지키시리라'인데, 본문 10절 약속과 같다. 결국 13절의 고발에도 불구하고, 아가야 지역 총독 갈리오는 그 소송을 받아주지 않았다.

[14]바울이 입을 열고자 할 때에 갈리오가 유대인들에게 이르되, 너희 유대인들아. 만일 이것이 무슨 부정한 일이나 불량한 행동이었으면 내가 너희 말을 들어 주는 것이 옳거니와, [15]만일 문제가 언어와 명칭과 너희 법에 관한 것이면 너희가 스스로 처리하라. 나는 이러한 일에 재판장 되기를 원하지 아니하노라 하고, [16]그들을 법정에서 쫓아내니.

심지어 바울이 변호하기 전에(14a) 그들을 쫓아내 주기(16절)까지 했다. 곤경에 처한 자가 직접 고발자와 다투기 전에 당국자가 고발자를 물리쳐 주다니, 이보다 더 좋을 수 있는가? 정말 하나님의 도우심이다. 총독은 무슨 악행이나 범법행위라면 소송을 받아주겠지만, 13절의 고발처럼 자신들의 율법 해석과 다르게 하나님을 이상하게 믿으라고 한 것에 대해, "나는 로마법을 따르는 행정관이지 너희 유대교 법 규정에 끼어들어 종교재판관이 되고 싶지 않다"며, 그들을 법정에서 쫓아내 버린 것이다. 그러나 만일 그들이 바울이 로마법에 위배되게 신을 믿으라고 했다며 고발했다면 총독은 그 송사를 받아들여야만 했을 것이다. 이런 상황을 언급하는 것은 당시 교회는 로마사회에 어떤 적대적 단체도 아니었음을 성경이 밝힌 것이다. 동시에 바울의 선교 사역에서 아무도 너를 해치 못할 것이란 하나님 약속이 성취되었음을 보여주는 것이다. 그러므로,

보호의 약속에 의지하여 더욱 담대히 복음을 전하자(12-16).

위험이 닥쳐와도 우리를 보호해 주신다는 하나님의 약속을 의지하며 오늘도 나아가자!

역사 기록에 의하면 갈리오 총독은 건강은 안 좋았지만 쾌활하고 청렴결백했다고 알려진 사람이었는데, 그가 누구였냐면, 1세기 네로 황제 당시 로마의 실질적 통치자였던 반유대주의자 세네카의 형제였다. 그런 사람 앞에서 유대인들이 로마인에게 동족을 해치워달라고 고발한 이 사건은 참으로 수치스런 일이 아닐 수 없다.

오늘날에도 정말 부끄러운 것은 신앙 문제를 교회 안에서 해결하지 않고 고소하고 고발하고, 세상 법정으로 가져가는 것이다. 교회라고 법정을 이용하면 안 된다는 것은 아니나, 교회 내부의 문제를 스스로 해결 못하고 세상 법정으로 가져가 서로 물고 뜯고 싸우는 것은 세상 앞에서 참으로 부끄러운 일이다. 서초구의 S교회 문제도 그렇지만, 송파구의 K교회 사태도 십 년이 넘도록 원로목사 측과 후임 담임목사 측이 서로 얼마나 계속 고소 고발을 해 해결이 안 되는지, 답답한 판사가 양측을 만나 중재를 해서 일단락을 지어줬다.

하나님을 믿는다는 사람들이 불신 이방인들 앞에서 얼마나 부끄러운 일을 하는지 17절은 한 가지 더 보여준다.

[17]모든 사람이 회당장 소스데네를 잡아 법정 앞에서 때리되, 갈리오가 이 일을 상관하지 아니하니라.

소송이 실패하자 유대인들은 기독교로 회심한 그리스보(18: 8) 회당장 후임으로 세워 놓은 자신들의 종교 지도자 소스데네를 잡아다가 법정 앞에서 총독이 보는 앞에서 폭행을 했다. 그래도 갈리오는 꿈쩍하지도 상관하지도 않았다. 이렇게 해서 하나님의 약속은 확실하게 성취되었다. 불신자 갈리오 총독을 통해 하나님은 자신의 약속을 놀랍게 이루셨다.

더 놀라운 것은『고린도전서』1장 1절을 찾아 읽어보자. "하나님의 뜻을 따라 그리스도 예수의 사도로 부르심을 받은 바울과 형제 소스데네는!" 유대교 회당장이었던 그가 유대교인들에게 폭행을 당하자 그런 모습의 유대교에 회의를 느껴 예수님을 믿게 된 것인지, 아니면 I. H. 마샬(Marshall)의 생각처럼 소송 전부터 원래 기독교인이었으므로 소송에 적극적으로 대처 안 했더니, 그 사실을 알게 된 유대인들이 화가 나서 폭행을 한 것인지는 알 수가 없다. 나는 개인적으로 전자가 더 가능성이 있다고 보는데, 분명한 것은 소스테네는 결국 사도 바울의 측근이 되어 고린도교회의 형제들에게『고린도전서』의 공동 저자로 등장하여 고린도교회 성도들에게 인사말을 쓰고 있다는 점이다. 고린도의 유대인 회당장 그리스보의 구원에 이어 후임 소스데네까지 복음의 일꾼이 되었다. 이것은 얼마나 크고 놀라운 하나님의 일인가? 그러므로,

하나님의 크신 일을 기대하며 담대한 복음의 증인으로 살자(17).

하나님은 이처럼 우리가 예상치 못한 선물을 주신다. 대적이 변해 복음의 동역자가 되게 하신다! 죽을 것 같고 포기하고 싶을 때 힘을 주시고, 고난을 겪으며 절망스러울 때 그 분은 보호의 약속을 이루시고, 소스데네 같은 대적을 변화시켜 동역자로 붙여주시기도 하는 예상치 못한 일을 하신다.

그 주님을 신뢰하고 오늘도 우리 앞에 닥친 힘든 일을 이겨나가는 그리스도의 증인이 되자!

교회를 세운다는 것은

(행 18: 18-28)

교직원은 의무적으로 참여해야 하는 학교 교회의 1부 주일 예배를 마치고 말씀을 전하러 베이직교회로 갈 때마다 나는 서초역 법원 사거리의 거대한 교회당을 지나가게 된다. 여러 소송에 휩싸여 있는 그 교회나, 원로목사와 후임목사 간의 10년 넘은 소송으로 고통 받던 송파구의 한 교회 등, 여전히 세상 사람들의 입방아에 오르내리는 교회들을 보면 다들 멋진 교회당을 가지고 있는데, 교회를 세운다는 것이 도대체 무엇인가 하는 근본적 질문을 떨쳐버릴 수 없다. 오늘은 거기에 대해 성경은 무엇이라고 말씀하시는지 보게 될 것이다.

본문은 바울의 두 번째 전도여행(15: 40-18: 22)의 마무리와 23절 이하에서 세 번째 선교여행의 출발 시점에 발생했던 일을 다루고 있다.

> 18바울은 더 여러 날 머물다가 형제들과 작별하고 배 타고 수리아로
> 떠나갈새, 브리스길라와 아굴라도 함께 하더라. 바울이 일찍이 서원이
> 있었으므로 겐그레아에서 머리를 깎았더라.

바울은 고린도에 얼마 동안 더 머물다가 자신을 파송하고(13: 3) 제2차

전도여행을 시작한 시리아 안디옥(15: 40)으로 돌아가기로 했다. 그런데 그 중간에 에베소에 들러 복음을 전할 작정이었던 것 같다. 그 일을 위해 바울은 일찍이 나실인 서원을 한 것으로 보인다. 『민수기』 6장을 보면, 나실인 서약을 하면 머리를 자를 수 없으므로 에베소로 가기 전 겐그레아 항구에서 바울은 마지막으로 이발을 했다. 이 이야기를 언급한 것은 그가 오해받듯이 율법을 완전히 무시하는 사람이 아니며, 서원한 것은 또한 신실하게 지키는 사람임을 보이기 위한 것 같다. 그리고 수리아 안디옥으로 돌아가는 길에 바울은 동료 사역자 브리스길라와 아굴라 부부와 동행해 에베소로 함께 갔다.

[19]에베소에 와서 그들을 거기 머물게 하고, 자기는 회당에 들어가서
유대인들과 변론하니, [20]여러 사람이 더 오래 있기를 청하되 허락하지 아
니하고, [21]작별하여 이르되, 만일 하나님의 뜻이면 너희에게 돌아오리라
하고, 배를 타고 에베소를 떠나, [22]가이사랴에 상륙하여 올라가 교회의
안부를 물은 후에 안디옥으로 내려가서.

그런데 에베소에 이르자 바울은 그들을 남겨두고 홀로 다시 회당으로 가서 복음을 전했다. 아마도 텐트메이커 사역자였던 브리스길라와 아굴라는 소아시아 최대 상업 도시였던 에베소에 사업이 있었기 때문에 그들이 일하게 남겨두고, 마게도냐교회의 지원을 받아 사역에 전념할 수 있었던 바울은 새로운 곳에 가면 항상 하던 대로 복음을 전하러 혼자 회당에 간 것으로 보인다.

이때 변론했다는 개역 19절의 '*dialegomai*'는 4절 전반부에서 '강론했다'

고 번역한 단어로, 설교했다는 말이다. 아테네와 고린도 사역 초기처럼 변증하고 논리적으로 설득하려던 태도에서 벗어나, 말씀을 강론하고 설교를 한 것이다. 그것도 달라진 점이지만, 바울이 이전과 가장 크게 달라진 점은 20절에서 보듯이 에베소 회당의 유대인들과 에베소 사람들이 에베소에 더 오래 머물며 강론해 주기를 청했지만, 만일 하나님의 뜻이면 돌아올 것이라는 말을 남기고 홀로 에베소를 떠났다(21)는 점이다. 전에는 사람들이 핍박하면 도피하고, 사람들이 호응하면 좋아했지만, 이제 바울은 사람들이 대적해도 실망하지 않고 더 열심히 사역하고, 반대로 호응하고 원한다고 그들의 요구에 따라 살지 않는 것이 크게 달라진 점이다. 이것은 바울의 사역과 삶에서 일어난 매우 근본적인 변화다.

우리는 종종 하나님의 부르심과 요구보다 사람의 부르심과 요구에 더 민감한 경우가 많다. 그러나 바울은 사람들의 요구에 따라 움직이지 않고, 성령의 인도하심에 따라 움직이는 사람이었다. 그는 항상 '하나님의 뜻'을 묻고 그에 따라 가기도 하고 서기도 했다. 『로마서』를 시작하는 1장 10절에서도 "어떻게 하든지 이제 하나님의 뜻 안에서 너희에게로 나아갈 좋은 길 얻기를 구하노라"고 했고, 『로마서』를 마치는 15장 32절에서도 "나로 하나님의 뜻을 따라 기쁨으로 너희에게 나아가 너희와 함께 편히 쉬게 하라"고 했으며, 『고린도전서』 4장 19절에서는 "주께서 허락하시면 내가 너희에게 속히 나아가서 교만한 자들의 말이 아니라 오직 그 능력을 알아보겠으니"라고 했고, 『고린도전서』를 마무리하는 16장 7절에서도, "이제는 지나는 길에 너희 보기를 원하지 아니하노니, 이는 만일 주께서 허락하시면 얼마 동안 너희와 함께 머물기를 바람이라"고 했다. 이것은 오늘날 우리 기독교인들은 잃어버린 정신인데,[1] 우리 삶의 가장 중요한 부분도 하나님의 뜻에 따라 살고, 주의 뜻이면 가기도 서기도 해야 한다. 이러한 바울의 모습은 우리가 어떻게 살아야 할지를 알려주는 첫 교훈이다.

❖ 복음의 일꾼은 하나님의 요구에 따라 가고 서야 한다(18-22).

그렇다. 그리스도인은 사람의 요구가 아닌, 하나님의 요구에 따라 가고 서는 사람이다!

하나님의 뜻이면 돌아오겠다는 약속은 후에 19장 1절에서 성취될 것이다. 다만 더 있어 달라는 사람들의 요청에도 불구하고 지금은 때가 아니라고 판단한 바울은 에베소를 떠나 배를 타고 가이사랴까지 간 후, 거기서 예루살렘교회로 갔다. 바울은 본래 예루살렘에서 저항도 많이 받고 교인들 사이에서도 무시를 당했기 때문에 예루살렘 이야기는 자세히 다루지 않는다. 이때 22절의 "올라간다"라는 표현은 '서울 올라간다'는 우리 말처럼 예루살렘으로 간다는 뜻이고, "내려간다"는 것은 예루살렘에서 다른 지방으로 간다는 숙어다. 가이사랴에서 조금만 더 남쪽으로 가면 예루살렘이므로 들러서 선교보고를 하며 안부를 묻다가 예루살렘교회의 재난과 궁핍을 알게 된 것 같다. 그래서 나중에 구제 헌금을 보내는 계기가 되었을 것으로 추정된다. 또는 일부 학자들의 추측처럼 에베소 선교를 위해 겐그레아에서 출발하며 시작한 나실인 서약을 종료하기 위해 예루살렘성전을 들렀을 수도 있다. 아무튼 그는 예루살렘에 올라갔다가 북쪽 시리아의 안디옥으로 귀환한다/내려갔다(22). 거기서 52년 겨울부터 54년 봄까지 머물다가 다시 3차

---

1) 주기도문도 하나님의 뜻이 하늘에서처럼 땅에서도 이루어지기를 바라며(마 6: 10) 행동하기를 요구하는 것이다.

전도여행(18: 23-20: 38)을 떠난다. 그것이 23절의 "얼마 있다가"란 시간 간격 표현이다. 이렇게 해서 23절부터 바울의 제3차 전도여행이 시작된다.

[23]얼마 있다가 떠나 갈라디아와 브루기아 땅을 차례로 다니며 모든 제자를 굳건하게 하니라. [24]알렉산드리아에서 난 아볼로라 하는 유대인이 에베소에 이르니, 이 사람은 언변이 좋고 성경에 능통한 자라. [25]그가 일찍이 주의 도를 배워 열심으로 예수에 관한 것을 자세히 말하며 가르치나 요한의 세례만 알 따름이라. [26]그가 회당에서 담대히 말하기 시작하거늘, 브리스길라와 아굴라가 듣고 데려다가 하나님의 도를 더 정확하게 풀어 이르더라.

바울이 3차 전도여행을 가 있는 중에, 아볼로라 하는 유대인 크리스천 전도자가 바울이 떠난 에베소에 도착했다. 아볼로는 이집트 북쪽 즉 북아프리카의 로마라 할 만한 교육과 철학의 도시요, 본토 외에 가장 많은 유대인들이 모여 살던 거점 도시인 알렉산드리아 출신이었다. 알렉산드리아는 또한 구약을 헬라어로 번역한 70인역까지 만들어낸 유대교 교육의 요지라서 거기서 자란 유대인답게 아볼로는 성경에 능통했다. 그런 학식에 언변까지 좋았다. 게다가 주의 도 즉 예수님의 복음을 배운 후 마음이 뜨거워('열심으로'란 개역번역의 원 의미는 영이 타올라란 뜻이다) 예수님에 대해 자세히 가르치던 열정 넘치는 전도자였다. 그런 아볼로가 에베소에 와서는 바울처럼 회당에 가서 유대인들에게 담대히 예수님을 전하는 것이었다.[2)]

2) 이런 이야기를 보며 어떤 사람들은 "이 사람이 사도 바울도 안 만났는데 어떻게 예수를 알았을까?"라고 생각할지 모르겠지만, 그것은 마치 『창세기』를 읽으며 우

앞에서 사도 바울이나 참된 리더들의 관심은 제자들을 굳건하게 해서 진정한 교회를 세울 수 있는 일꾼으로 무장시키는 데 있었다고 했다. 에베소에 남아 가정교회 사역자로 섬기고 있던(롬 16; 고전 16) 브리스길라와 아굴라 부부는 아볼로를 보자 복음의 일꾼이 가져야 할 기본 소양인, 성경 지식, 커뮤니케이션 능력, 예수님을 향한 열심이란 세 덕목이 잘 되어 있다는 것을 발견하고, 여기에 두어 가지만 더 갖추게 훈련시키면 아주 훌륭한 주의 종이 될 수 있음을 간파했다.

첫 번째 극복해야 할 문제는, 아볼로가 예수님의 도에 대해 잘 가르치기는 했지만, 25절처럼 요한의 세례만 알고 있다는 점이었다. 당시가 AD 50년대 초반이므로 예수님의 십자가의 죽음과 부활 사건이 일어난 지 20년 가까이 되고, 아볼로는 예수님에 대해 자세히 알고 가르친 사람인데도 그가 요한의 세례만 알았다는 말은 그리스도의 세례를 전혀 몰랐다는 말이 아니라, 바울의 사도적 복음에 비해 복음의 초보만 있고 신학에 한계가 있음[3]을 언급하는 표현이다.

리가 "아담 계보가 아닌 이 사람들은 어디서 나온 것일까?"라고 하는 질문들과 유사한 편견이다. 여러분은 지금까지 『사도행전』을 보면서 곳곳에서 감지했겠지만, 사도 베드로와 바울이 간 적이 없는데도 주님이 보내신 또 다른 증인들에 의해 예수님을 알게 된 사람들이 구브로와 구레네 등 곳곳에 있었고, 심지어 11: 20을 보면 그 사람들은 베드로나 바울이 가기 전에 안디옥까지 가서 선교를 한 일도 있었다. 성경은 하나님의 구원 역사의 어떤 흐름을 말하기 위해 어떤 계보를 통해 이렇게 메시아인 예수님까지 이어짐을 보여주고, 신약도 12제자로 이어졌다가 글로벌한 기독교의 전파를 보여주기 위해 사도 베드로와 함께 사도 바울의 계보를 통해 이야기를 전개하는 것뿐이고, 그 사람들 외에는 복음을 알고 전하는 사람이 없었다고 생각하면 안 된다.

3) 다음 주에 볼 19장에서는 또 다른 의미로 이 표현을 쓰지만, 콘첼만, 캐제만 같은 학자들도 본문 18장에서의 요한의 세례만 아는 사람이란 말을 그리스도교의 미숙한 형태 혹은 복음의 진수에서 바울의 신학에 이르지 못한 상태를 뜻하는 것으로

그런 사람을 제대로 된 주의 종이 되게 하려면 무엇을 어떻게 도와줘야 할까? 단지 예수가 누구인가 뿐 아니라, 『창세기』부터 시작하여 예수님의 십자가와 부활이 어떻게 전개된 것인지, 하나님의 구원사처럼 성경신학적 깊이와 복음의 도가 어떻게 흐르는지에 대한 깊은 통찰과 전개 능력이 필요하다. 어떤 신학자의 말처럼, 그것은 예수론에서 기독론으로 한 단계 신학적 업그레이드가 된 것이기도 했다. 그는 훌륭한 신앙생활만 하면 되는 성도가 아니라, 복음 메시지를 정확히 전할 사역자로 세워져야 했으므로 복음을 제대로 강론할 수 있어야 했던 것이다. 그렇게 해서 아볼로는 바울이 강조해 온 십자가와 부활의 복음까지, 즉 '예수가 왜 그리스도인가'를 더 정확하게 풀어 가르치는 신학적 업그레이드가 되었다. 신학교 무용론을 주장하는 사람도 있지만, 이런 측면에서 하나님 나라의 일꾼을 세울 때 여전히 신학대학원이 바로 그런 역할을 하는 것이다. 그러므로 본문의 두 번째 교훈, 복음의 일꾼이 갖춰야 할 둘째 역량은 무엇인가?

복음의 일꾼은 복음에 대한 깊은 통찰이 필요하다(23-26).

그렇다. 복음의 일꾼은 첫째로, 사람의 요구가 아닌, 하나님의 요구에 따라 가고 서야 한다. 둘째로, 복음의 일꾼은 지식과 재능만으로 되지 않고, 복음에 대한 깊은 신학이 필요하다!

그렇다고 하나님의 일에 제대로 쓰임 받으려면 성경을 잘 알고, 스피치 커뮤니케이션 능력 뛰어나고, 하나님에 대한 열심히 대단하고 불타오르는

본다.

뜨거움에 더해, 깊은 신학적 역량만 있으면 되는 것이 아니다. 그럼 무엇이 더 필요한가? 27-28절을 보자.

> 27아볼로가 아가야로 건너가고자 함으로 형제들이 그를 격려하며 제자들에게 편지를 써 영접하라 하였더니, 그가 가매 은혜로 말미암아 믿은 자들에게 많은 유익을 주니, 28이는 성경으로써 예수는 그리스도라고 증언하여 공중 앞에서 힘있게 유대인의 말을 이김이러라.

선배 사역자 브리스길라와 아굴라의 훈련으로 제대로 된 복음 강해를 할 수 있는 역량을 갖추게 되자, 아볼로는 스승이 목회하고 있던 에베소교회를 떠나 고린도가 있는 아가야로 가기를 원했다. 고린도는 에베소와 함께 당대의 가장 대표적인 상업 도시라, 그런 곳에서 목회를 하고 싶은 야망[4] 때문일 수도 있고, 고린도에서 온 사람들이 아볼로의 설교를 듣고 여기는 브리스길라와 아굴라 목사님들이 계시니 그 분들에게 맡겨놓고, 우리 아가야 지방으로 와서 말씀을 전해달라고 청했을 수도 있다.

아무튼 브리스길라와 아굴라 부부가 써준 에베소교회의 추천서를 손에 들고 그는 아가야로 갔다. 그는 유대인들 앞에서 성경을 근거로 그들이 기다리던 메시아 그리스도가 바로 예수라고 당당히 전파했고, 세상 말로 목회에 나름 성공을 거두었다. 그 결과 고린도교회에는 바울파, 베드로파 외에 아볼로파가 생길 정도로 그는 인기 있는 설교자가 되었다(고전 1: 12).

4) 사람들도 예수님에게 "스스로 나타나기를 구하면서 묻혀서 일하는 사람이 없나니 이 일을 행하려 하거든 자신을 세상에 나타내소서(요 7:4)"라고 유혹하지 않았던가?

우리는 종종 아볼로가 고린도교회 안에 다른 메시지를 전해 파당을 일으킨 주범으로 생각하는데, 사실은 아볼로 같은 지도자가 아니라 교인들이 문제였다. 은사를 조금 받았다 하나 영적으로 미성숙한 고린도 교인들은, 하나님께서 다양한 은사를 가진 목회자들을 통해 어떻게 서로 보완적이며 더 풍요로운 메시지를 주셨는지에 대해 감사하는 것이 아니라, 자신들이 좋아하는 설교자 중심으로 바울파 게바파로 충성을 다짐했는데, 그 와중에 그들과 맞먹는 영향력을 가진 아볼로파까지 형성됐을 정도였다. 우리는 아볼로파만 잘못했다고 할 것이 아니라, 설립자 바울의 계보로 자처했던 주류들이나, 심지어 고린도교회와 직접 관계도 없는데 그래도 예수님의 수제자 사도 베드로를 중심으로 한다는 게바파로 자칭하는 모임까지 만든, 영적으로 미성숙한 고린도교회 자체의 문제였음을 알아야 한다. 교회 전체 수준이 그 모양이었던 것이지, 아볼로가 잘못한 것이 아니다. 이 이야기는 나중에 더 보자.

아무튼 아볼로는 유대인들과의 논쟁에서 성경을 펴서 예수가 바로 너희들이 기다리던 그 메시아 그리스도라고 효과적으로 논증해 이기고, 믿는 자들에게도 많은 유익을 끼친 고린도교회의 뛰어난 목회자가 되었다. 그런데 아볼로의 사역이 이처럼 효과적이었던 것은 단지 성경 지식, 뛰어난 커뮤니케이션 능력, 열정 + 브리스길라와 아굴라에 의해 훈련된 십자가와 부활의 복음에 대한 신학만으로 된 것이 아니라고 했다. 한 가지 요소가 더 있다.

성경은 이미 17장에서 위대한 하나님의 종인 바울이 아테네에서 당대의 헬라 시와 문학 수준을 따라가는 가장 지적인 설교를 했을 때의 참담한 결과를 보여주었고, 18장에 들어와서는 고린도 사역의 초기에 논증하고 논리적 설득에 치우쳤을 때(4-5절) 어떤 어려움을 겪었는지(6절)를 보여줬다. 그 해결책은 후에 바울이 언급했듯이, 사람의 지혜의 권하는 말 즉 합리성과 감성에 호소하는 수사학과 논리적 설득에 의지하지 말고 오직 성령의 나타남과 능력에 근거한 목회를 하는 것임(고전 2: 4ff)을 지난주에 언급한 바 있다. 바로 그 점을 브리스길라와 아굴라는 아볼로에게 일깨워줬고, 그것이 바로 그들이 베푼 두 번째 사역훈련이었던 것 같다. 어떻게 그것을 알 수 있는가?

27절 후반을 보자. "은혜로 말미암아!" 브리스길라와 아굴라 부부를 통한 신학 훈련이 이제 목회적 역량이 된 것이다. 신학적 업그레이드에 성령의 나타나심과 능력에 의한 사역 훈련으로 인해 27절은 아볼로가 주의 은혜로 말미암는 사역을 했다고 한 것이다. **은혜로 말미암는 사역!** 그것이 그가 고린도교회에서 베드로와 바울에 맞먹는 영향력 있는 목회를 하게 된 근본적 힘이다. 그러므로,

복음의 일꾼은 성령의 능력과 은혜로 하는 사역이 필요하다(27-28).

그렇다. 복음의 일꾼은 앞에서 언급한 것에, 셋째로, 복음의 일꾼은 깊은 신학적 통찰과 함께 성령의 능력과 은혜로 사역해야 한다!

그런데 앞에서 바울은 에베소를 잠시 떠났다가 다시 에베소에 돌아올 것이라 했다(19: 1). 본문은 그 중간에 아볼로가 에베소에 왔다가, 브리스길라와 아굴라에게 훈련받고 고린도로 사역하러 간 사건인데, 이 이야기를 왜 바울의 에베소 사역 중간에 끼워 넣었을까?

아볼로는 고린도교회에 가서 바울에 버금가는 놀라운 사역을 했다. 아볼

로는 사실 바울 부재시 고린도교회에 큰 유익을 끼친 것이라고 27절은 말한다. 그런데 앞에서 잠시 언급했듯이 혹자는 아볼로가 바울과 다른 메시지를 전해서 교회에 파당을 만들었다고 생각한다. 이에 대해 오늘 본문은 아볼로의 복음과 메시지의 근원이 무엇인지를 알려 준다. 26절은 아볼로가 고린도교회에서 전한 복음의 정수는 바울과 같은 노선인 브리스길라와 아굴라에 의해 전수된 사도적 복음임을 보여준다. 따라서 고린도교회에서 행한 아볼로의 가르침은 바울의 가르침과 근본이 다르지 않다. 우리는 바울과 아볼로 사이의 더 많은 같은 부분을 보기보다는, 우리 자신의 시각에서 접근하기 때문에 바울과 아볼로는 서로 다르다고 생각하는 것이다. 그리고 자신들과 함께 하는 사람들 즉 우리 바울파 사람들만이 주류요 정통이라고 말하고 싶을 것이다. 그런 관점이 바로 고린도교회를 나눈 근본적 원인이다. 이런 교회의 분쟁을 보는 바울의 심정은 어떠했을까?

> [12]내가 이것을 말하거니와, 너희가 각각 이르되, 나는 바울에게, 나는 아볼로에게, 나는 게바에게, 나는 그리스도에게 속한 자라 한다는 것이니, [13전반부]그리스도께서 어찌 나뉘었느냐?(고전 1장).

바울은 우리는 그리스도 안에서 하나라는 것이다. 그래서 『고린도전서』 3장에서 이렇게 외친다.

> [4]어떤 이는 말하되, 나는 바울에게라 하고, 다른 이는 나는 아볼로에게라 하니, 너희가 육의 사람이 아니리요. [5]그런즉 아볼로는 무엇이며, 바울은 무엇이냐? 그들은 주께서 각각 주신 대로 너희로 하여금 믿게 한

사역자들이니라. [6]나는 심었고, 아볼로는 물을 주었으되, 오직 하나님께서 자라나게 하셨나니, [7]그런즉 심는 이나 물 주는 이는 아무 것도 아니로되, 오직 자라게 하시는 이는 하나님뿐이니라(고전 3장).

우리는 한 하나님의 종이란 말이다. 그러므로 자기 마음에 드는 사람들끼리 모여 다른 사람들을 은연 중 구별함으로써 파당을 만드는 너희들이 바로 육적이라고 바울은 지적한 것이다. 나 바울이나 아볼로 모두 주께서 너희를 믿도록 세우신 사역자들이며, 나는 씨를 뿌리고 심었다면 아볼로는 물을 주는 동역자로, 역할은 다르지만 우리 둘 다를 통해 하나님이 일하셨음을 강조한다.

그러므로 나는 바울파요 나는 게바파요 나는 아볼로파라는 육적인 태도를 버리고 우리 모두를 통해 당신의 일을 해 나가시는 하나님 안에서 하나가 되어야 한다. 이런 모습을 보기 위해 우리는 오늘도 『사도행전』을, 그리고 성경을 펼치는 것이다. 그런데 바울의 선교여행의 특징을 23절에서 뭐라고 했는가?

얼마 있다가 떠나 갈라디아와 브루기아 땅을 차례로 다니며 모든 제자를 굳건하게 하니라(18: 23).

16장 6절을 보면, 바울은 2차 전도여행 중 소아시아 즉 에베소에 가서 복음을 전하고 싶었는데, 성령이 허락지 않자, 간 곳이 바로 브르기아와 갈라디아 지역이었다. 바울은 그곳을 다시 들러서 제자들을 굳건히 세운다. 이처럼 사도 바울 사역의 핵심은 항상 제자들을 든든히 세우는 것이었다.

우리는 앞에서 아볼로의 재능을 보고 그를 훈련시킨 브리스길라와 아굴라 부부 목사의 멋진 이야기와, 그에게 추천서까지 써서 고린도로 즐거이 파송한 에베소교회의 성숙한 모습을 보며 감동을 받는다. 바울도 자신이 개척한 연약한 교회를 다니며 제자들을 무장시키는 사역을 하지 않는가!

오늘 말씀을 시작하며 했던 질문이 있다. 우리는 종종 교회를 세운다는 말을 하지만, '무엇이 교회를 세우는 것인가?'였다. 건설업자 불러다가 짓는 것이 교회를 세우는 것인가? 아니다. 개신교인들이 교회 주춧돌에 주로 새겨 놓는 성구는 『디모데전서』 3장 15절의 "이 집은 살아계신 하나님의 교회요 진리의 기둥과 터니라"인데, 내가 가르치는 신학대학원 근처의 성당 주춧돌에는 『고린도전서』 3장 16절 전반부인 "여러분이 하나님의 성전입니다"를 새겨놓았다. 깨어 있는 가톨릭 교인도 아는 것을 개신교인들이 헷갈리면 되겠는가? 신약성경이 말하는 교회는, 구약 유대교의 성전이 아니라 그리스도의 영이 거하는 사람들, 성도들로 이루어진 공동체다. 그렇다면 교회를 세운다는 것은 무엇인가? 답은, 이런 일꾼들을 발굴하고 훈련시키고 세우고 파송하는 것이다.

교회를 세운다는 것은 성전 건축도 아니고, 팬클럽을 한 곳에 많이 모아 놓는 것도 아니다. 예수님께서 걸으신 십자가의 길을 따라 걷는 그리스도의 제자들을 곳곳에 세우는 것인데, 그러기 위해서는 제자들을 굳건히 해야 하고, 그런 일을 할 수 있는 일꾼들이 먼저 세워져야 한다. 큰 건물에 교인들을 많이 모아 놓은 교회들은 많지만, 진짜 교회를 세울 수 있는 일꾼들을 세우는 일을 하는 교회는 보기 드문데, 사도 바울의 사역의 핵심은 바로 그것이었다. 그것이 진정한 교회를 세우는 것이기 때문이다.

따라서 오늘 본문의 최종 결론은 이것이다:

✎ 복음의 일꾼을 든든히 세우는 것이 교회를 세우는 것이다(23-27).

아볼로처럼 복음을 깊이 강론할 수 있는 일꾼을 세우고, 바울처럼 제자를 굳건히 할 수 있는 일꾼들을 세움으로 교회를 세워가기 바란다. 사람을 많이 담아 놓은 건물이 교회가 아니라, 복음의 일꾼 사람이 교회이기 때문이다.

우리 교회와 이 땅의 모든 교회가 다 그런 교회되기를 축원한다.

찾아보기

(가)

가나안 101

가이사랴 36, 55, 64, 66, 6~71, 87, 91, 103, 107, 129, 130, 305, 307

가이사랴교회 71

가이오 82

가인 76

가정교회 100, 102, 121, 125, 126, 128, 204, 224, 264, 291, 309

가족 36; ~의 의미 37

가톨릭(교회) 145, 167

간증 54; ~의 목적 47; 바울의 ~ 29

갈라디아 242, 245, 315

『갈라디아서』 29, 94, 128, 229, 230, 240

갈리오 299, 300, 301, 302

갈릴리 41

감독 238

감성 313

강론 262, 263; ~의 역할 266

거듭난 자 32; ~의 정의 32

게바파 312, 315

겐그레아 304, 305, 307

겟세마네동산 117

경건 54, 59, 63, 77; ~의 기준 67; ~의 의미 54, 55, 57, 76; ~한 사람 56, 57; ~한 사람의 삶의 특징 56, 67; ~한 사람의 의미 56, 57, 58; 성경이 말하는 ~ 54

경외 39, 55, 56, 68

계시, 그리스도의 29

고넬료 55~58, 62~64, 67~71, 73, 74, 76, 90, 91, 97, 102, 106, 154, 244; ~ (환상)사건 90, 92, 215; ~의 경건 56; ~의 선행 62

고린도 274, 289, 290, 292, 296~299, 306, 311, 316; ~ 교인 292, 312; ~교회 293, 302, 311~314; ~선교 292

『고린도전서』 238, 239, 241, 243, 287, 298, 302, 306, 314

『고린도후서』 187, 293

고아 44

『골로새서』 227, 231

공덕주의 59, 62, 77

공동체, 성령의 27

공의 285

과부 44

광성교회 사태 206

광장 264 →아고라, 저자

교단 232

교회 27, 37, 103, 115, 116, 133, 141, 209, 213, 220, 232, 249, 271, 275, 301; ~가 세상에 줄 수 있는 것 36; ~의 사명 258; ~ 성장의 동력 106; ~의 성패 206; ~를 세우는 비결 209; 교회를 세우는 장기 전략 209; ~를 세운다는 것의 의미 304, 316; ~의 정의 250; ~의 태도 258; 누가 ~를 세우는가 316; 말씀으로 약육되는

~ 107; 신약성경이 말하는 ~ 316;
구레네 102, 103, 110
구부로(키프로스) 100, 101, 104, 110, 142, 224
구원 62, 84, 174, 186, 189, 190, 203, 221, 256, 261; ~의 완성 내용 163; ~의 의미 250
구제 56, 58, 63, 77
그리스 293; ~ 정신 284; 새로운 것에 목마른 ~ 사람 277; ~인 280, 285; 지적 호기심에 사로잡힌 ~ 사람 278;
그리스도 36, 161, 233, 261, 292, 295, 302→예수; →메시아; ~의 복음 293; ~의 사람 108; ~의 시대 285
그리스도인 91, 93, 106, 108, 110, 113, 138, 192, 205; 그리스도인(기독교인), 예수의 이름을 부르는 사람 31; 가짜 ~ 60; 유다계 ~ 87; ~으로서 어떤 삶의 방식 260; ~의 고상한 자태 268; ~의 의미 15; ~의 자세 258; ~에 대한 정의 266; ~이 가져야 할 덕목 274; ~이 미움 받은 이유 265
그리스보 82, 296, 297, 302
글라우디오 289
금식 141
기도 56, 58, 59, 123, 141; ~ 지상주의 118
기독교(그리스도교) 신앙의 의미 15
기사 184; ~의 목적 185
기스 157
기적 124~127, 129, 189, 255; 메시지가 된 ~ 129
길리기아 224, 234, 236, 291
꿈 245, 246, 297; ~은 하나님의 커뮤니케이션 방법 245 → 환상

(나)

나바테아 29
나실인 305, 307
나인성 50
나치 15
내적 성장 38
내적 성장의 의미 38
네로(황제) 25, 113
네압볼리 248
누가 29, 45, 46, 48, 90, 91, 162, 171, 227, 231, 243, 287
『누가복음』 50, 56, 59, 93, 105, 177, 218
뉴에이지 사상 280
능력 298
니느웨 288

(다)

다마리 287
다메섹(다마스커스) 13~15, 19, 20, 22, 26~29, 31, 34, 186
다메섹교회 27
다비다 45, 48, 50, 58, →도르가
다소 23, 36, 107
다윗 158~160, 162, 163, 173, 218; ~이 받은 축복 160
다이아몬드 모델 238
단순한 기독교』 40
대제사장 115; ~의 권한 15
더베 183, 184, 200, 236, 237
데모스테네스 277
데살로니가 246, 260~263, 267, 268, 271, 274

데살로니가교회 267, 272
『데살로니가전서』 262, 263
델피신전 252
도르가 43, 44, 46, 47, 49, 58, 63, 69,→다비다; ~ 사건의 의미 46
도르카스 43,→도르가
동정녀 256
두란노 107
두로 130, 249
두아디라 248, 249
드로아 243, 244, 245, 248, 272
드림의 참 의미 109
디도 187
디도 유스도 296, 297
디모데 203, 237, 239~241, 247, 271, 272, 291, 293
『디모데전서』 238, 239, 240
『디모데후서』 231, 270
디아스포라 23
디오누시오 287
떨기나무, 불타는 16

(**라**)

랍비 291, 293
『레위기』 65
로데 125, 126
로마 화재 사건 25, 113
로마법 300
『로마서』 19, 59, 140, 173, 243, 284, 291, 293, 296, 306
로마식 감옥 115
로마제국 275
로이스 240
루가오니아 183, 189
루기오 139
루디아 248, 249, 257
루스드라 183, 184, 188~190, 196, 201, 236, 237
루이스(Lewis), C.S. 40
룻다 41~43, 46, 48, 50, 52
리가오니아 183
리더의 자격 238

(**마**)

마가 121, 125, 134, 143, 152, 224~228, 231, 232, 236~238
『마가복음』 45, 50, 115, 121
마게도냐 244, 248, 262, 272, 291, 293; ~교회 293, 294, 305
마구스 144
마기 144
마나엔 139, 140
마리아(마가) 56, 121, 125, 227
마술사 144, 148
마케도니아 274 →마게도냐
『마태복음』 17
말씀 134, 167; ~의 선례 219
메시아 160, 162, 188, 199, 216, 290
모세 16, 164, 173, 211, 213, 214, 221, 226, 293; ~오경 66; ~율법 56, 66
무교절 114, 121
무당 41
무두장이 51, 52, 63, 64, 74
무시아 242
뮐러, 조지 121, 122
미쉬나 전통 240
『민수기』 305
믿음 54, 58, 62, 77, 94, 133, 189, 249; 구원 받는 ~ 102; 바른 ~ 69; 주님을 의지하는 ~ 184; 회개와 구원에 이르는 ~ 298

(바)
바나바 34~38, 104, 107, 109, 110, 113, 121, 134, 139, 140~142, 144, 152, 153, 167, 169, 172, 176, 179, 181, 182, 186, 187, 189, 191, 193, 196, 200, 211, 212, 214, 216, 217, 223~225, 228~230, 232, 233, 236, 237, 293; ~의 리더십 107; ~의 위대성 110; ~의 인품 105
바리새파 114, 213, 217
바보(파포스) 101, 143, 226
바예수 143, 145, 148
바울 16, 21, 23, 25~27, 29, 50, 76, 94, 109, 128, 138, 141, 146, 148, 151~154, 159, 161, 164, 165, 167~169, 172, 176, 177, 179, 181, 182, 186, 188~191, 193, 196, 199, 200, 202, 203, 205, 206, 211, 212, 214, 216, 217, 223~225, 229~ 234, 236, 237, 240, 244~246, 248, 251, 253~258, 260, 263, 267, 271, 272, 274, 276, 280, 284, 289, 290, 292, 294, 297, 300, 304, 305, 307~310, 313, 314, 317; ~ 사역의 핵심 316; ~ 설교의 백미 287; ~의 특징 275; ~파 311, 315; 씨를 부린 자 ~ 315
발의 먼지 터는 행위의 의미 177
밤빌리아 152, 203, 204, 224, 230
방언 81
백부장 59, 68
뱀 252
버가 121, 152, 203, 204, 226
범죄, 종교적 확신자의 15
베냐민지파 157
베니게 100, 212
베드로 23, 27, 29, 42~44, 47, 48, 50~52, 55, 57, 58, 63~75, 77, 78, 80~83, 87, 89, 90, 91, 93, 94, 102, 114, 115, 117~121, 123, 126, 128, 129, 13~134, 138, 147, 148, 153, 190, 198~200, 215~217, 220, 227, 229, 230, 240, 244, 254, 255, 312, 313; ~의 기적의 목적 49; ~의 삶의 방식 46, 51, 52; ~파 311
베뢰아 246, 267, 268, 271, 274, 276, 277; 성경에서 확인하는 ~ 사람 277
『변혁적 기독교 리더십』 238
보룩스, 데이비드 38
『보보스』 37
복음 81, 84, 104, 152, 165, 172~175, 184~186, 188, 200, 211, 249, 254, 267, 285, 286, 291, 294, 308, 310, 312; ~ 선포 80; ~의 내용 192; ~의 범위 188; ~의 의미 79, 190; ~의 일꾼 세우는 의미 317; ~의 일꾼 자격310, 313; ~의 정의 261; ~의 증인들의 삶 195; ~의 핵심 내용 163
본도 289
부르심, 사람의 306; 하나님의 ~ 306
부활 79, 114, 153, 163, 188, 261, 262, 276, 287, 310, 312; ~ 사건 309; ~의 길 15; ~의 복음 287
브루기아 242, 315
브룩스. 데이비드 38
브르기아 315
브리스길라 289, 292, 296, 304, 305,

309, 311, 313, 316
블라스도 130
비두니아 242, 245
비시디아 안디옥 152, 169, 176, 189, 195, 260; ~교회 171; ~ 회당 181, 188
빌라도 161, 162, 176
빌레몬서』 231
빌리 그래엄 룰 86
빌립 21
빌립보 246, 248, 259, 261, 272; ~교회 248, 249, 259, 293
『빌립보서』 248, 261, 293

(**사**)

사도 186~188, 190, 192, 195, 211, 215, 241, 253, 268, 286; ~의 삶의 방식 52; ~의 의미 187; ~적 복음 314; 이방의 ~ 39
사도행전 교회 107, 108, 111, 209, 210; ~적 사역 108
사두개파 114
사라 94
사랑 45, 196
사마리아 39, 41, 101, 212
사명 80, 81; 우리의 ~ 80; `자의 삶의 방식 51
사모드라게 248
사무엘 16, 157
사사 157
사사시대 157, 220
사역, 사람을 세우는 298; 은혜로 말미암는 ~ 313
사울(왕) 157, 158
사울(바울) 13~15, 17~20, 23~26, 28, 30, 32, 33, 36, 37, 39, 41, 50, 52, 107, 109, 113, 121, 134, 139~142, 144
산헤드린공회 114
살라미 143, 226
삶 53, 76; ~의 방식 51, 53; 감사의 ~ 249; 경건한 ~ 63; 경건한 ~의 의미 63; 빛의 ~ 266; ~ 속에 나타난 하나님 은총 105; 어둠의 ~ 266; 성령 충만의 ~ 39; ~으로 증명되는 믿음 69; 베드로의 ~의 방식 49; ~이 크게 변한 사람들의 공통점 268
삼자교회 100
삽비라 147
생각 252; 깊이 있는 ~ 256; 단편적인 ~ 251~254, 256
샤론 41, 46, 50, 52
서기관 115
서기오 바울 144, 145, 148
서서평 135, 136, 137
「서서평」 135
석의(釋義) 270; ~ 훈련이 안 된 교회 270
선교 203, 233, 236, 251, 294; 성도들에 의한 ~ 103; ~ 헌금 293; ~ 여행 249, 315; ~의 모본 203; ~의 성패 203; 자비량 ~ 293; 이방~ 50, 107, 138 → 전도
선민사상(의식) 73, 101
선지자 157, 161, 165, 228; 거짓 ~ 145, 146; 거짓 ~의 특징 145
선택 교리 92, 101
선행 54, 58, 59, 62, 63, 76; ~은 하나님의 사람이 삶의 방식 61; ~의 의미 59; ~이 중요한 이유 61
설교 54, 78, 80, 167, 191, 268; ~는

커뮤니케이션 170; ~의 의미 60; 루이스식 ~ 40; 부흥사식 ~ 40
성경 94; 판단과 결정의 근거 ~ 93; ~의 선례 218~220; ~의 역할 61;
성경 강론 260; ~, 교회 개척의 핵심 전략 260
성공 49; ~의 기준 49; 세상이 바라는 ~ 197; 요한계시록의 ~ 197; 인생의 참된 ~ 49
성령 39, 91, 9~95, 102, 104, 143, 177, 216, 218, 226, 242, 263, 298, 306, 313; ~ 충만의 의미 178; ~ 훼방죄 97, 147; ~의 능력 298; ~과 능력 주심의 목적 62; ~의 능력에 의지하는 것 298; ~의 역할 39, 46; ~의 위로하심 41
성별 신학 92
성전 282; ~ 지상주의 신앙 282
세네카 284, 301
세례 79, 82, 93, 96, 248, 308; ~의 의의 82; 회개의 ~ 160
세리 83, 88
세베대 113
셔마야 139
셔마엘 139
소스데네 301, 302
소아시아 242, 245
솔로몬 130, 158, 281
수리아 224, 304; 수리아 안디옥 305 →안디옥
수호천사 127
순교 110, 134, 143; 스데반의 ~ 14
순종 27; ~의 훈련 21; 아나니아(다메섹)의 ~25, 26
스데반 14, 100, 105, 110, 143, 198, 200, 281
스토아철학 281; ~자 276; 스토아학파 276
시각 51, 77, 78, 86, 177; 땅의 ~ 177; 하나님의 ~ 177, 178
시내산 16
시돈 130
시리아 234, 236
시몬(마술사) 144
시몬(무두장이) 74
시몬(베드로) 51, 52, 63
시므온(니게르) 139
시므온 56, 218
시민법정 264
『시편』 153, 162, 163
『신명기』 65, 156
신학적 혁신 92, 94~96, 215, 216, 218
실라224, 228, 236, 237, 253~256, 263, 267, 271, 272, 291
실루기아 142
십계명 71, 266
십일조 293
십자가 79, 114, 176, 188, 286, 287, 310, 312; ~의 길(도) 15, 26, 142, 235; ~의 죽음 261, 309; 예수님의 ~ 26
십자군 15
싸이프러스→구브로 102

(아)

아가보 108, 109
『아가서』 43
아가야 262, 299, 300, 311
아고라 276, 279; ~의 법정 299
아굴라 289, 292, 296, 304, 305, 309, 311, 313, 316

아길라 290
아나니아(다메섹) 21~25, 27, 29
아나니아 147, 198; ~와 삽비라 사건 144
아담 283
아덴(아테네) 274
아덴 289
아라비아 29
아라투스이 284
아레오바(파)고 277, 279, 288; ~ 설교 287, 289; ~ 설교의 가치 280; ~ 설교의 요점 280
아리마대 요셉 105, 106
아리스다고 231
아리스토텔레스 274
아모스』 218
아벨 76
아볼로 308, 311, 313, 314, 316, 317; ~, 물을 주는 자 315; ~파 311, 315
아볼로니아 260
아브라함 94, 142, 155, 159, 161, 173
IS(이슬람 극단주의 무장단체) 15
아크로폴리스 279
아테나 여신 275
아테네 246, 274, 275, 287~289, 292, 298, 306; ~ 선교 272, 291, 299; ~교회 288
안드로니고 187
안디옥 100, 101, 104, 106, 108~110, 128, 134, 138, 144, 201, 204, 207, 208, 229, 305, 307; ~교회 107, 110, 113, 138, 139, 141, 206, 208, 212, 219, 226, 232, 233; ~ 복음 전파 102
안수 82, 141; ~의 의의 82; ~기도 190
안식일 161, 221, 248
알렉산더 대왕 260, 274
알렉산드리아 트로아스 243
알렉산드리아(아프리카) 101, 138, 243, 308; ~, 유대교 교육의 요지 308
알쓸신잡 279
암비볼리 260
앗달리아 204
애니아(중풍병자) 42, 43, 46, 48; ~ 사건의 의미 46
야고보(요한의 형제) 113, 114, 118, 126, 134, 137, 217~221, 229, 241
야고보(알패오 아들) 113
야고보(예수님 동생) 113, 128
『야고보서』 192
야곱 173
야손 264, 265, 267
언약 94, 156, 159, 173, 214
에반젤리즘 80
에베소 242, 246, 290, 291, 305, 307~309; ~교회 311, 316; ~ 선교 246, 307; ~ 회당 306
『에베소서』 59
에스겔 131
에피쿠로스 276
에픽테투스 281
엘루마 144, 146, 147
엘리 16
엘리사 49, 50
엘리야 49, 50, 192
여제자 43, 58
『여호수아』 296, 298

『열왕기 상』 158
영생 78, 84, 172~174; ~의 의미 174
영성 238
영적 리더의 자격 106
예루살렘 14, 15, 24, 29, 30, 33, 34, 36, 39, 56, 101, 102, 108, 121, 128, 138, 152, 161, 211, 226, 227, 231, 241, 307; ~ 사역 134; 예루살렘공회 66, 217, 232; ~교회 42, 46, 50, 52, 66, 87, 103~105, 109, 110, 113, 128, 134, 139, 153, 212, 213, 215, 218, 219, 221, 226, 228, 229, 232, 233, 240, 241, 242, 307; ~ 성전 281, 307
예배 76, 141; 참된 ~ 76
예수 17, 33, 38, 40, 42, 43, 50, 62, 79, 82, 87, 89, 160~163, 165, 176, 188, 197, 211, 213, 219, 253, 256, 261, 264, 265, 286, 291~293, 295, 302; ~는 구원자 286; ~가 그리스도다 31, 310~312; 예수는 만유의 주 79; ~가 메시아다 31, 311; ~부활 276; ~는 생명의 주 47; ~는 생명의 창시자 47; ~의 삶 61; ~를 찾아가시는 사람 59; ~의 영 243; ~의 이름을 부르는 사람 31; 재판장이신 ~ 80; 하나님의 아들 ~ 30, 31; ~쟁이 15
오병이어 125
오비드(Ovid) 191
오순절 93
요세푸스 15, 109, 130, 132
요셉 56
요한(세례) 79, 93, 160, 192, 218, 308
요한 57, 190, 254
『요한계시록』 61, 165
『요한복음』 17, 57
『요한일서』 44
욥바 42, 43, 46, 50, 52, 63, 64, 66, 69, 70, 74, 89, 91
용 252
용서 78
우상 263
우상숭배 284
유니게 240
유니아 187
『유다 전쟁사』 15
유대(태)교 55, 59, 167, 176, 211, 213; ~ 법 규정 300; ~로 전향(회심)한 이방인 296, 297; ~적 기독교의 핵심 287; ~적 신관 287; 정통 ~의 변절자 15
유대(태)인 32, 34, 42, 56, 69, 72, 73, 75, 76, 79, 81~83, 87, 95, 98, 100, 109, 110, 138, 143, 148, 152, 153, 167, 181, 185, 189, 190, 204, 211, 216, 221, 239, 240, 241, 249, 253, 260, 264, 267, 271, 276, 289, 290, 296, 308; ~ 교회 104; ~ 기독교인 96, 101, 213; 바울을 대적한 ~ 299
유월절 114, 115, 121
유일신 55
율법 55, 66, 94, 213, 214, 226, 293, 305; ~의 길 15; ~주의 59
은혜 62; 신앙생활의 핵심은 ~ 가운데 머무는 것 169
의(義) 59, 75; 하나님이 인정하는 ~

59; ~를 행하는 사람 63, 76; ~의 삶77; ~의 의미 63; 자기 ~ 38; 의로운 삶 59
의인 56, 63, 68; ~의 의미 56
이고니온 176, 177, 181~183, 189, 195, 201, 238
이디오피아 21
이방선교 50, 107, 138 → 선교
이방인 65, 66, 69, 72, 73, 75, 79, 81, 83, 87, 89, 93, 95, 96, 138, 140, 153, 154, 161, 165, 172, 173, 175, 185, 188, 190, 204, 207, 209, 211, 214, 216, 217, 219, 221, 229, 231, 240, 244, 260, 287, 294; ~ 교인 104; ~ 구원 사건 92, 96, 104, 218; ~ 그리스도인 217; ~ 선교 사역 23, 96, 102, 110, 212, 215; ~ 평신도 102; 유대교 하나님을 믿는 ~ 260
『이사야서』 48, 174
이삭 94
이새 158
이스라엘 211; ~ 백성 154
이스마엘 94
이신칭의(以信稱義) 교리 59, 62, 63
이중예정교리 175
『인간의 품격』 38

(**자**)
자선 59, 76; ~사업 62
자연신론 280
장로 54, 110, 205, 206, 211, 215
저자 264→ 광장, 아고라
전도 46, 80, 100, 115, 149, 152, 181, 183, 188, 190, 238, 241, 249; ~의 의미 30; ~의 중요 요소 294; ~의 주체 204; ~여행(2차) 148, 204, 236, 304, 305; ~여행(3차) 308; ~자 286; ~자의 운명 32
접신 252
정결 규례 65, 66
정복 전쟁 157
정의 196
제논 281
제우스 189, 191, 196, 251; ~신전 188; ~ 찬가 284
제자 217; ~훈련 209
종교성 280, 282
종교재판관 300
종말 61. 177→ 시각
죄 76, 147, 164, 172, 198, 257, 275, 285, 296; ~ 사함 80, 84, 87, 164; 죄성 164; 죄인의 속성 32
중보기도 115, 116, 118, 122
중풍(병) 42, 43, 46
증인 80; ~의 자격 197
지하교회 100
직가 23

(**차**)
『창세기』 94, 214, 310
천막 291; ~ 만드는 사람 291 →텐트메이커
천부장 23
천사, 구원의 132; ~, 심판의 132
초대교회 233
최태민 145
치브야 43→도르카스, 도르가, 다비다
침례 249

(카)
카산드로스 장군 260
칼뱅주의자 174
케리그마 79, 153; ~의 내용 80
콘스탄티노플 138
크레스토(크레스투스) 290
크리스티아노스→그리스도의 사람 108
크리스티아니 290
클레안테스 284
키케로 254
키프러스 102, 103, 152, 226 →구브로 102
킬리키움 291

(타)
타비이타 43 →다비다
타키투스 290
텐트메이커 103, 111, 136, 142, 245, 291, 292, 305 →천막
토라 66, 211

(파)
파라클레시스 39
파송 141
파포스 152 →바보
편견 181, 182, 184, 188~190; ~의 종류 185; 정치적 ~ 182; 종교적 ~ 182
평화 37, 39; ~의 참 모습 37
폰투스 290
표적 184; ~의 목적 185
퀴쏜 252
플라톤 274, 281
플루타르코스 281

(하)
하갈 94
하나님 154, 161, 204; ~ 나라 196; ~ 나라 확장 위한 장기적 전략 205; ~ 안에서 하나됨 315; ~을 진정으로 사랑하는 사람 275; ~의 구원 87; ~의 구원의 목표 154; ~의 기적 256; ~의 방식 22; ~의 약속 302; ~의 영 243; ~의 일꾼의 역할 106; ~이 기뻐하시는 제사 76; ~이 기억하시는 사람 59; ~이 다윗을 기뻐한 이유 159; ~이 바울에게 한 약속 297; ~이 받아주시는 사람 76, 87; ~이 성령과 은혜를 주신 이유 61; ~이 우리를 창조하신 목적 59; ~이 찾으시는 사람 59; ~이 창조주 281; 모든 족속의 왕 ~ 75; 생명과 호흡을 주시는 분 ~ 283; 예수님과 함께 하신 ~ 79; 외모를 보지 않는 ~ 75, 94; 자라게 하시는 ~ 315; 충족성(self-sufficiency)을 가진 ~ 282; 마음을 아시는 ~ 215; 모든 인류의 아버지 ~ 283
하데스 276
『하박국』 165
할례 55, 88, 198, 211, 213, 214, 221, 226, 240, 241; ~ 규정 214; ~자 87, 88; ~파 214; 무~자 87, 88
합리성 313
합심기도 116, 118, 122
해석, 구속사적 262
행위구원론자 63
헤로디아 113
헤롯(왕) 대왕 15, 55, 113, 129~134,

136, 139, 147 →헤롯 아그립바 1세 113; 헤롯 아그립바
헤르메스 189, 191, 196
헨첸 231
헬라 181, 262, 271, 312; ~계 기독교인 101, 102; ~문화권 291; ~ 사상 284; ~인 110; ~파 유대인 23, 36, 41, 44, 50, 107
헬레니즘 문화 79
확신, 종교적 182
환상 57, 65, 68, 69, 73,~75, 89, 93, 118, 244, 246, 297
회개 104 → 믿음, 회심
회당 30, 31, 52, 144, 152, 181, 211, 221, 226, 240, 249, 260, 267, 276, 291, 292, 296, 305; ~예배 152, 167
회심 18, 28, 31, 249; ~의 진정성 31, 34 → 믿음
후기 스토아학파 284
『히브리서』 76, 196